如何选择超级黑马

冷风树◎著

北方联合出版传媒（集团）股份有限公司

万卷出版公司
VOLUMES PUBLISHING COMPANY

图书在版编目（CIP）数据

如何选择超级黑马／冷风树著.—沈阳：万卷出版公司，2010.1

（引领时代）

ISBN 978-7-5470-0591-0

Ⅰ.如… Ⅱ.冷… Ⅲ.股票—证券投资—基本知识 Ⅳ.F830.91

中国版本图书馆 CIP 数据核字（2009）第 236359 号

出 版 者	北方联合出版传媒（集团）股份有限公司 万卷出版公司（沈阳市和平区十一纬路 29 号 邮政编码 110003）
联系电话	024-23284090 **电子信箱** vpc_tougao@163.com
印 刷	三河文通印刷包装有限公司
经 销	各地新华书店发行
成书尺寸	165mm × 245mm **印张** 18.5
版 次	2010 年 1 月第 1 版 2010 年 1 月第 1 次印刷
责任编辑	刘丽媛 **字数** 130 千字
书 号	ISBN 978-7-5470-0591-0
定 价	48.00 元

——前 言——

Preface

努力永远比等待更容易成功。因为天才毕竟是少数，有些人一辈子都在等待机遇的光顾，有些人则在努力中寻找成功的可能。而后者，往往更容易接近成功。

问一问你自己为投机付出了多少？如果你并没有付出过艰辛的努力，就想在投机市场中一朝暴富，你的希望就会破灭。因为付出与回报是成正比的，不要期望利用别人的智慧来达到自己不劳而获的目的，吝啬你对投机所付出的成本，只能断送你的前途。只要你愿意并能够为此不断付出自己的才华和努力，早晚你的这些付出都会变成你存在银行里的金钱。

投机既是一件简单的事情，也是一件很难的事情。对于一个历经磨难的老手来说，似乎不是什么难事，一切都是那么地自然轻松。但对于那些入市时间较短的新手来说，可就没那么容易了，很多新手入市几年还没有搞明白什么是趋势，怎样选择股票。试想一下，一个连东南西北都搞不清楚的猎手，如何能够捕获猎物？不把自己搞丢，就已经很不错了。

我知道很多投机者在入市的初期，通常都是野心勃勃，因能力有限，所以对于猜顶摸底之类的预测非常热衷。一旦“预测”正确，就会血气上涌，自认为自己就是投机市场中的一个天才儿童，胆子也比初期大了很多，虽然敲打键盘的手还在颤抖，但获利的饥渴度太甚，导致他们忽略了风险，只知道一根筋地买进。而且他们一旦获利，就会呼朋唤友地让更多的人加入进来，但结果却往往让人失望。

我看到很多进入投机市场中的投机者，在不长的时间里就输光了自己的钱。即便是我自己也曾两次输光，我身边的一些人甚至还倾家荡产、妻离子散。

我接触过一些挪用公款做股票、期货的投机者，他们在亏光了本金后曾向我求救，当时他们那种满含绝望的眼神，至今还会浮现在我的脑海中。但我无法帮助他们，这并不是因为他们的资金来源问题，而是因为他们的仓位病入膏肓，想要在短时间内翻本谈何容易。

那些因投机失败而失去事业和家庭的人，他们多么希望能够东山再起，挽回自己所失去的一切！可现实是残酷的，谁也帮不了他们，因为他们的获利之心太甚，但又对风险认识不足。

所以，在这本书中，我将会让你改观，让你知道什么是风险，知道如何逃避风险，懂得在最小的风险中选择那些有可能让你的钱包鼓起来的股票。

本书不同于以往投机交易书的风格，在讲述一些选股方法时，尽量选择大家最熟悉的一些指标进行讲解，因为狼巡成本均线等指标虽然对一些有指标制作经验的投机者来说，有一定的启发作用，但对于少部分不太懂指标制作的投机者来说，还不太习惯其应用方法，会感到吃力。

在我出版了《如何选择超级牛股》之后，很多读者都来信询问狼巡大盘叠加指标的公式源码。在本书中，我就公布了这一公式的源码，并且也详细地讲解了使用这一指标选择超级黑马的方法和要则，希望它能够为你的投机生涯带来一点方便，起到一定的积极作用。

本人经验尚浅，书中难免有不完善之处，希望能够得到广大读者的指正，也希望各位前辈能够不惜赐教。

最后感谢张道军先生在本书写作过程中所给予的极大帮助，也对智品书业和万卷出版公司各位同仁的努力付出谨致衷心的谢意。

冷风树

2009年10月30日于山东乳山

E—mail：lengfengshu@126.com

学习专栏：www.wanyang591.com / index.asp? boardid＝21

目　录

CONTENT

如何选择超级黑马

第一章

Chapter 1

投机者应该具备的几副工具

公若行其事，必先利其器，对于技术分析的投机者而言，分析工具的作用是无法被忽略的。

方法是通向成功的捷径，工具是通向成功的桥梁。善用工具的人必然能将自己的技艺发挥得淋漓尽致；能力非凡的人都有自己的必杀绝技。只有方法没有工具，就像是只有策略没有将帅一样，都是不可能有成效的。所以投机者在入市之前，不但要有自己的想法，还应该有一套符合自己交易作风、气质的工具，用以提升自己对机会、对行情的把握。

相信每一个能够在投机市场中稳定获利的投机者都有自己的“独门暗器”，都有自己对市场、对工具的体会和理解，并能够根据自己的习惯和气质设计出完全属于自己的交易工具。正如吉姆·罗杰斯所言：“在华尔街成功的每个人都有自己的方法，但这个方法只适合他们自己，并不是整个华尔街。”

大多数投机者都无法像那些大公司的基金经理一样拥有足够的信息和资料，仅靠分析那点枝梢末节上的信息，就想把握行情大势的走向，并找到那些百里挑一的好股票，这显然不切实际。所以他们必须从现实中着眼，从最直观的股价走势图中去寻找那些能够预示股价上涨的类似征兆，并圈定自己的目标范围。

本杰明·格林厄姆和大卫·多德在1934年曾对技术分析有一番评价：“很多怀疑技术分析的人把整个技术分析方法视如占星术一样的旁门左道，不予重视。但是通过这些方法在华尔街所受到的重视和取得的成绩，让我们不得不重新考虑、认真研究。”

关于技术分析的有效性，曾经有过很多的争论，甚至有些人干脆就完全否定了技术分析。但是随着技术分析的日渐成熟和那些使用者在投资市场中所取得的骄人成绩，让投机者不得不认真地面对残酷的现实，重新认识技术分析和技术工具。

但是我们在使用工具的同时又会进入另一个误区，那就是很多刚入投机市场的投机者，都会错误地认为技术指标可以预测后市，可以预知行情未来的走势。然而，我不得不告诉你事实的真相，如果你想在投机市场中获胜，你就必须去除这种观念。因为技术指标并没有预测的功能，它只是在“描述”股价走势的一些现象，记录股价走势在过去上涨前曾经留下了什么样的蛛丝马迹，你要做的就是在投机市场中去观察和搜索这些蛛丝马迹。而你的技术分析工具所能为你提供的就是这些，这才是你最需要的。因为接下来，你就要根据这些技术工具所提示的各种上涨迹象，来确定一只股票在后来可能会出现的类似走势。就像有经验的渔夫一样，先积累鱼群出现的各种迹象和征兆，然后再根据这些迹象和征兆去寻找鱼群。这与预测没有一点关系，完全是根据迹象确定事物。虽然你有可能出现错误，但这很正常。因为即便是最阴暗的天气，也有不下雨的时候，但只有这样的天气才有可能下雨，只有这样的信号才可能有鱼群，可能它的概率只有50%，但脱离了它的指引，你就会漫无目标地胡乱撒网。

由此，我们可以知道，一个人的经验越充足，对事物了解得越透彻，其判断的结果就会越准确。而那些缺乏经验或毫无根据的将股价的运行与月亮的运行挂起钩来的所谓预测，只不过是一些儿戏罢了。

有经验的投机者知道，要想建立起自己的投机模式，就必须要有自己的投机哲学，将自己的投机哲学细化成一种可行的模式，工具自然就会产生。但要拥有自己的投资哲学，就必须先发现一种规律，并以此作为思考问题和决策事物的参考依据，然后再据此确立思想的架构，逐步补充其中的空白，将其完善成一套可行的、经得起考验的模式，之后再根据这一模式确定自己的行为规则，界定自己的行动范围。因为任何一种交易模式都不是万能的，企图用一种模式包揽所有的机会是不现实的，任何一种交易工具都有其必然的缺陷。重要的不是埋怨工具中的缺陷或自以为是地去制造完美，而应该通过不断地修正自我，以弥补工具中的不足。所以我通常认为，用行动中的正确来弥补判断上的不足，才是至关重要的。你无法确定自己眼下的判断是否正确，但你可以通过周密的计划和安排提前做好防范不测的准备，确保即便是判断错误，你也不会受到伤害。

我们必须知道，工具所给我们提供的信号会有一部分是虚假的、错误的，会导致我们做出错误的判断。所以你必须依赖工具所提供的信号来交易，但同时要时刻提防错误的发生。换言之，你必须做到一颗红心两手准备。只有这样，你才能在把握机会和处理错误之间寻求到一种平衡。

那些缺乏缜密的思考，只利用一些空洞的论证便以为足够充分了，但实际上根本找不到支撑点的自以为是的理论，根本就不足以形成一种思想和一种模式。

在技术分析领域，工具的主要作用大致有以下三个：

工具的第一个作用，是对比个股行情的走势强弱以确定一只股票的基本状况。

公司性质的不同导致了公司业绩的不同，公司业绩的不同导致了股票价格走势的不同。通常那些走势强劲的股票往往都会有着良好的业绩预期，或者说同一板块中能够大幅上涨的个股往往会有着比其他同类股票更好的业绩，或能够产生较高的业绩预期。

可能有的投机者会说，有一些股票没有好的业绩，甚至每股收益都是负数，但却能够大幅上涨，所以股票的价格与公司的业绩没有关系。

这可是大错特错的说法！

如果你能够细心地去研究一下那些业绩很差但却大涨的股票，你就会发现这种股票要想大涨的几率很小，风险却极大！换言之，一只每股收益为0.01元的绩差股其股价要想超过一只每股收益为0.50元的股票是很难的。不要认为这是假话，回过头去看看那些大幅上涨的绩优股，再看看那些总是趴着不动的绩差股，你就会发现这个不是秘密的秘密。

市场中的确充斥着各种各样的炒作题材，但如果你留心的话，你就会发现那些利用概念炒作的个股即便是炒作也是围绕业绩预期来进行的。换句话说，无论炒作的题材是环保概念还是重组概念，其目的无非是想向你说明，这只股票在未来会有良好的业绩预期，或业绩会有良好的改善。要炒作一只股票，要把一只冷的股票炒热，就必须要炒作业绩。因为业绩决定价值，好苹果的价格一定会高于坏苹果的价格，这是千古不变的真理，并已经形成了定律。

所以，在同一个板块中，那些有着良好业绩预期的股票（每股收益较高），其价格通常都会高于业绩预期较差的股票（每股收益较低），如果你有疑虑的话，请打开你的行情软件看一看。同理，如果一只股票的股价走势强于其他股票的股价走势，那么我们相信，这只走势较强的股票其业绩预期（每股收益）必将超过其他个股，如果你通过个股资料再次确定了自己的这种判断，那么对这只股票就应该给予相应的重视。

同理，如果这样的个股走势不但强于同一板块中的个股，还强于大盘走势，并且又是大盘蓝筹股，那么我们基本上可以确定，这只股票有可能非比寻常，可以重点关注（这一点我会在后面的章节中专门论述）。

为了选出这样的股票，所以我开发了专门选择强势股的技术分析指标——狼巡大盘叠加指标，用以对比大盘和个股的走势强弱（在后面我也会有专门的论述），并从中找出那些有可能领涨大盘的超级黑马。

工具的第二个作用，是确定趋势的走势方向，认知行情变化的规律节奏。

这是趋势型指标最重要也是最基本的作用，比如MA均线、SMA均线、MACD指标等指标以及趋势线、趋势通道等划线方式都可以归入此类。它们的主要作用就是确定行情当下的趋势走向，区分牛市和熊市，展现市场变化的规律，以便让投机者顺势而为。

在投机市场中，投机者如果不能确定当下的趋势走向，而仅凭毫无根据的猜测揣摩，用不了多久，你就会发现自己像个无头的苍蝇一样愚蠢而迷茫。失去趋势的帮助，你的所有努力都会适得其反。因为，对于技术派的投机者来说，投机获利的重要法则就是顺应趋势，而不是自我感觉。

我曾看到过很多投机者在很短的时间里就输光了自己的本金，究其根本就是无知且鲁莽。他们对投机市场毫不了解，就冒然凭着感觉将大把的钱抛向市场。对市场趋势的无知，会导致你瞪着眼睛往陷阱里跳，就像是在黑夜中，你驱车到了一个没有任何标识的陌生地方，即便是方向错了，你也毫不知情。

所以如果你是一个入市不久的新手，又想在投机市场中做一个聪明人，让自己的眼睛雪亮，能够清楚分明地看清市场的趋势，那么多研究一些趋势指标就是你当下应该做的事情。这些指标会在你的投机生涯中起到举足轻重的作用。记住，投机者的技术工具就像是航海家的指南针，有了它的指引你才能够不迷路。

工具的第三个作用，是评估市场交投人气，确定市场超买超卖，提示行情的变化时机。

这是一些短线指标的基本作用，比如KDJ指标、RSI指标、威廉指标、ARBR等指标所重视并擅长的作用。它们的主要作用就是确定阶段性的市场人气的变化，帮助投机者确认短期的市场人气的变化情况。

市场的主导力量是人的力量，所以当市场中的力量积累到一定的程度，就会有一个释放的过程。当买入的人达到一定的程度，股价就会上涨，股价上涨到一定的程度，就会有人获利，当获利的人积累到一定的程度，卖出的人就会出现。同样，当卖出的人达到一定的程度，股价就会下跌，当股价下跌到一定的程度，就会有人感到有利可图，当很多人都感到市场价格有利可图的时候，买入的人就会出现。市场就是这样买买卖卖地波动循环，人气也是这样地合合散散。

所以，学会运用一些人气指标，并通透其应用的内涵和运行的机理，你就会发现市场的变化，并得到准确的买卖信号。

在本书中，我们会着重地介绍一些常用的经典指标，并深入地为你阐述其运用的方法和其内在的机理，以便能得到由量到质的彻悟。

第一节　狼巡大盘叠加指标

Section1

狼巡大盘叠加指标，是我开发的常用指标之一。这种指标共分为两种，一种是狼巡成本均线与大盘结合叠加的指标，在本书中我们叫它“狼巡大盘成本指标”；另一种是MA均线与大盘结合叠加的指标，在本书中，我们叫它“狼巡大盘MA指标”。

在实际应用的过程中，这两者都是通过将个股与大盘相互对比，从长、中、短期走势中区分出强势股和弱势股。所不同的是，因为均线的计算方法不同，导致两者在某些时期对个股的价格走势所表现的形态不同，但其实际作用大致是相同的。狼巡大盘叠加指标，是一个可以将大盘走势图叠加到行情软件的附图之中，用来对比个股与大盘的走势强弱的指标。

我们先来看一下狼巡大盘MA指标的MA均线设置以及一些使用要则。

◎ 狼巡大盘叠加MA

狼巡大盘MA指标，就是“狼巡大盘叠加MA均线指标”的简称。狼巡大盘叠加MA均线指标就是将带有MA均线的大盘走势图叠加到个股行情的附图中，然后将这两者的MA参数调节到相同的周期（比如将个股的MA均线指标和狼巡大盘叠加MA指标的参数都调整为5、10、20、60、120、

250），之后再将此个股的走势与大盘走势进行对比，这样就可以确定在同一周期下，个股的走势相对于大盘而言是强于大盘还是弱于大盘。那些强于大盘的股票就是我们要寻找的黑马股或强势股，那些弱于大盘的股票就是我们所说的弱势股。那些强于大盘的股票出现买入时机的时候，就是有经验的投机者进场的时候。所以有经验的技术派投机者在购买股票时，通常都会把握强势优先的选股要则，而不是凭着感觉或幻想断定某只股票最近会上涨多少个点或某只股票有可能下周上涨。

与有经验的技术派投机者不同的是，那些“近视眼”的投机者通常看到一只股票当日强于大盘，就说这是强势股，而依照这种方法买入股票的人，无一例外地会陷入高买低卖的境地。原因就是：他们过于关注于一只股票的“一时之勇”，而不是观察一只股票的“持续之势”。

强势股指的是那些能够持续领先于大盘，并提前于大盘出现买入时机的个股，而不是那些偶然的短时间内超越大盘的个股。所以，买入强势股就是买入那些提前于大盘

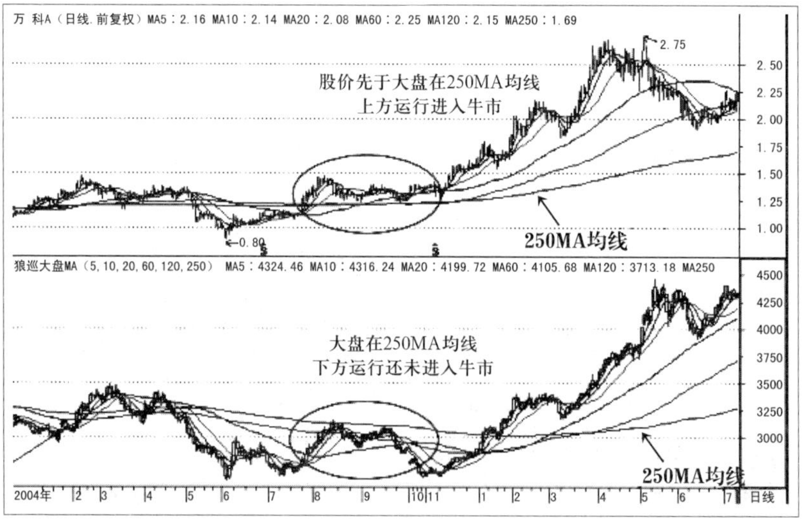

图1－1－1

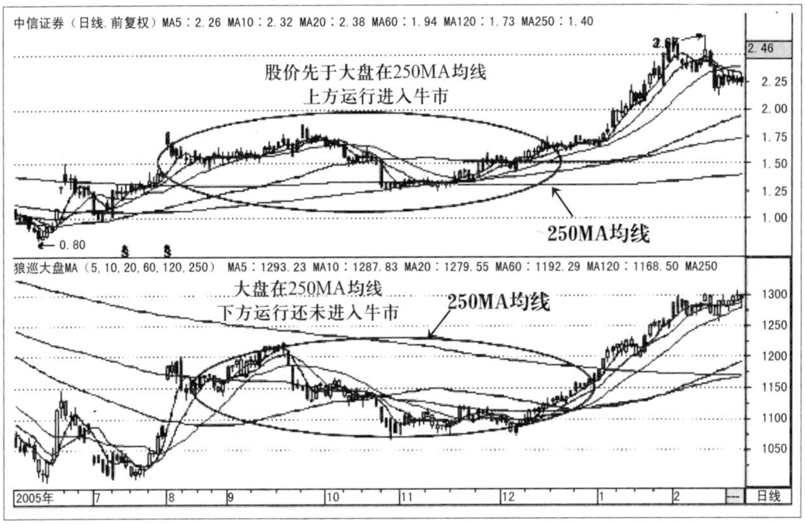
中信证券（日线.前复权）MA5：2.26 MA10：2.32 MA20：2.38 MA60：1.94 MA120：1.73 MA250：1.40
股价先于大盘在250MA均线
上方运行进入牛市
250MA均线
狼巡大盘MA（5,10,20,60,120,250） MA5：1293.23 MA10：1287.83 MA20：1279.55 MA60：1192.29 MA120：1168.50 MA250
大盘在250MA均线
下方运行还未进入牛市
250MA均线

图1－1－2

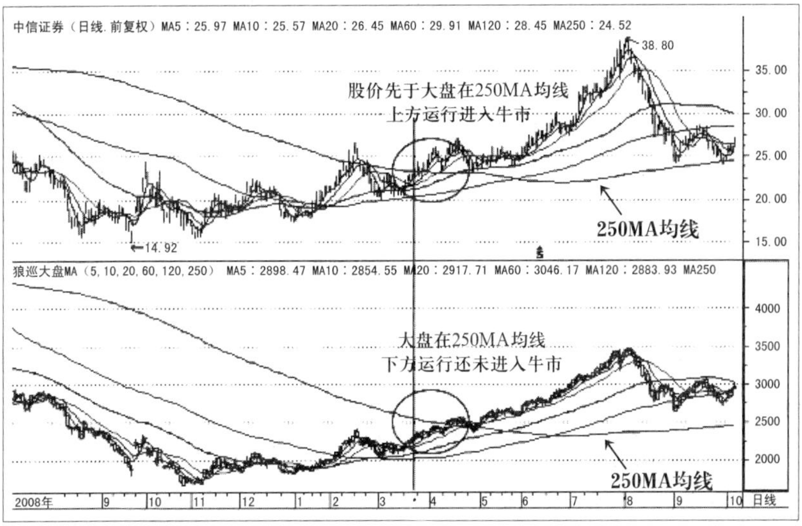
中信证券（日线.前复权）MA5：25.97 MA10：25.57 MA20：26.45 MA60：29.91 MA120：28.45 MA250：24.52
股价先于大盘在250MA均线
上方运行进入牛市
250MA均线
狼巡大盘MA（5,10,20,60,120,250） MA5：2898.47 MA10：2854.55 MA20：2917.71 MA60：3046.17 MA120：2883.93 MA250
大盘在250MA均线
下方运行还未进入牛市
250MA均线

图1－1－3

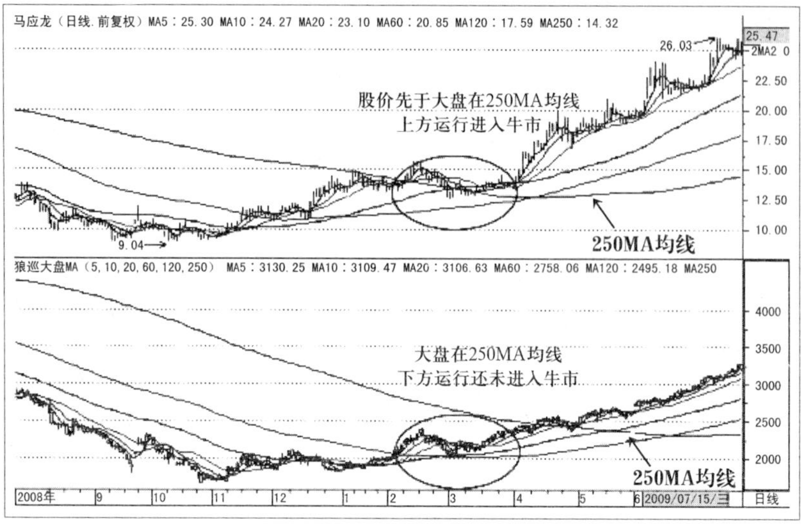
马应龙（日线.前复权）MA5：25.30 MA10：24.27 MA20：23.10 MA60：20.85 MA120：17.59 MA250：14.32
26.03
25.47
22.50
20.00
17.50
15.00
12.50
10.00
股价先于大盘在250MA均线
上方运行进入牛市
9.04
250MA均线
狼巡大盘MA（5,10,20,60,120,250） MA5：3130.25 MA10：3109.47 MA20：3106.63 MA60：2758.06 MA120：2495.18 MA250
4000
3500
3000
2500
2000
大盘在250MA均线
下方运行还未进入牛市
250MA均线
2008年
9
10
11
12
1
2
3
4
5
6
2009/07/15/三
日线

图1－1－4

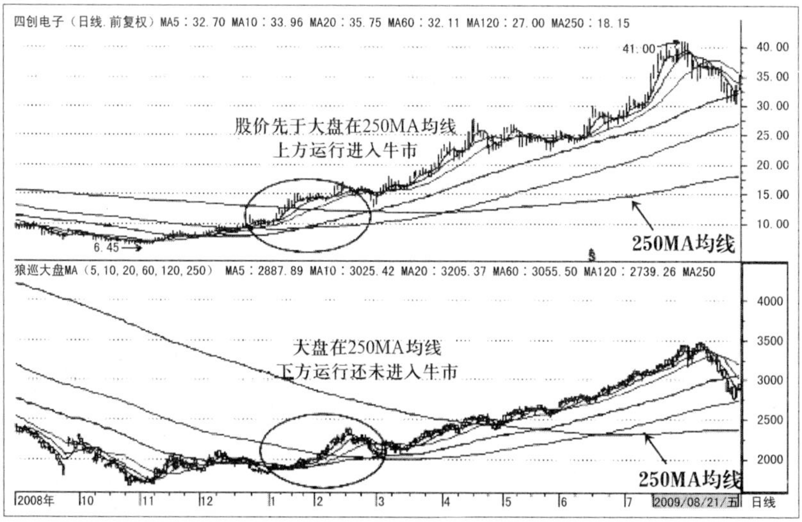
四创电子（日线.前复权）MA5：32.70 MA10：33.96 MA20：35.75 MA60：32.11 MA120：27.00 MA250：18.15
41.00
40.00
35.00
30.00
25.00
20.00
15.00
10.00
股价先于大盘在250MA均线
上方运行进入牛市
6.45
250MA均线
狼巡大盘MA（5,10,20,60,120,250） MA5：2887.89 MA10：3025.42 MA20：3205.37 MA60：3055.50 MA120：2739.26 MA250
4000
3500
3000
2500
2000
大盘在250MA均线
下方运行还未进入牛市
250MA均线
2008年
10
11
12
1
2
3
4
5
6
7
2009/08/21/五
日线

图1－1－5

进入牛市趋势的股票，当这些股票出现买入信号时，才是进场的时机。这就是强势股要则！如图1－1－1～图1－1－5中所示。

从这些图中，我们可以看到，以上个股的股价走势均长期强于大盘的走势，并提前于大盘上穿250MA均线，形成上涨趋势，进入牛市。所以当这样的股票出现回调，并在250MA均线上方再次出现上涨信号的时候，我们才可以说，这只股票属于强于大盘出现买入时机的股票，属于强势领先股，现在可以买入了。

我们再来看一下图1－1－6和图1－1－7中所示的两只弱势股票。

从这两幅图中，我们可以看到，这两只股票的走势明显弱于大盘，都是滞后于大盘步入上涨趋势，所以我们就说这样的股票就是弱于大盘的股票，即弱势股。当然这并不是说这样的股票在未来就不会上涨，或它的基本面不好。但如果你是一位技术分析者，把握强势股优先的要则，不但会使你的交易更具胜算，也会让你的收益趋于最大化。

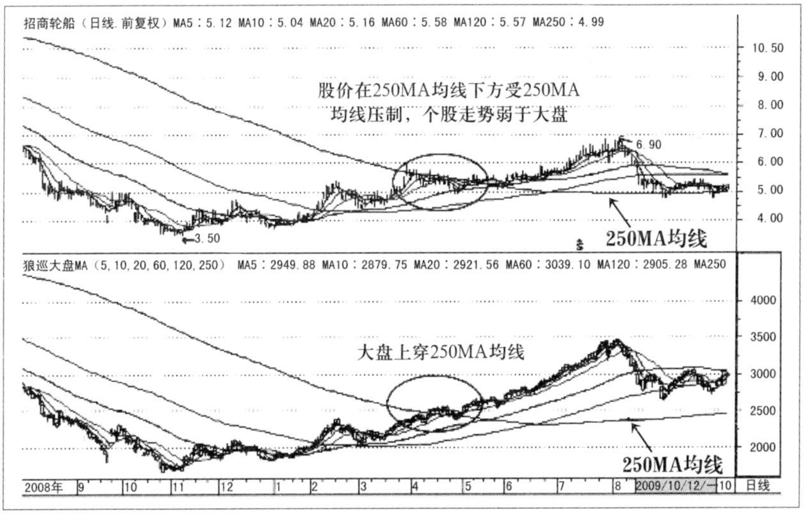

图1－1－6

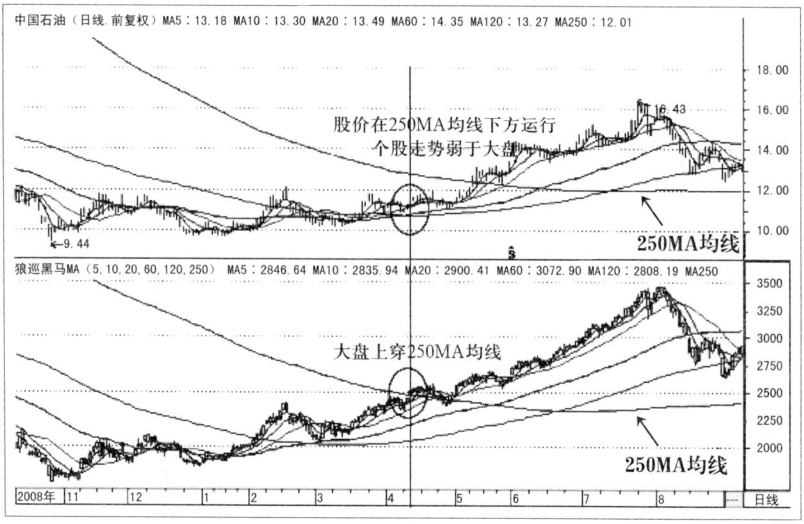

图1－1－7

狼巡大盘叠加MA源码如下：

```
STICKLINE (INDEXC>=INDEXO, INDEXH, INDEXL, 0, 1), COLORRED;
STICKLINE (INDEXC>=INDEXO, INDEXC, INDEXO, 0.8, 1), COLORRED;
STICKLINE (INDEXC<=INDEXO, INDEXH, INDEXL, 0, 1), COLOR008800;
STICKLINE (INDEXC<=INDEXO, INDEXC, INDEXO, 0.8, 1), COLOR008800;
MA5: MA (INDEXC, 5);
MA10: MA (INDEXC, 10);
MA20: MA (INDEXC, 20);
MA60: MA (INDEXC, 60);
MA120: MA (INDEXC, 120);
MA250: MA (INDEXC, 250);
```

如果你要使用可调节的参数公式，起源码如下：

STICKLINE（INDEXC>=INDEXO，INDEXH，INDEXL，0，1），COLORRED；

STICKLINE（INDEXC>=INDEXO，INDEXC，INDEXO，0.8，1），COLORRED；

STICKLINE（INDEXC<=INDEXO，INDEXH，INDEXL，0，1），COLOR008800；

STICKLINE（INDEXC<=INDEXO，INDEXC，INDEXO，0.8，1），COLOR008800；

MA5：MA（INDEXC，M1）；

MA10：MA（INDEXC，M2）；

MA20：MA（INDEXC，M3）；

MA60：MA（INDEXC，M4）；

MA120：MA（INDEXC，M5）；

MA250：MA（INDEXC，M6）；

参数设置：

最小：2；

最大：500；

缺省值：M1=5，M2=10，M3=20，M4=60，M5=120，M6=250；

这样你就可以自己设置参数了。

注：在应用本指标时应先下载盘后数据。

狼巡大盘叠加MA动态翻译如下：

当满足条件收盘价>=开盘价时，在最高价和最低价位置之间画柱状线，宽度为0，1不为0则画空心柱.，画红色

当满足条件收盘价>=开盘价时，在收盘价和开盘价位置之间画柱状线，宽度为0.8，1不为0则画空心柱.，画红色

当满足条件收盘价<=开盘价时，在最高价和最低价位置之间画柱状线，宽度为0，1不为0则画空心柱.，COLOR008800

当满足条件收盘价<=开盘价时，在收盘价和开盘价

位置之间画柱状线，宽度为0.8，1不为0则画空心柱.，COLOR008800

输出MA5：收盘价的5日简单移动平均

输出MA10：收盘价的10日简单移动平均

输出MA20：收盘价的20日简单移动平均

输出MA60：收盘价的60日简单移动平均

输出MA120：收盘价的120日简单移动平均

输出MA250：收盘价的250日简单移动平均

◎ 狼巡大盘叠加成本

狼巡大盘叠加成本均线，即将大盘走势与狼巡成本均线相结合，然后叠加于个股行情的附图中的一个成本趋势指标，其作用也是通过对比个股和大盘的走势强弱确定一只股票的走势力度。如图1－1－8～图1－1－11中所示。

从这些图中，我们可以看到，这些走势强劲的股票都提前于大盘步入上涨趋势之中，并随着大盘的继续走高，出现

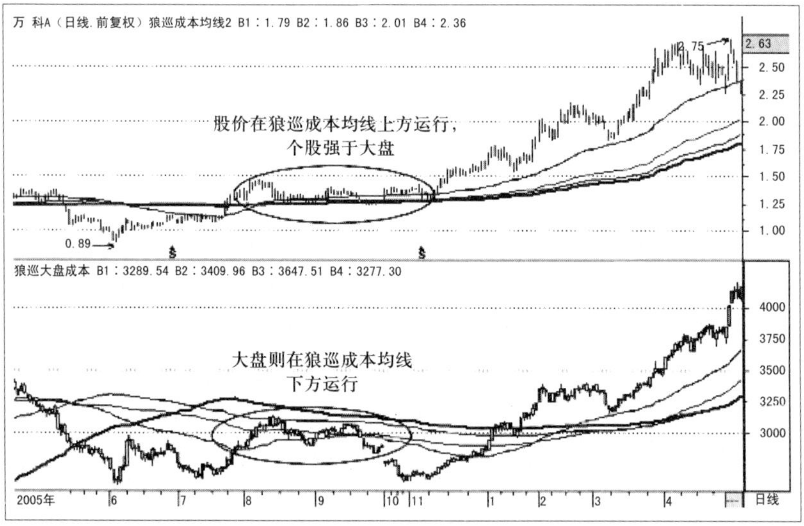

图1－1－8

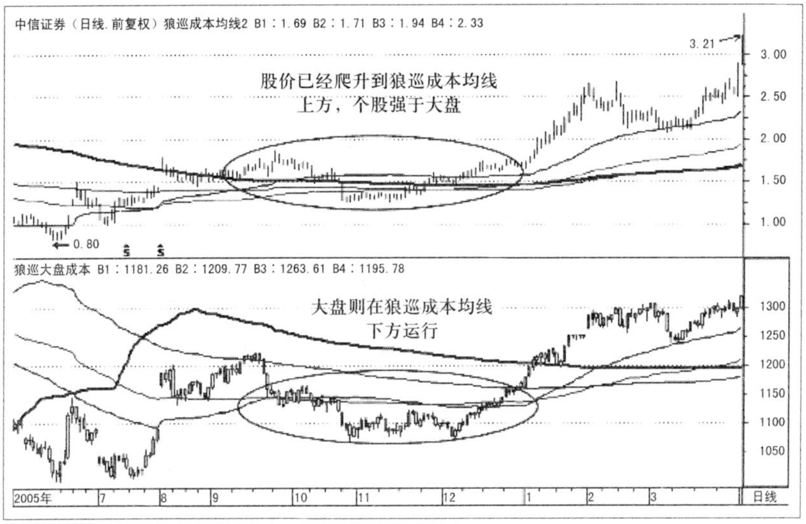
中信证券（日线.前复权）狼巡成本均线2 B1：1.69 B2：1.71 B3：1.94 B4：2.33
3.21
股价已经爬升到狼巡成本均线上方，个股强于大盘
0.80
狼巡大盘成本 B1：1181.26 B2：1209.77 B3：1263.61 B4：1195.78
大盘则在狼巡成本均线下方运行
2005年
日线

图1－1－9

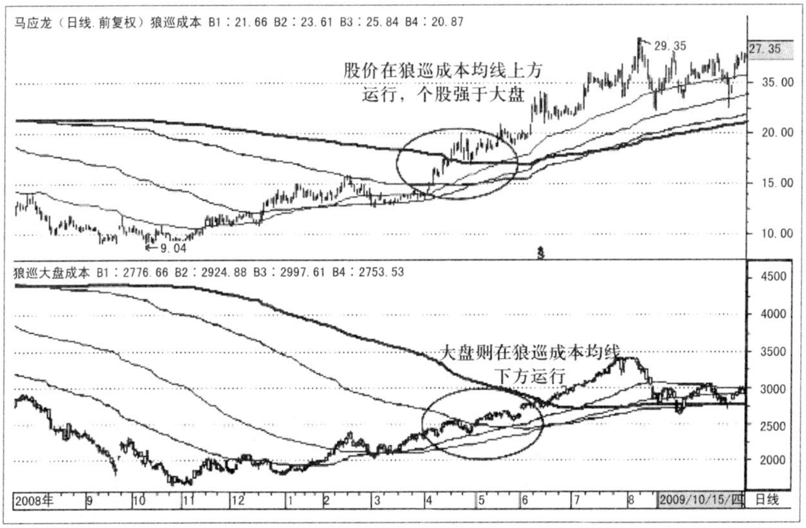
马应龙（日线.前复权）狼巡成本 B1：21.66 B2：23.61 B3：25.84 B4：20.87
29.35
27.35
股价在狼巡成本均线上方运行，个股强于大盘
9.04
狼巡大盘成本 B1：2776.66 B2：2924.88 B3：2997.61 B4：2753.53
大盘则在狼巡成本均线下方运行
2008年
2009/10/15/四
日线

图1－1－10

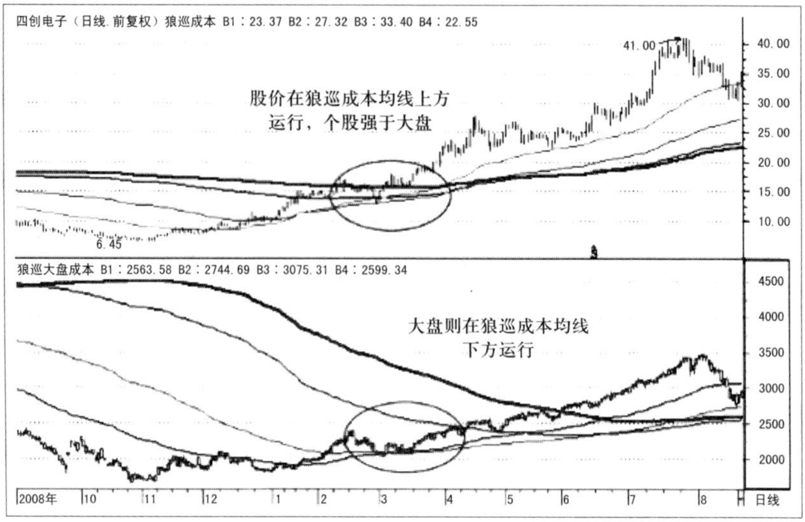

图1－1－11

了一波强于大盘幅度的上涨行情。由此我们可以确定，这些股票就是本轮行情的强势股。所以，当你发现类似于这种走势的个股出现上涨信号，或经过一轮调整之后再次出现上涨信号时，就可以确定这只股票领先大盘出现了买入时机，很有可能是一只领先大盘上涨的超级黑马。

接下来，我们再来看一下图1－1－12～图1－1－14中的那些弱势股的行情走势情况，以便你能够有所对比。

从这些图中，我们可以看到，三只股票都属于弱势股走势，当大盘已经形成上涨趋势步入牛市时，这些个股还在长期成本均线的下方震荡爬行，明显地弱于大盘指数的走势。类似于此的个股，虽然在牛市向好的时候也能够乘势向好，但除了个别业绩优秀的蓝筹股能够后来居上之外，大多数最终都成了市场中的“侏儒”。

请记住这样一个事实，如果一只股票在牛市初期就气势如虹、走势凌厉，强于大盘的走势，那么十有八九就是一只强势股，买入这样的股票定让你获益不菲。反之，如果一只股票一开始就“行为懒散”、“没精打采”，那么就算到

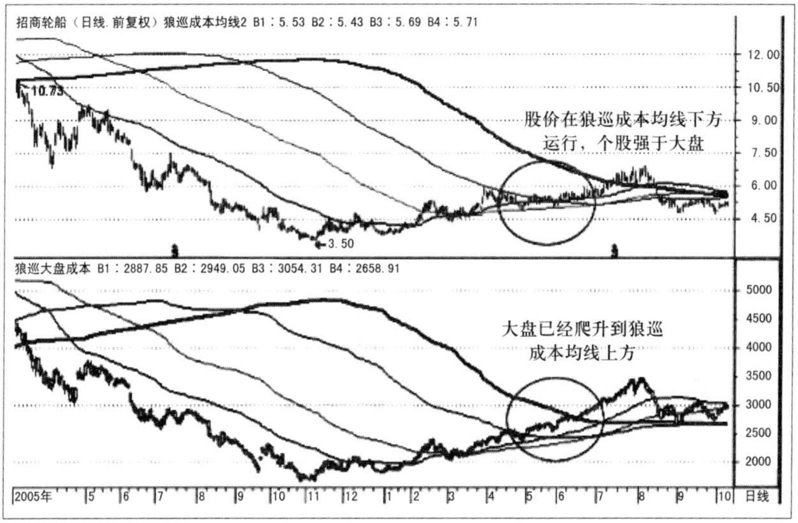
招商轮船（日线.前复权）狼巡成本均线2 B1：5.53 B2：5.43 B3：5.69 B4：5.71
股价在狼巡成本均线下方
运行，个股强于大盘
10.73
3.50
狼巡大盘成本 B1：2887.85 B2：2949.05 B3：3054.31 B4：2658.91
大盘已经爬升到狼巡
成本均线上方
2005年
日线

图1－1－12

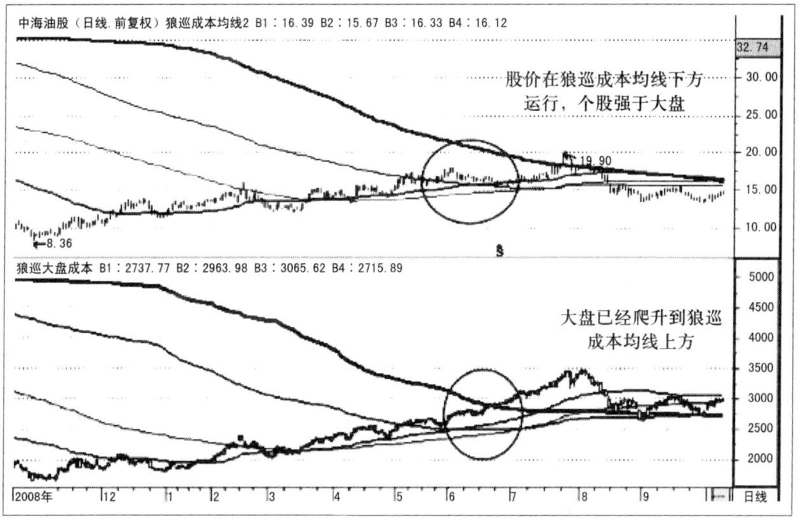
中海油股（日线.前复权）狼巡成本均线2 B1：16.39 B2：15.67 B3：16.33 B4：16.12
股价在狼巡成本均线下方
运行，个股强于大盘
19.90
8.36
狼巡大盘成本 B1：2737.77 B2：2963.98 B3：3065.62 B4：2715.89
大盘已经爬升到狼巡
成本均线上方
2008年
日线

图1－1－13

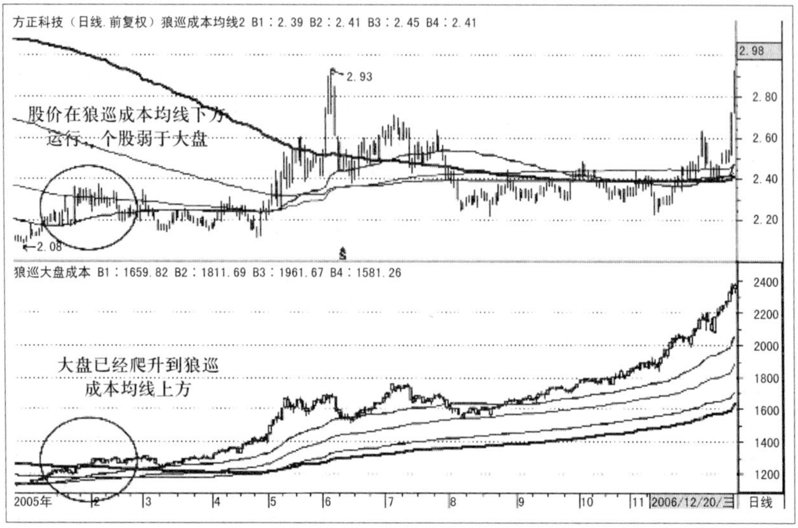

图1－1－14

了火爆的牛市，它也无非是懒汉翻身，没什么大动作，即便是偶尔的快拉猛炒，也只不过是短期行为。只要市场人气一散，它们立刻就会随着大盘的走低而被打回原形。

所以，在投机市场中，不顾趋势的走向，不顾个股的强弱，仅凭自己的一腔热情和无限的幻想，买入那些不入流的股票，必然会让你的收益大减。这正是很多新手赚少亏大的主要原因之一。

请记住市场中的另一条规律：市场中没有小灶。当大势向好的时候，那些走势低迷的股票没法随行就市地上涨，等那些强势股走弱的时候，那些弱势股也会走弱。那些好机会过了大半截才想起来上涨的股票，根本就无法超过那些领先大盘上涨的股票。所以当那些强势股步入熊市的时候，弱势股也会因为市场人气的消散同步步入熊市。市场并不会因为弱势股上涨得晚，就给它一段多余的时间再涨一下子。就像果园中先行挂果的苹果树，总比那些滞后挂果的苹果树高产，但是当秋季来临之时，即便是尚未熟透的果子，也面临着跌落的命运。这就是自然的规律。那些在大势火爆的市场中没有按时上涨的股票本身就不是“好品种”，它就注定了“低产”。

所以，如果你买进一只不入流的弱势股，在大势转弱的时候，还认为它没有涨到位，还有上涨的空间，并企盼着出现某种特殊情况，能有一个不菲的补涨走势，这是极不现实的。大多数情况下，你的希望都会落空。

狼巡大盘叠加成本指标源码如下：

```
AA：=[SUM(INDEXC*AMOUNT，340)/SUM(AMOUNT，340)]；
A1：=[SUM(INDEXC*AMOUNT，300)/SUM(AMOUNT，300)]；
A2：=[SUM(INDEXC*AMOUNT，240)/SUM(AMOUNT，240)]；
A3：=[SUM(INDEXC*AMOUNT，180)/SUM(AMOUNT，180)]；
A4：=[SUM(INDEXC*AMOUNT，120)/SUM(AMOUNT，120)]；
A5：=[SUM(INDEXC*AMOUNT，90)/SUM(AMOUNT，90)]；
A6：=[SUM(INDEXC*AMOUNT，60)/SUM(AMOUNT，60)]；
A7：=[SUM(INDEXC*AMOUNT，30)/SUM(AMOUNT，30)]；
B1：(A1+A2+A3)/3，COLORBROWN；
B2：(A3+A4+A5)/3，COLORFF00FF；
B3：(A6+A7+A5)/3，COLORBLUE；
B4：(AA+A1)/2，COLOR000000，LINETHICK2；
STICKLINE(INDEXC>=INDEXO，INDEXH，INDEXL，0，1)，COLORRED；
STICKLINE(INDEXC>=INDEXO，INDEXC，
```

INDEXO, 0.8, 1), COLORRED;

STICKLINE (INDEXC<=INDEXO, INDEXH, INDEXL, 0, 1), COLOR008800;

STICKLINE (INDEXC<=INDEXO, INDEXC, INDEXO, 0.8, 1), COLOR008800;

注：在应用本指标时应先下载盘后数据。

狼巡大盘叠加成本指标动态翻译如下：

AA赋值：[收盘价*成交额（元）的340日累和/成交额（元）的340日累和]

A1赋值：[收盘价*成交额（元）的300日累和/成交额（元）的300日累和]

A2赋值：[收盘价*成交额（元）的240日累和/成交额（元）的240日累和]

A3赋值：[收盘价*成交额（元）的180日累和/成交额（元）的180日累和]

A4赋值：[收盘价*成交额（元）的120日累和/成交额（元）的120日累和]

A5赋值：[收盘价*成交额（元）的90日累和/成交额（元）的90日累和]

A6赋值：[收盘价*成交额（元）的60日累和/成交额（元）的60日累和]

A7赋值：[收盘价*成交额（元）的30日累和/成交额（元）的30日累和]

输出B1：（A1+A2+A3）/3，画棕色

输出B2：（A3+A4+A5）/3，COLORFF00FF

输出B3：（A6+A7+A5）/3，画蓝色

输出B4：（AA+A1）/2，COLOR000000，LINETHICK2

当满足条件收盘价>=开盘价时，在最高价和最低价位置之间画柱状线，宽度为0，1不为0则画空心柱.，画红色

当满足条件收盘价>=开盘价时，在收盘价和开盘价位置之间画柱状线，宽度为0.8，1不为0则画空心柱.，画红色

当满足条件收盘价<=开盘价时，在最高价和最低价位置之间画柱状线，宽度为0，1不为0则画空心柱.，COLOR008800

当满足条件收盘价<=开盘价时，在收盘价和开盘价位置之间画柱状线，宽度为0.8，1不为0则画空心柱.，COLOR008800

在上面的章节中，我们通过图例的对比，知道了狼巡大盘叠加指标与个股叠加之后，就可以清楚分明地区分出哪些是强势股，哪些是弱势股了，这为投机者的选股确定了一个明确的方向。

对大多数投机者而言，选择强势股只是第一步，接下来还要确定买入的时机。还记得我在前面说过的那句话吗？“当那些强势股出现了买入信号时，就是投机者进场的时候。”下面我们就通过另外三个指标，来讲述一下如何确定买入时机。但在讲述这些指标的使用方法之前，我们必须先简单地认识一下这些指标的原理和一些必须注意的应用法则，以便你能够在应用的过程中，知其然也知其所以然。否则，当行情发出信号的时候，你就会因为只知表象不知本质、知其然不知其所以然，而倾向于迷信的境地，这样你就容易因死板教条的执行而出现错误和损失。

第二节 MA均线指标

Section2

MA均线指标是投机者常用的指标之一。它由美国投资专家葛兰威尔（J. Granville）所创立，由道氏股价分析理

论的“三种趋势说”演变而来，将道氏理论具体地加以数字化，通过量化的标准，从数字的变动中去分析行情未来短期、中期、长期可能出现的市场变化，为交易决策提供依据。

MA均线也称为“MA移动平均线”或“成本线”，它代表在一段时间内买入股票的平均价格成本，或某一时期的股价平均值，它反映了股价在一定时期内的强弱走势和运行趋势。MA均线指标就是将某一时期内的收盘价相加，然后再除以总的天数得出的股价平均值。

MA均线的常用参数为5日、10日、20日、30日、50日（60日）、90日、120日（135日）、240日（250日）、350日（360日）等。其中，5日、10日、20日、30日等参数的MA均线通常代表着短期的行情走势，50日（60日）、90日、120日（135日）等参数的MA均线通常代表着中期的行情走势，而240日（250日）、350日（360日）等参数的MA均线通常代表着长期的行情走势。本书中将会用到的是5日、10日、20日、60日、120日、250日等参数的MA均线，这些我将会在后面的章节中重点讲述。现在你要了解的是MA均线的一些特征和使用要则，这将有助于你更好地了解MA均线的机会成因。

◎ MA均线指标的特性

1．确认趋势

因为MA均线指标的构造原理来自于道氏股价分析理论的“三种趋势说”，也是将道氏理论的“三种趋势”通过量化的方式表现出来，所以这也决定了MA均线指标具有反映行情（价格）运行趋势的特性。比如，当行情上穿10MA均线指标现涨势的时候，通常预示着一波短期的趋势性突破出现了，行情有可能出现一波周期较短的上涨趋势，只要行情没有跌破10MA均线指标，就说明趋势依旧，应该坚定地持有。同理，当行情上穿30MA均线指标现涨势的时候，通常预示着一波中短期的趋势性突破出现了，行情有可能出现一波周期比短期走势相对较长的上涨趋势，只要行情没有跌破30MA均线指标，就说明趋势依旧，也应该坚定地持有。其他周期以此类推。

虽然行情的走势并非像我所述的这样简单，但只要遵循MA均线的这一运用规则，深入研究，你终究会得到一种实用的、适合自己的交易方法。所以在运用MA技术指标的时候，应该举一反三，而不应该依文解字。

2．稳定但滞后

由于MA均线指标是对行情的收盘价进行算术平均之后产生的新的价格走势的连线，因此这一均线相对于价格的变化来说就更为稳定，不像日K线那样起起落落地不断震荡。然而，正是因为MA均线系统的这种稳定的特性，才具备了确认趋势并追随趋势的作用。越长期的MA均线，越能表现出稳定的走势特性。

但是，相对于价格本身的趋势变化来说，MA均线指标因为是对某一周期内的价格进行了算术平均之后产生的另一种价格走势图形，所以MA均线指标会远离即时的行情（价格）走势，这种远离导致MA均线指标相对于即时的价格走势具有一定的滞后性。换言之，当价格趋势已经出现变化的时候，较长周期的MA均线指标通常会因为其既定的周期限制，而无法及时地反应价格短期的变化，它还会按照既定的周期变化继续维持原来的方向和走势运行一段时间，直到市场经过较长的周期发生了根本的变化之后，MA均线指标才会逐渐地表现这一变化。所以MA均线指标无法准确及时地表现趋势的顶部和底部，它只能准确地表现趋势、确认趋势。这也是MA均线指标的不足之处。但对成熟的技术派投机者而言，这一不足也无大碍，因为投机交易的本质，就是抓住既定的、已被确定的市场趋势，而不是寻求市场的顶部和底部。

3．助涨助跌

这是技术派投资者务必注意的一个问题。当价格上穿或下穿某一周期的MA均线指标，形成有效突破之势时，MA均线指标将对价格突破后的运行产生助涨或助跌的作用，尤其是当MA均线系统多头发散或者空头发散时，行情经过有效的多头回调和空头反弹之后，指数（价格）在均线的既定方向再次出现涨势和跌势并创出新高时所产生的助涨助跌作用就更为强烈。因为趋势一旦被确定，往往会不断地延续其原先的走势，所以MA均线指标的这一助涨和助跌的特性，通常会对那些逆势而为的投机者造成不小的打击。

由于MA均线指标这些特性，指标的创始人葛兰威尔（J. Granville）给使用MA均线指标的投机者指出了一些运用法则。这些法则主要描述了买入和卖出两种情况。

以下三种情况的出现可视为买入信号：

1. MA均线从下降开始走平，行情自下而上穿越MA均线，如图1－2－1中所示。

2. 行情在MA均线的上方连续上升，远离MA均线后突然下跌，但并未跌破MA均线，而是在MA均线附近重新企稳上升，如图1－2－2中所示。

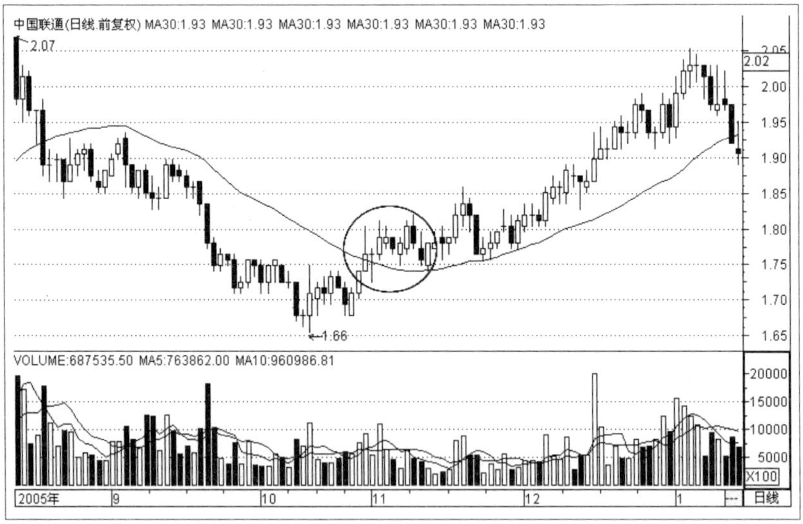

图1－2－1

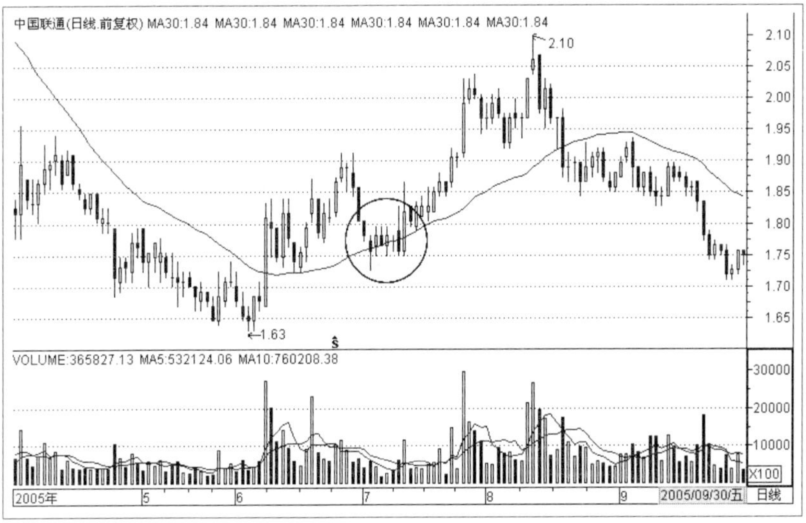

图1－2－2

3．行情跌破MA均线，并连续大幅度下跌，远离MA均线，并出现企稳上升的走势，不再持续下跌，这些通常预示着阶段性下跌行情基本停止，行情有可能会出现一波反弹趋势，如图1－2－3中所示。

以上三种现象都是买入信号，应当做出看多（买入）的反应。而以下三种情况的出现则可视为卖出信号：

1．MA均线从上升开始走平，行情价格走势自上而下穿越MA均线，如图1－2－4中所示。

2．行情在MA均线的下方连续下跌，远离MA均线后突然上升，但并未上穿MA均线，而是在MA均线下方附近再次下跌，如图1－2－5中所示。

3．行情上穿MA均线，并连续出现大幅度上涨，远离MA均线，并出现上涨无力不再持续创出新高的现象，这就属于下跌信号，如图1－2－6中所示。

以上三种现象都是卖出信号，应当做出看空（卖出）的反应。

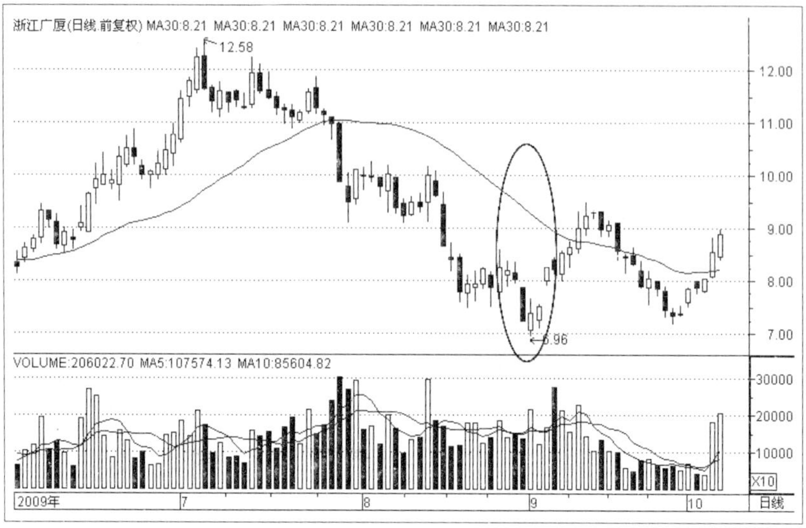
浙江广厦(日线,前复权) MA30:8.21 MA30:8.21 MA30:8.21 MA30:8.21 MA30:8.21 MA30:8.21
12.58
6.96
12.00
11.00
10.00
9.00
8.00
7.00
VOLUME:206022.70 MA5:107574.13 MA10:85604.82
30000
20000
10000
X10
2009年
7
8
9
10
日线

图1－2－3

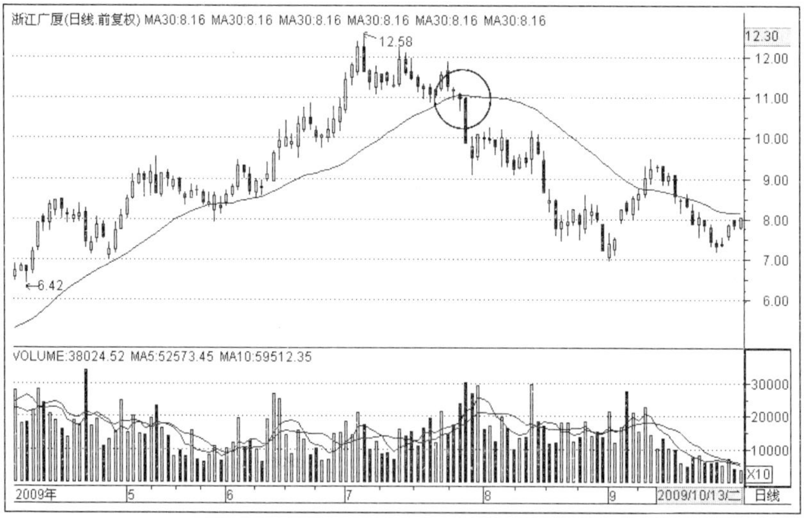
浙江广厦(日线,前复权) MA30:8.16 MA30:8.16 MA30:8.16 MA30:8.16 MA30:8.16 MA30:8.16
12.58
6.42
12.30
12.00
11.00
10.00
9.00
8.00
7.00
6.00
VOLUME:38024.52 MA5:52573.45 MA10:59512.35
30000
20000
10000
X10
2009年
5
6
7
8
9
2009/10/13/二
日线

图1－2－4

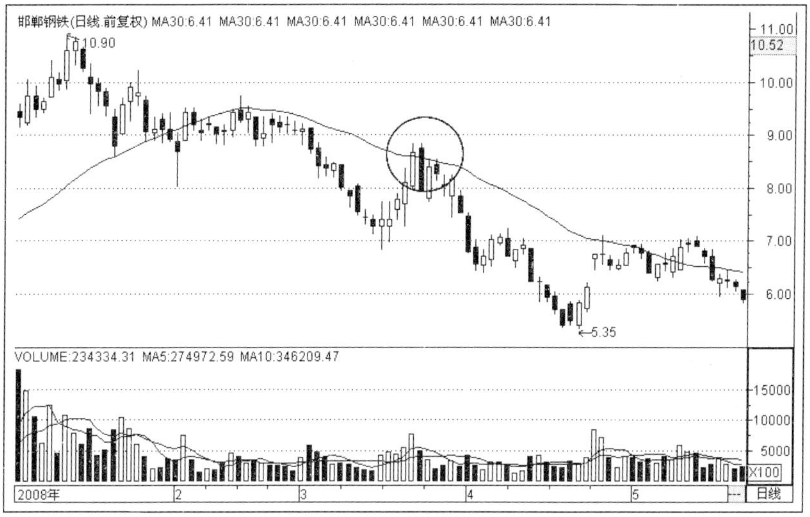
邯郸钢铁(日线,前复权) MA30:6.41 MA30:6.41 MA30:6.41 MA30:6.41 MA30:6.41 MA30:6.41
10.90
5.35
11.00
10.52
10.00
9.00
8.00
7.00
6.00
VOLUME:234334.31 MA5:274972.59 MA10:346209.47
15000
10000
5000
X100
2008年
2
3
4
5
日线

图1－2－5

邯郸钢铁(日线,前复权) MA30:7.01 MA30:7.01 MA30:7.01 MA30:7.01 MA30:7.01 MA30:7.01
10.90
5.35
11.00
10.00
9.00
8.00
7.00
6.00
VOLUME:717413.94 MA5:513269.09 MA10:416532.97
15000
10000
5000
X100
2007年
12
1
2
3
4
日线

图1－2－6

◎ 葛兰威尔八大法则

葛兰威尔八大法则是葛兰威尔在后期通过不断地实践和研究，结合自己的一些实际经验，所提出的新的交易观念。

葛兰威尔八大法则的运用，是以价格与移动平均线的距离关系作为买进与卖出信号的依据。葛兰威尔认为价格的波动具有某种规律，而移动平均线则代表着趋势的方向。因此，当价格的波动过多地脱离中长期的移动平均线时（即价格与移动平均线的偏离），则未来行情将会朝趋势相反的方向进行修正，也就是我们所说的回调和反弹。所以，每当行情价格过多地偏离移动平均线时，往往都会酝酿着相反的力量，这种情况一旦出现，通常都是一个可靠的买卖信号。我们暂且将目前价格与移动平均线的差距（脱离移动平均线的距离）称为“乖离”（BIAS），即BIAS＝PRICE－MA，MA即移动平均（MovingAverage）。价格与MA均线乖离的幅度越大，价格修正的可能性就越高。但如果行情出现另一种情况，比如趋势正在加速发生，并且创出新高（新低），也可预期未来乖离将会持续扩大。

另一方面，MA均线是较长期的价格发展走势线，因此相对于价格K线走势而言，MA均线具有一种趋势的概念，而且它所平均的参数周期越大，所代表的时间刻度就越大，其所表现的趋势性就越稳定。但当趋势发生改变时，长周期的趋势线因为缺乏短周期的价格敏感性，往往无法及时“感受”到价格的即时波动，所以通常会滞后于价格的走势。如果行情要出现根本性的变化，价格K线将与MA均线发生交叉现象，则代表着行情趋势有可能要发生本质性的改变，先前的趋势已经终结，新的趋势正在形成，新的交易信号已经出现。所以MA均线指标也可以看做是一个观察指标。

葛兰威尔八大法则，即是结合利用MA均线的上述几项指标特性和乖离原理，所归纳出的一些买进和卖出的信号。这八大法则如下：

1．MA均线从下降走势逐渐转为盘式上升走势，而价格从下方突破MA均线并站稳MA均线上方，为买进信号。如图1－2－7所示。

2．价格虽然跌破MA均线，但又立刻回升到MA均线上，此时MA均线仍然持续上升，仍为买进信号。如图1－2－8所示。

3．价格趋势走在MA均线上，价格下跌并未跌破MA均线且立刻反转上升，也是买进信号。如图1－2－9所示。

4．价格突然暴跌，跌破MA均线，且远离MA均线，则有可能随时出现反弹上升行情，也为买进时机。如图1－2－10所示。

5．价格在MA均线的上方运行，从上升态势逐渐转为盘局，不再创出新高，并出现下跌态势，且价格向下跌破MA均线，为卖出信号。如图1－2－11所示。

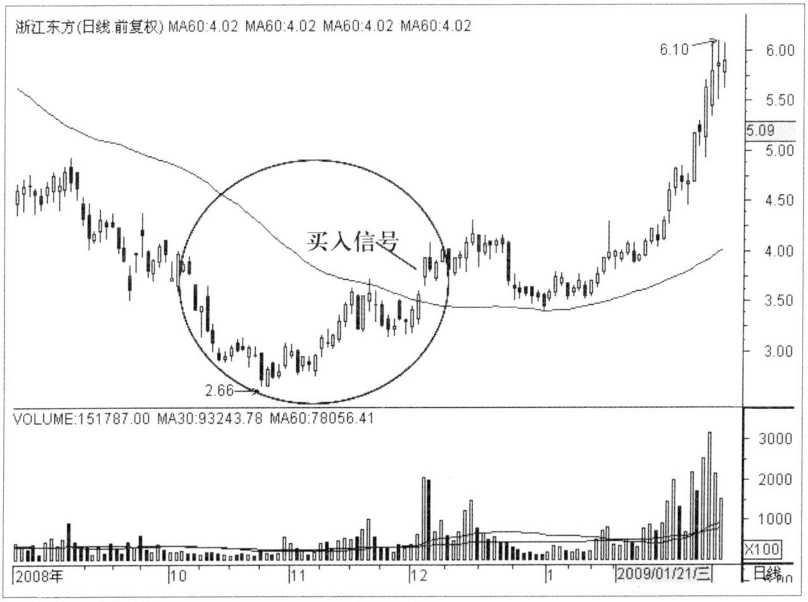

图1－2－7

黄山旅游(日线.前复权) MA60:23.72 MA60:23.72 MA60:23.72 MA60:23.72
29.45
28.00
26.00
24.00
22.00
20.00
18.00
16.00
14.00
13.87
VOLUME:31262.29 MA30:27697.48 MA60:31413.53
1000
750
500
X100
2007年
4
5
6
7
8
日线

图1－2－8

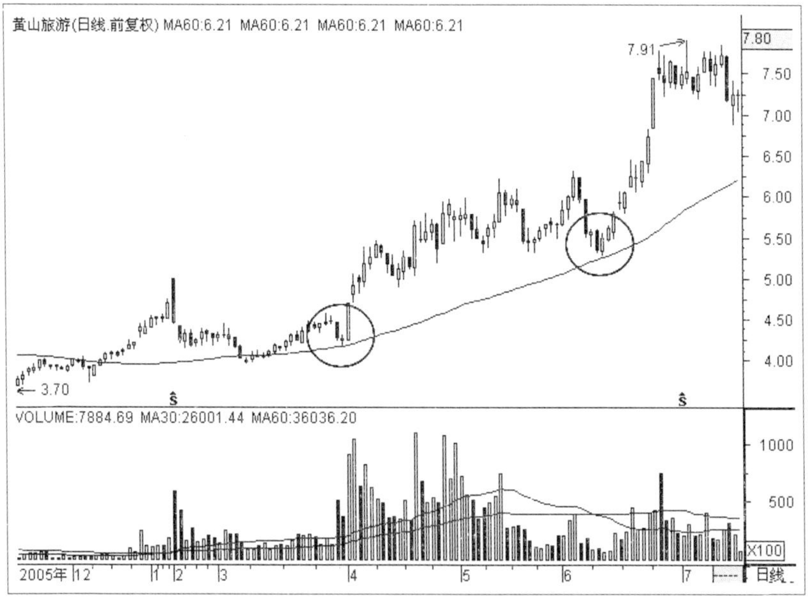
黄山旅游(日线.前复权) MA60:6.21 MA60:6.21 MA60:6.21 MA60:6.21
7.91
7.80
7.50
7.00
6.50
6.00
5.50
5.00
4.50
4.00
3.70
VOLUME:7884.69 MA30:26001.44 MA60:36036.20
1000
500
X100
2005年
12
1
2
3
4
5
6
7
日线

图1－2－9

浙江东方(日线.前复权) MA60:4.57 MA60:4.57 MA60:4.57 MA60:4.57
8.00
7.50
7.00
6.50
6.00
5.50
5.00
4.50
4.00
3.50
3.00
←2.83
VOLUME:68011.65 MA30:84607.46 MA60:133803.33
1000
500
X1000
2003年
10
11
12
1
2
3
4
日线

图1－2－10

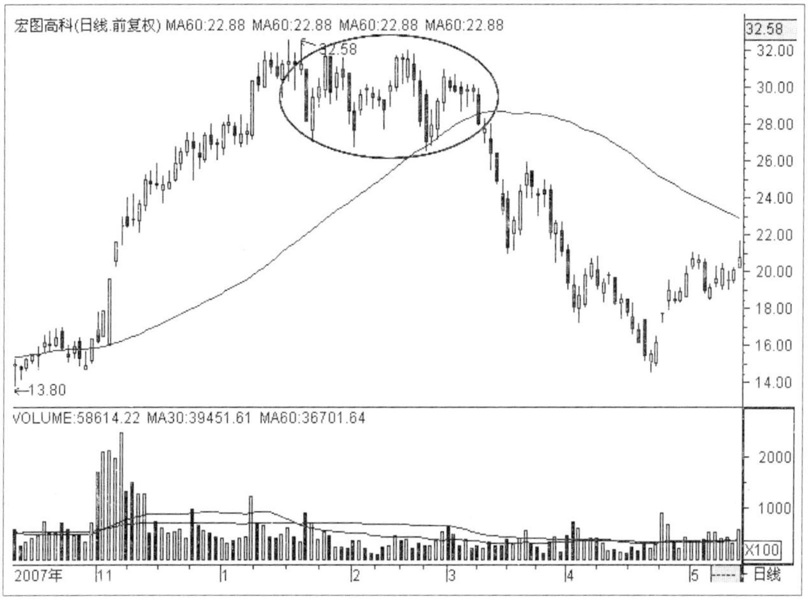
宏图高科(日线.前复权) MA60:22.88 MA60:22.88 MA60:22.88 MA60:22.88
32.58
32.00
30.00
28.00
26.00
24.00
22.00
20.00
18.00
16.00
14.00
←13.80
VOLUME:58614.22 MA30:39451.61 MA60:36701.64
2000
1000
X100
2007年
11
1
2
3
4
5
日线

图1－2－11

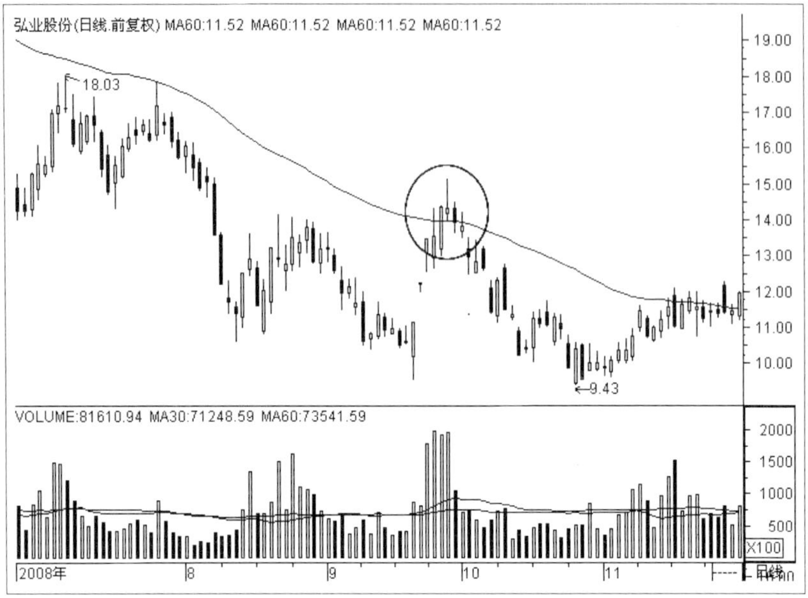
弘业股份(日线.前复权) MA60:11.52 MA60:11.52 MA60:11.52 MA60:11.52
18.03
9.43
19.00
18.00
17.00
16.00
15.00
14.00
13.00
12.00
11.00
10.00
VOLUME:81610.94 MA30:71248.59 MA60:73541.59
2000
1500
1000
500
X100
2008年
8
9
10
11
日线

图1－2－12

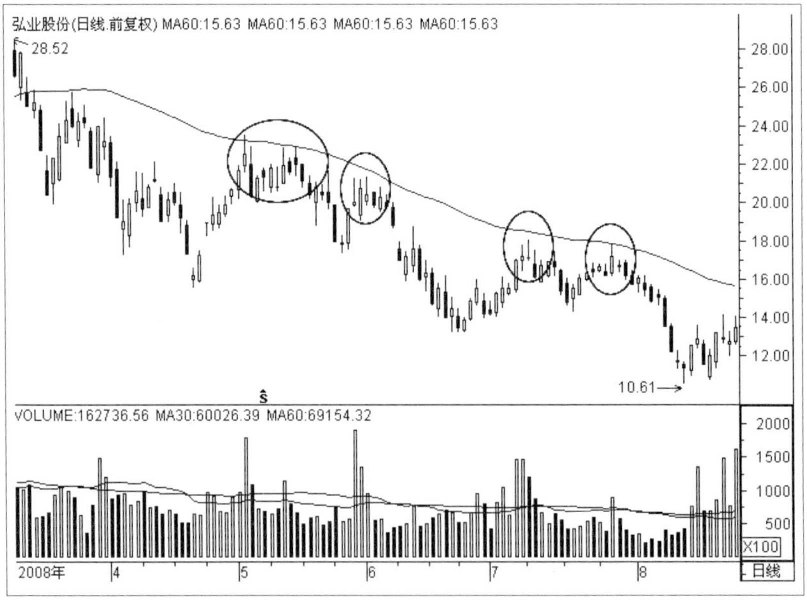
弘业股份(日线.前复权) MA60:15.63 MA60:15.63 MA60:15.63 MA60:15.63
28.52
10.61
28.00
26.00
24.00
22.00
20.00
18.00
16.00
14.00
12.00
VOLUME:162736.56 MA30:60026.39 MA60:69154.32
2000
1500
1000
500
X100
2008年
4
5
6
7
8
日线

图1－2－13

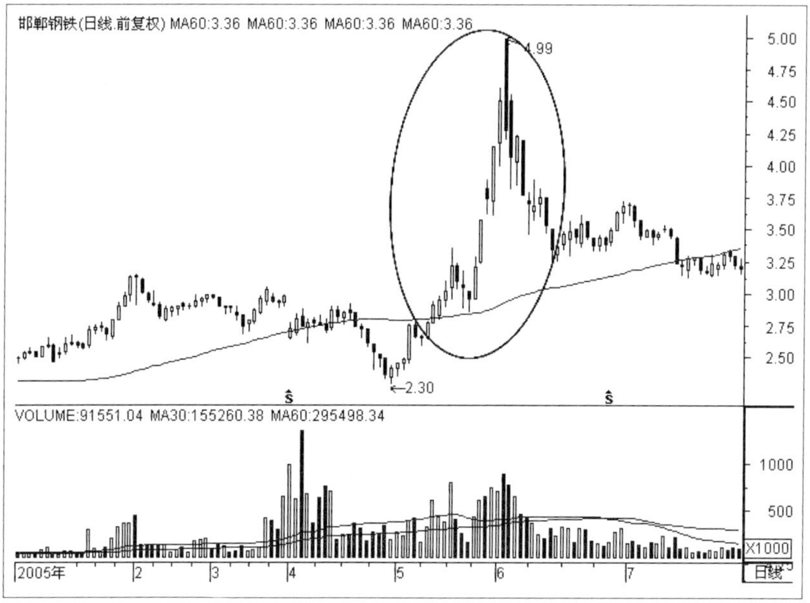

图1－2－14

6．价格在MA均线的下方运行，虽然向上突破MA均线，但又立刻回跌至MA均线下，这表明趋势并没有转变，价格有可能持续下跌，所以为卖出信号。如图1－2－12所示。

7．行情在MA均线下方运行，价格虽然上升，却并未突破MA均线便立刻反转下跌，也是卖出信号。如图1－2－13所示。

8．价格从下方向上突破MA均线之后，突然暴涨，且远离MA均线，出现明显的过度乖离走势，这表明行情有可能随时回跌，也为卖出时机。如图1－2－14所示。

◎ 葛兰威尔MA均线乖离法则运用要则

价格的走势要始终顺着MA均线运行，无论是上涨还是下跌都不能偏离太远。如果价格的走势距离MA均线太远，即涨幅或跌幅过大，价格与MA均线之间就会出现过度乖离，这属于强烈的超买超卖信号。如果行情此时处于上涨的趋势中，那么就会因为部分短期成本较低的获利盘的卖出，导致行情回归，价格就会向MA均线靠拢，甚至跌穿较短周期的MA均线指标。反之，如果行情处于下跌趋势中，行情就会因为短期过多的卖压致使价格远离MA均线，当下跌的力量释放完毕，激进的投资者重新看好市场而入市买入，导致行情短期快速反弹，价格就会向MA均线靠拢或上穿周期较短的MA均线，形成上涨之势。

实际上，除了利用MA均线乖离这一法则之外，我们还会利用MA均线交叉、迸发和穿越等几种形态特征，来区分市场的买入信号和卖出信号。

上面我们讲述了MA均线指标在实际运用中的使用要则，这些要则不但有助于你了解趋势，把握买卖时机，更重要的是，当你将狼巡大盘MA指标结合运用的时候，你就会深晓强势股买入时机的精髓！为了让我们的交易更具胜算，我们还要配合其他的两个指标来进一步确认机会的有效性，这就是我们大家耳熟能详的MACD指标和KDJ指标。

第三节　MACD指标

Section3

“MACD平滑异同平均指标”简称“MACD指标”，是由杰拉尔得·阿佩尔（GeraldAppel）于1979年根据MA均线的原理设计出来的一种趋势型指标。运用MA均线判断买卖时机在趋势明显时收效很大，但如果碰上牛皮盘整的行情，MA均线所发出的信号就会频繁而不准确。MACD指标则吸收了MA均线的优点，通过二次平均之后，不但克服了MA均线假信号频繁的缺陷，还能够确保MA均线最大的战果。

MACD指标的计算方法是根据每日的收市价，计算两条加权移动平均线不同速度（长期与中期）的指数平滑移动平均线（EMA）的差离值（乖离值），通过测量两条EMA均线的差离值、运用快速（短期）和慢速（长期）移动平均线及其聚合与分离的征兆，并加以双重平滑运算，来判断买卖时机。这样，MACD指标不但降低了MA均线频繁发出假信号的频率，也保留了MA均线表现趋势的功能效果。因此，MACD指标既具有均线趋势特性，又比MA均线指标稳定。于是MACD指标就成了很多投机者研判行情趋势、确定买卖时机以及分析股票价格涨跌的重要技术分析工具。而且，MACD指标能够从另一种方面用另一种形式来表现行情的走势形态，所以在目前的金融市场中，MACD指标是一种极为常用的技术分析指标，我们应该重点讲述一下，加深理解。

MACD指标的基本应用方法与要则

1．DIF和DEA曲线均为正值时，即在0轴线以上为多头市场；DIF线向下突破DEA线形成高位交叉时，为卖出信号。见图1－3－1所示。

2．DIF和DEA曲线均为负值时，即在0轴线以下为空头市场；DIF线向上穿越DEA线形成低位交叉时，为买入信号。见图1－3－2所示。

3．DEA和DIF曲线在0轴线的上方与主图中的K线价格走势形态发生背离，为行情反转向下的卖出信号。见图1－3－3所示。

4．DEA和DIF曲线在0轴线的下方与主图中的K线价格走势发生背离，为行情反转向上的买入信号。见图1－3－4所示。

有经验的投资者知道，MACD指标的背离，其实就是行情的前一波高点（低点）距离50MA均线太远，即差离距（乖离）太大，而之后的行情高点（低点）距离50MA均线则相对较近，即差离距（乖离）较小，导致MACD指标中的DIF线与DEA线交叉之后形成了与股价走势完全相反的行情

招商轮船(日线,前复权) MA10:8.52 MA30:8.50 MA60:9.57 MA120:10.93 MA250:- MA350:-
16.52
6.98
MACD(12,26,9) DIF:-0.06 DEA:-0.27 MACD:0.42
2007年
2008/04/02/三
日线

图1－3－1

招商轮船(日线,前复权) MA10:11.26 MA30:12.21 MA60:12.94 MA120:12.22 MA250:- MA350:-
16.52
8.93
MACD(12,26,9) DIF:-0.48 DEA:-0.53 MACD:0.11
2007年
日线

图1－3－2

青岛啤酒(日线 前复权) MA10:7.32 MA30:7.26 MA60:7.13 MA120:7.46 MA250:7.27 MA350:7.11
MACD(12,26,9) DIF:0.04 DEA:0.03 MACD:0.02

图1－3－3

浦发银行(日线 前复权) MA10:5.98 MA30:5.97 MA60:6.18 MA120:5.70 MA250:6.02 MA350:5.87
MACD(12,26,9) DIF:-0.06 DEA:-0.02 MACD:-0.07

图1－3－4

图1－3－5

形态。而出现这一形态其实是因为股价伴随着10MA均线在一波一波地向50MA均线靠拢。如图1－3－5所示。

从该图中我们可以看到，石油济柴（000617）的股价在高位与MACD指标形成了顶背离的走势，而10MA均线到50MA均线的距离也在逐波缩小。可见，10MA均线的差离值的逐步缩小导致了MACD指标与股价的背离。

了解了上面所讲述的背离原理，就很容易理解造市商如何制作MACD指标的各种背离图形了。接下来，我们就来详细地讲解许多专业人士所谓的负背离（顶背离）在实际当中是如何被人为制造出来的。如图1－3－6中所示。

从该图中我们不难看出，负背离其实就是股价在高位逐波地向50MA均线靠拢的一种表现形态而已，即行情乖离在逐波减小。简单地说，当行情价格在高位由原来的远离50MA均线开始逐波地向它靠拢之时，MACD指标就会出现负背离的形态。如图1－3－7所示。

反之，当行情价格在低位由原来远离50MA均线开始逐波地向它靠拢之时，MACD指标就会形成正背离（B波与

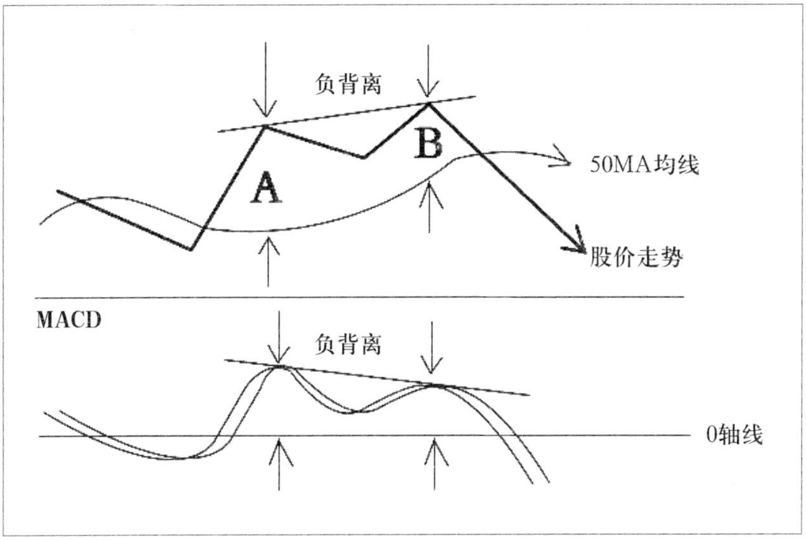
负背离
A
B
50MA均线
股价走势
MACD
负背离
0轴线

图1－3－6

上证指数(日线,前复权) MA5:1891.87 MA10:1912.44 MA50:2068.96 MA50:2068.96
负背离
2245.43
1824.87
MACD(12,26,9) DIF:-52.56 DEA:-52.33 MACD:-0.46
负背离
2001年
2001/08/02
日线

图1－3－7

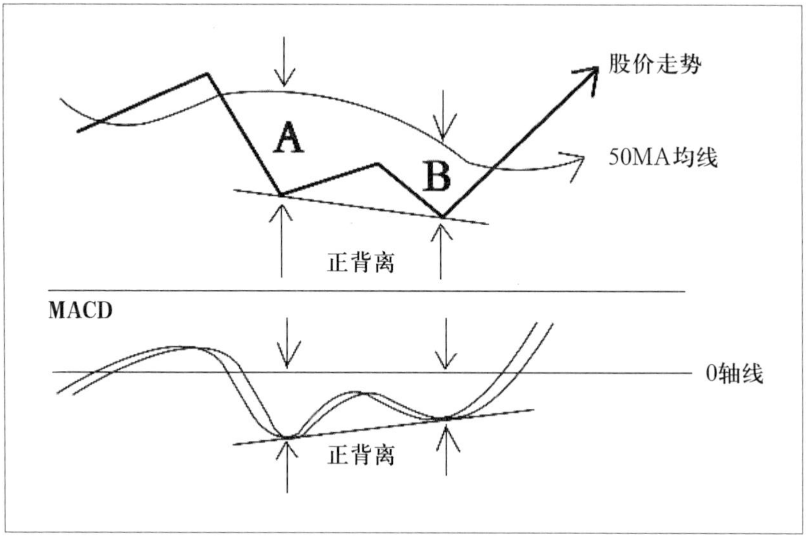

图1－3－8

50MA均线的距离要小于A波与50MA均线的距离）。如图1－3－8和图1－3－9所示。

通过上面的讲解我们可以知道，MACD指标与股价走势的背离是如何人为形成的，其原理就是控制股价目前的行情高位到50MA均线的距离要小于前一波行情高位与50MA均线之间的距离（也可以是60MA均线，但你不能要求MA均线指标和MACD指标两种不同的均线指标之间的各种穿越和距离差完全无误，因为这两种指标的计算方法不同，也必然会在某些时候形成某种形态上的误差，我在这里告诉你的只是一些基本原理），利用这一原理，造市商就可以人为地制造各种MACD指标的背离现象，来“诱骗”投机者买入和卖出了。

除此之外，MACD指标的柱状线也成为一些投机者研判股价走势的一个重要依据。比如，当MACD柱状线由红变绿，为卖出信号；由绿变红，为买入信号。可能有些投机者并不了解MACD柱状线由红变绿或由绿变红的意义，但精研过MACD指标的投机者就会知道，MACD柱状线由红变绿的

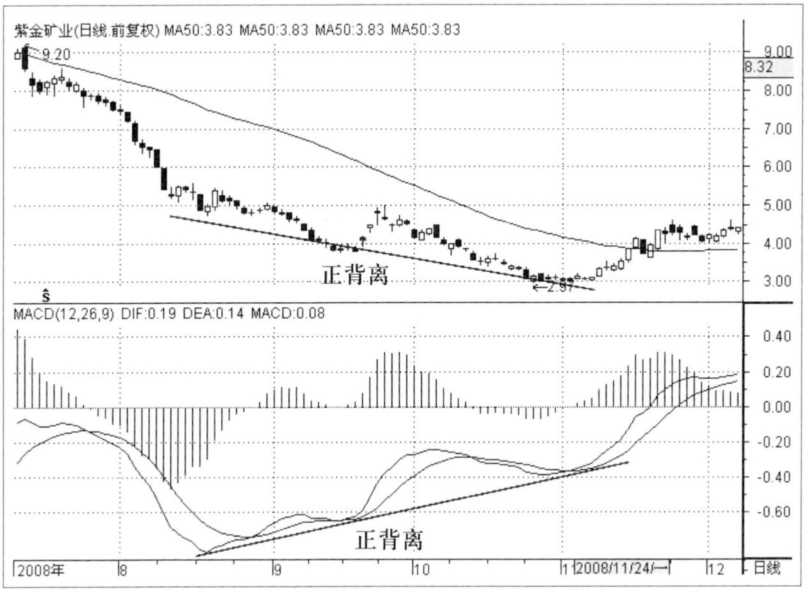

图1－3－9

时候，其实就是DIF线下穿DEA线的时候；MACD柱状线由绿变红的时候，其实就是DIF线上穿DEA线的时候，如图1－3－10所示。

通过该图我们可以知道，其实MACD柱状线就是DIF线与DEA线之间的双倍距离（差离值）。也就是说，MACD柱状线其实就是DIF线减DEA线之后的差乘以2所得出的一个积。所以，只要控制好DIF线与DEA线之间的距离（差离值），使之放大或缩小，就可以得出不同的柱状线图形。

那么造市商是如何控制这一距离的呢？方法很简单，采用一条10（15）MA均线作为DIF线与DEA线之间的距离标杆，只要让股价（也可以是5MA均线）围绕这条均线进行幅度不同的交叉波动就行了。

所以，如果要做一个MACD柱状线的负背离图形，让不坚定的多头卖掉手中的仓位，只需要保证行情在上涨的时候，不让目前的股票均价大于先前的股票均价就可以了。换

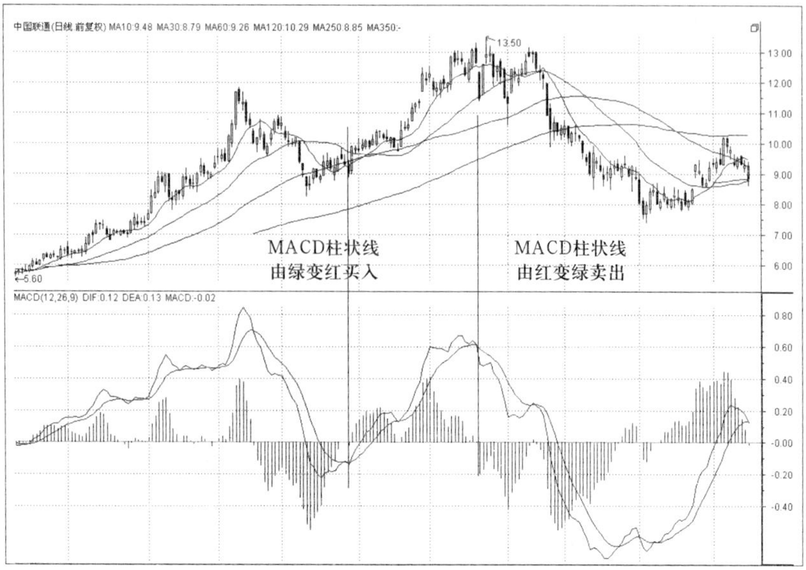

图1－3－10

句话说，如果我们要用MA均线来做一个柱状线的话，只要控制好5MA均线与10MA均线之间的距离，就能够间接地控制好DIF线与DEA线之间的距离。只要让先前的5MA均线与10MA均线之间的距离，大于目前的5MA均线指标与10MA之间的距离，那么这个柱状线的背离就会自动形成。真的会是这样吗？

为打消你的这一疑问，我们做一个5MA均线与10MA均线相减的柱状线差离值指标来验证一下这一说法。

首先，我们将主图的MA指标的参数调整成5MA、10MA、50MA。接下来，我们再用MACD柱状线的计算方法将5MA与10MA相减，做出一个MA柱状线指标。

其公式源码如下：

```
DIF：=MA（CLOSE，M1）；
DEA：=MA（CLOSE，M2）；
MACD：（DIF－DEA）*2，COLORSTICK；
```

参数值为：M1＝5，M2＝10。

动态翻译为：

DIF赋值：收盘价的M1日简单移动平均

DEA赋值：收盘价的M2日简单移动平均

输出平滑异同平均：（DIF－DEA）＊2，COLORSTICK

MA柱状线指标与MA均线指标所形成的对比结果如图1－3－11中所示。

从该图中我们可以看到，MA柱状线指标与MA均线指标所形成的负背离（顶背离）结果，正是依靠5MA均线与10MA均线（或价格与15MA均线）之间的距离变化而产生的一种行情走势形态。这进一步说明了，通过控制5MA均线与10MA均线（或价格与15MA均线指标线）之间的距离，

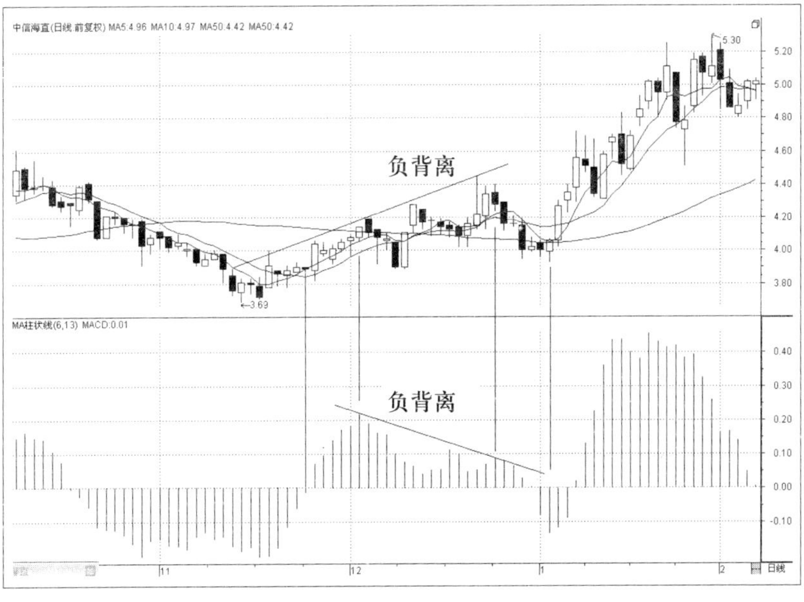

图1－3－11

就可以间接影响MACD指标的DIF线与DEA线之间的距离（差离值），就可以促使MACD指标的柱状线根据自己的需要，人为地做出各种背离行情形态。如图1－3－12中所示。

从该图中我们可以看到，行情在上涨过程中拉动A处远离10MA均线，然后开始逐步地向10MA均线靠近，在10MA均线附近再次轻微拉起，让行情A处与10MA均线的距离（差离距）大于B处与10MA均线之间的距离，就可以间接控制MACD指标的DIF线与DEA线之间的距离，并制作出一个上涨中MACD柱状线负背离形态。反之，如果要形成一个下跌中的正背离形态，则在行情下跌中的C处拉动价格远离10MA均线，然后再控制价格开始逐渐向10MA均线靠拢，当行情到达D处的时候，就开始将行情轻微外拉，使D处在下跌的过程中与10MA均线的距离小于C处与10MA均线之间的距离，这样就可以人为地制作出一个正背离的行情柱状线。只要在背离图形做好以后，持续原来的行情运行趋势，就可以做到既不改变原来的行情运行趋势，又可以出现背离图形。

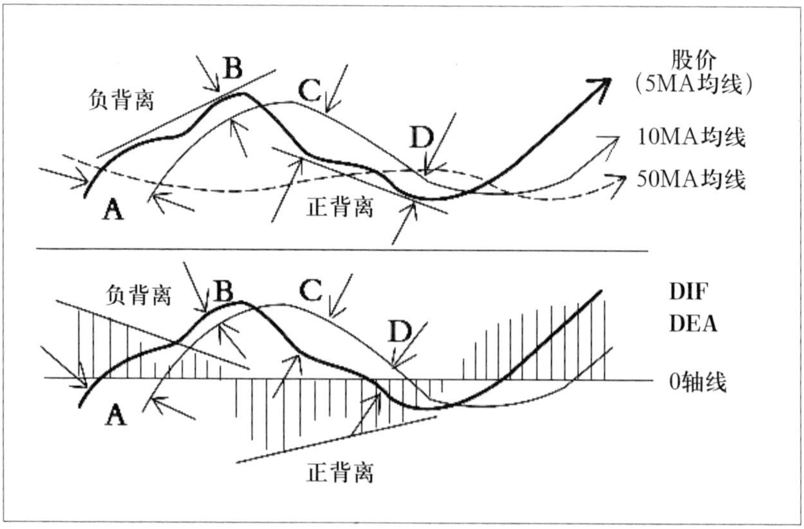

图1－3－12

第四节 KDJ指标

Section4

KDJ全名为随机指标（Stochastics），由美国的乔治·莱恩（GeorgeLane）博士所创，其综合了动量观念、强弱指标以及移动平均线的优点，根据统计学的原理，通过一个特定的周期内（通常为9日、9周等）出现过的最高价、最低价以及最后一个计算周期的收盘价这三者之间的比例关系来确定最后一个周期的未成熟随机值RSV，然后根据平滑移动平均线的方法来计算K值、D值与J值，并绘成曲线图来研判股票走势，还利用价格波动的真实波幅来反映价格走势的强弱和超买超卖情况，在价格尚未上升或下降之前发出买卖信号。

KDJ指标在设计过程中，虽然主要是研究最高价、最低价和收盘价之间的关系，但同时也融合了动量观念、强弱指标和移动平均线的一些优点，因此，能够比较迅速、快捷、直观地研判行情的变化，对买卖信号的判断更加准确，是一种新颖快捷的实用技术分析指标。它起先应用于期货市场的分析，后被广泛用于股市的中短期趋势分析，是期货和股票市场上最常用的技术分析工具之一。

随机指标KDJ最早是以KD指标的形式出现，所以最早的KDJ指标只有两条线，即K线和D线，指标也被称为“KD指标”。随着股市分析技术的发展，KD指标也逐渐演变成KDJ指标了，而实际上KDJ指标只不过增加了一条J线，用以辅助KD指标更好地表现市场的超买和超卖，从而提高了KDJ指标在分析行情上的作用。

随机指标设计的思路与计算公式都起源于威廉（W%R）理论，但比W%R指标更具使用价值。W%R指标一般只限于用来判断股票的超买和超卖现象，而随机指标却融合了移动平均线的思想，并在设计中综合了动量指标、强弱指数的一些优点，通过K、D、J三条曲线波动于0～100之间，显示阶段性行情的超买和超卖。

在使用的过程中，通常当J线处于80以上的区域时，是行情进入了超买区的信号，指标显示的趋势随时有出现下跌的可能，所以当K线、D线、J线处于80以上，形成向下交叉的形态时，就属于看跌信号。相反，当J线处于20以下的区域时，就是行情进入了超卖区的信号，指标显示趋势随时有可能上涨，所以K线、D线、J线处于20以下，形成向上交叉的形态时，就属于看涨信号。

然而，当K线、D线、J线位于纵坐标50左右的区域交叉时，则意味着趋势不明显，或者说价格走势正处于牛皮盘整阶段。所以，很多KDJ指标的使用者都说：K线、D线、J线波动于50左右的任何信号，其作用不大。但在现实当中，我并不认同他们的这种说法。我需要申明一点的是：很多投资者都不重视KDJ指标的D值穿越50的重要作用，甚至根本就不知道KDJ指标的D值穿越50代表着什么。我要告诉你的是：KDJ指标的D值穿越50正是确认KDJ指标的短期绝对空头趋势和绝对多头趋势的重要依据，并且这一依据也是那些擅长资金管理的投资者加码买入的重要信号。

KDJ指标的应用要则

KDJ随机指标反应比较敏感快速，是短线投资者研判短期行情走势最有效的技术指标。而那些资金较多的长线投资者则通常更加重视周线图和月线图中的KDJ指标，当月线图中KDJ值在低位的20以下，且周KDJ的位置也处于20以下并形成向上交叉的形态时，通常都是他们逐步建仓的时机。

KDJ指标在实际运用的过程中也有自己的缺陷。如果行情的走势过于强劲，并出现单边均衡的走势，KDJ指标就会出现钝化的现象。之所以这样，是因为当行情出现单边均衡的走势时，KDJ指标的RSV值就会因为价格走势的波幅较小倾向于波动走平，而不是向下或向上。所以，当行情缺少波动（波幅不大）且沿着一个方向不断地上涨（下跌）的时候，KDJ指标中的RSV值达到极致之后就会在KDJ指标的高位（低位）做横向的震荡延伸，再加上KDJ指标中的K线是RSV值的加权平均线，D线又是K线的加权平均线，J线又是3倍的K线减2倍的D线的差数（差离值），所以它们会因此而出现相类似的反应，相互缠绕或粘连，并沿着KDJ指标的顶部或底部作小幅的交错延伸。我们通常都会把KDJ指标的这一现象叫做“KDJ钝化”。

同样，当行情的走势开始由单边快速上涨（下跌）转向单边横向的缓慢上涨（下跌）的时候，KDJ指标就会因为RSV值的变小（变大）而向下（向上）“拐头”，此时就会导致KDJ指标的D值也随其变化，于是KDJ指标就会出现背离的情况。如图1－4－1中所示。

为了减少KDJ指标经常出现的钝化的现象，我们进行了长时间的实践，终于发现将KDJ指标的参数修改成21、8、5将更有利于判断波段行情的顶部和底部，超买和超卖。所以在下面讲述本指标的章节中，我们都采用这一参数。接下来，我就简单地讲述一下KDJ指标的基本应用方法。

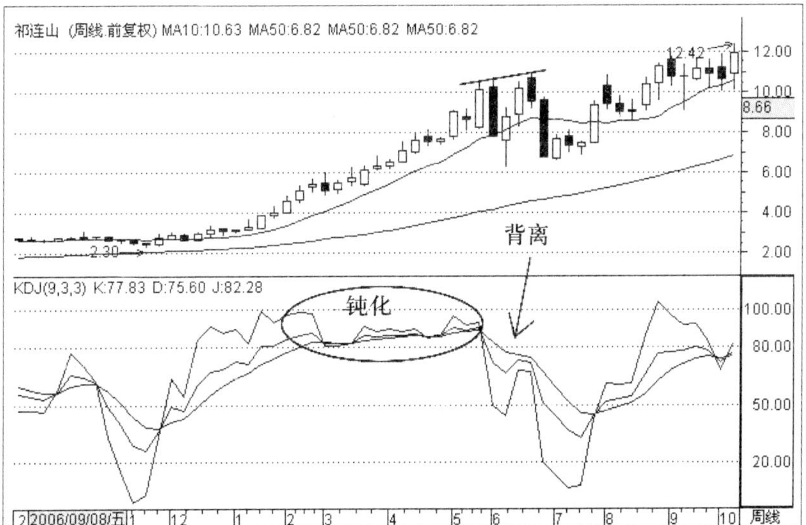

图1－4－1

KDJ指标的基本应用方法有如下几点：

1. 当KDJ指标中的K线在90左右向下交叉D线时，行情下跌几率较大，我们视之为卖出信号，如图1－4－2所示。

2. 当KDJ指标中的K线在10左右向上交叉D线时，行情上涨几率较大，我们视之为买入信号，如图1－4－3中所示。

3. 当KDJ指标中的D线大于80时，行情回档几率较大，我们视之为下跌信号，如图1－4－4中所示。

4. 当KDJ指标中的D线小于20时，行情反弹几率大，我们视之为上涨信号，如图1－4－5中所示。

5. 当KDJ指标中的J线大于100时，行情容易反转下跌，我们视之为下跌信号，如图1－4－6中所示。

6. 当KDJ指标中的J线小于0时，行情容易反转上升，我们视之为上涨信号，如图1－4－7中所示。

7. 当KDJ指标波动于50左右，并围绕50中线上下穿越时，就属于等待方向确认的信号，我们通常称之为持币信号。如图1－4－8中所示。

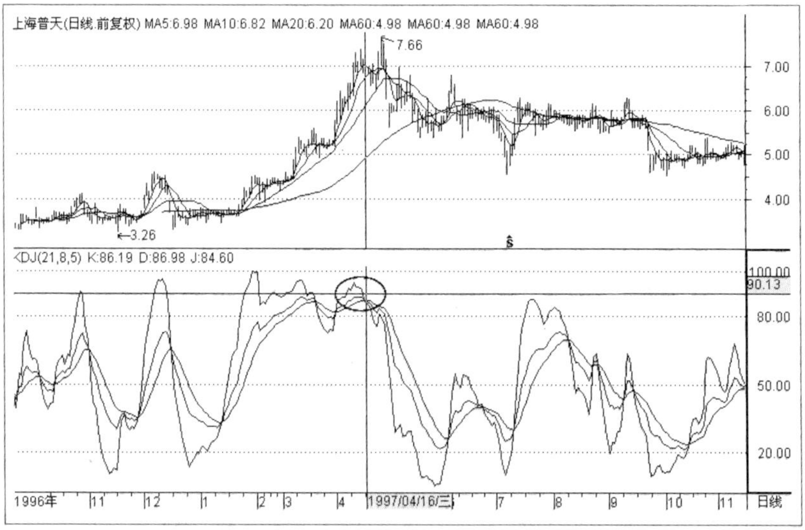

图1－4－2

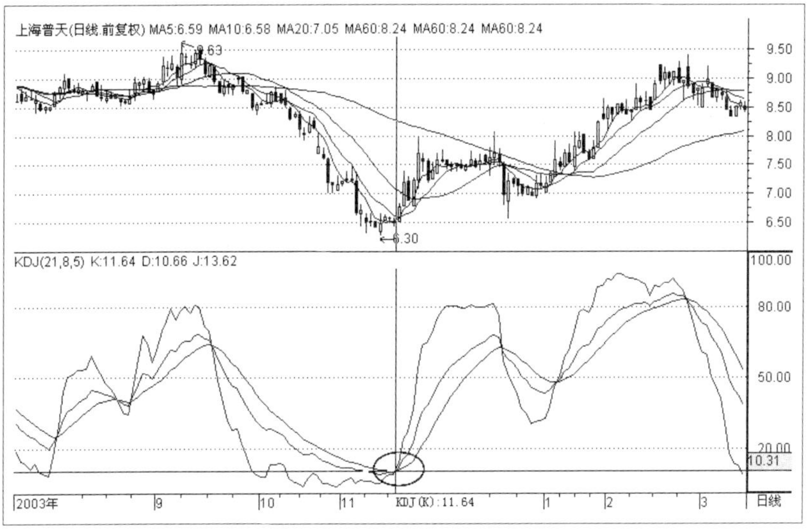
上海普天(日线.前复权) MA5:6.59 MA10:6.58 MA20:7.05 MA60:8.24 MA60:8.24 MA60:8.24
9.63
6.30
KDJ(21,8,5) K:11.64 D:10.66 J:13.62
10.31
2003年
KDJ(K):11.64
日线

图1－4－3

上海普天(日线.前复权) MA5:8.92 MA10:8.90 MA20:8.69 MA60:7.87 MA60:7.87 MA60:7.87
10.00
6.30
KDJ(21,8,5) K:79.51 D:82.35 J:73.83
82.53
2003年
2004/02/25/三
日线

图1－4－4

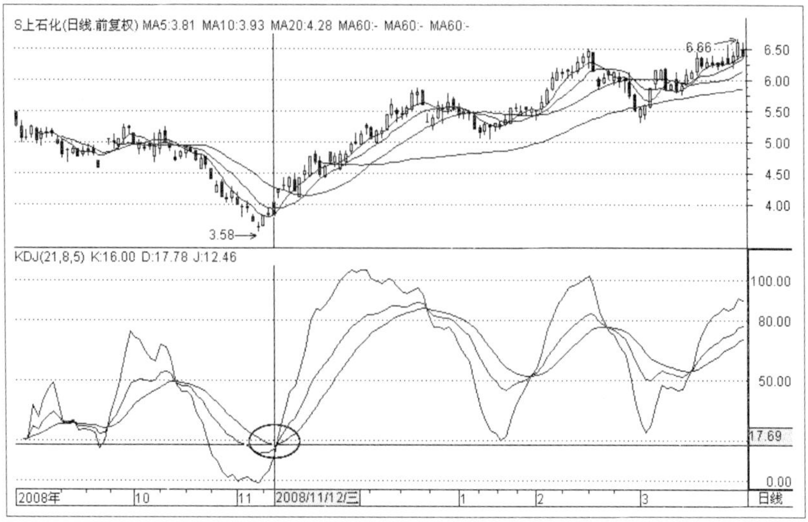
S上石化(日线,前复权) MA5:3.81 MA10:3.93 MA20:4.28 MA60:- MA60:- MA60:-
6.66
3.58
KDJ(21,8,5) K:16.00 D:17.78 J:12.46
2008年
2008/11/12/三
日线

图1－4－5

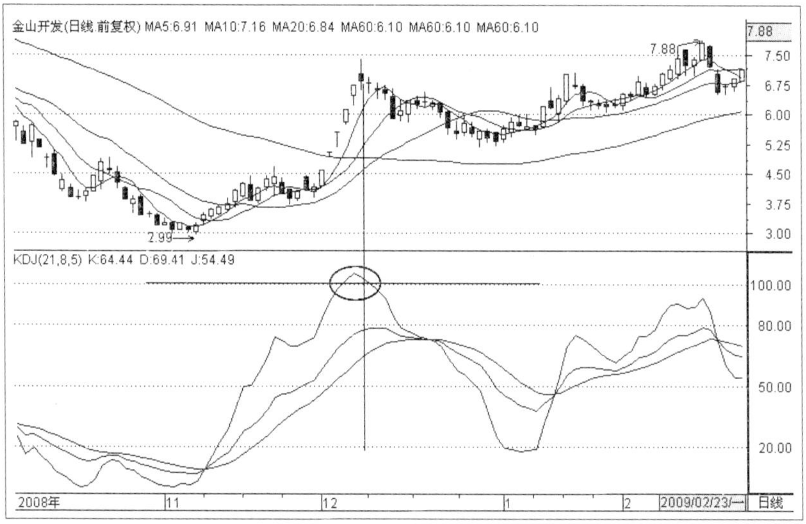
金山开发(日线,前复权) MA5:6.91 MA10:7.16 MA20:6.84 MA60:6.10 MA60:6.10 MA60:6.10
7.88
2.99
KDJ(21,8,5) K:64.44 D:69.41 J:54.49
2008年
2009/02/23/一
日线

图1－4－6

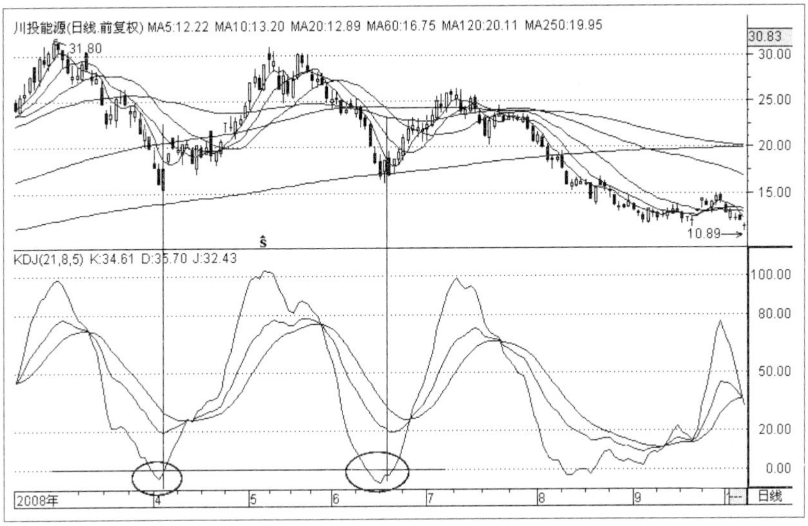

图1－4－7

在现实交易当中，运用KDJ指标研判行情时要遵循以下要则：

1．K线是快速确认线，数值在90以上为超买，数值在10以下为超卖；D线是慢速主干线，数值在80以上为超买，数值在20以下为超卖；J线是方向敏感线，当J值大于100，特别是连续数天以上时，股价至少会形成短期头部，反之，当J值小于0，特别是连续数天以上时，股价至少会形成短期底部。

2．当K线从下方上穿D线时，表明目前行情走势是向上的，所以当K线向上突破D线时，即为买进的信号。当K线和D线在20以下向上交叉时，就属于一个胜算较高的短期买入信号；如果K线在50以下，由下往上连续两次上穿D线，形成右底比左底高的“W底”形态时，后市可能会出现较为强劲的涨幅。

3．当K线从上方下穿D线时，表明目前行情走势是向下的，所以当K线向下突破D线时，即为卖出的讯号。当K线和

图1－4－8

D线在80以上向下交叉时，就属于一个短期较为准确的卖出信号；如果K线在50以上，由上往下连续两次下穿D线，形成右头比左头低的“M头”形态时，后市股价可能会出现较为强势的跌幅。

4. 如果股价创新高，而KDJ没有创新高，为顶背离，属于卖出信号；反之，股价创新低，而KDJ没有创新低，为底背离，属于买入信号。但需要注意的是，KDJ顶底背离判定的方法，只能和前一波高低点时KD值相比，不能跳过去相比较。

以上就是KDJ指标最基本的应用方法。也是我们在实际交易中应该重点掌握的一些交易方法。

第五节　MA、MACD、KDJ指标的结合信号

Section5

在上面我们讲述了MA、MACD、KDJ指标的设计原理

和买卖信号的使用要则。但是在实际操作中，为了能够得到最大的获胜几率，将错误降低到最小，我们往往会将以上三者结合起来使用，这样就可以弥补各指标单一使用时的不足，进一步过滤掉一些不必要的杂波和虚假信号，强化信号的准确度。

在上面的章节中，我们知道了MA均线代表的是市场的平均成本，MACD指标则代表着平滑了之后的股价成本趋势，它们两者综合起来就代表着市场的趋势。而KDJ指标则属于一个超买超卖的指标，它的作用就是“提示”行情是否超买和超卖。

那么在实际操作中，我们如何将这三者有效地结合起来呢？通过长时间的实际操作，我发现将KDJ指标的参数9、3、3设置为21、8、5，能够更好地与MACD指标相匹配，并及时提示一波中短期行情的阶段性顶部和底部，非常有利于寻找那些经过一轮调整之后，即将进入第二波上涨行情的股票。

有经验的投机者都知道，顺势而为是技术派投机者的首要法则，企图在一波不断下跌的行情中不断地寻找底部，不但不明智，也不可能成功。只有顺势而为，才会让你的交易更具胜算。但是如何顺势而为？顺势而为就不会出错了吗？当然这也不能一概而论，凡事都无绝对，只不过这样做要比那样做成功的几率更大而已，如果仅仅通过顺势而为就能够获利的话，那么投机交易也就太简单了。但是无论如何，顺势而为都是技术派投机者成功的必经之路，顺着这条路去走，会延长你在投机市场中生存的时间，起码你有机会接受教训，积累经验，为以后的成功铺好道路；起码你不会像那些逆势而行的傻瓜一样，输光了还不知道为什么。

顺势而为，通常都是用某个周期作为一波行情的起始“凭证”，然后以此为标准来确定行情进入跌势中还是涨势中，是买入时机还是卖出时机，据此操作。

在上面我们知道了，行情除了直接向上穿越某一周期的

MA均线属于买卖信号之外，即便是进入到上涨趋势之中，大多数情况下都不会一直上升，而会经历若干次的波动起伏。为什么会出现这些波动起伏呢？道理很简单，因为市场在短期内超买了，所以行情就会出现短期的获利盘，当这些短期的获利盘向外卖出的时候，行情就开始下跌了。当行情下跌了一阵子之后，卖出的人渐渐地多了，行情就会因为过度的下跌导致超卖，出现客观的盈利空间，在上涨预期的“唆使”下，很多投机者就会因为上涨预期的统一性，而出现一致的买入行为，这样集中地买入之后，行情就会再一次步入涨势，这就是超买超卖的基本道理。

既然我们知道了MA和MACD指标是“提示”趋势的指标，而KDJ指标是超买超卖指标，接下来我们就要利用各指标本身的特性和优势将其匹配起来的。将它们配伍的原理也很简单，即用MA均线指标来确定趋势，用MACD指标来进一步验证趋势，而用KDJ指标的超买超卖特性来确认趋势形成之后的超买和超卖、顶部和底部。

我们先来看一下MA指标和MACD指标两者结合之后的应用情况。如图1－5－1～图1－5－3所示。

图1－5－1～图1－5－3是方正科技（600601）2004年～2008年的阶段性行情走势图。

从这些图中我们可以看到，每当价格下穿50（60）MA均线的时候，MACD指标也会顺应向下跌破0轴线，进入空头市场；相反，每当价格上穿50MA均线的时候，MACD指标也会顺应向上穿越0轴线，进入多头市场。由此可见，MACD指标的0轴线的作用其实就相当于一条50（60）MA均线，其目的就是区分一波周期为50（60）日的行情的多空头趋势。

在图1－5－1中的左边，我标注了一处假下跌，假下跌就是专业人士所说的诱空行情。在图中我们可以看到，MACD指标已经运行到了0轴线的上方，进入多头市场，虽然股价短期跌穿了50（60）MA均线，但只要MACD指标没

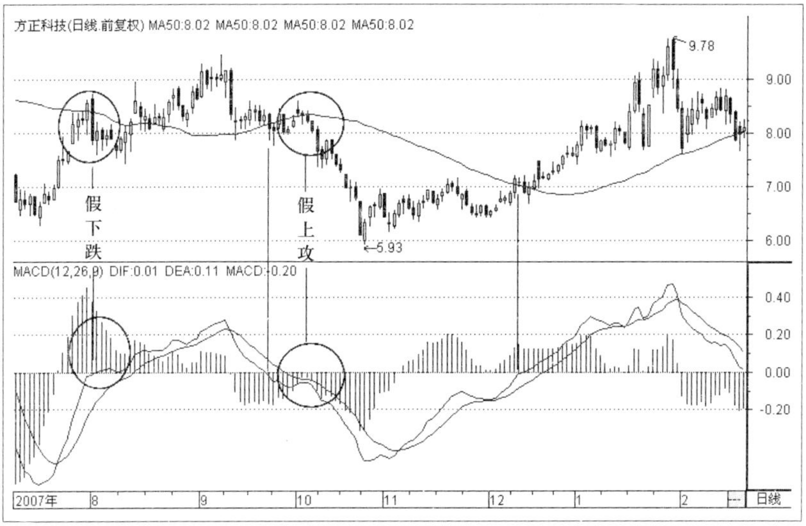
方正科技(日线,前复权) MA50:8.02 MA50:8.02 MA50:8.02 MA50:8.02
9.78
9.00
8.00
7.00
6.00
假下跌
假上攻
5.93
MACD(12,26,9) DIF:0.01 DEA:0.11 MACD:-0.20
0.40
0.20
0.00
-0.20
2007年
8
9
10
11
12
1
2
日线

图1－5－1

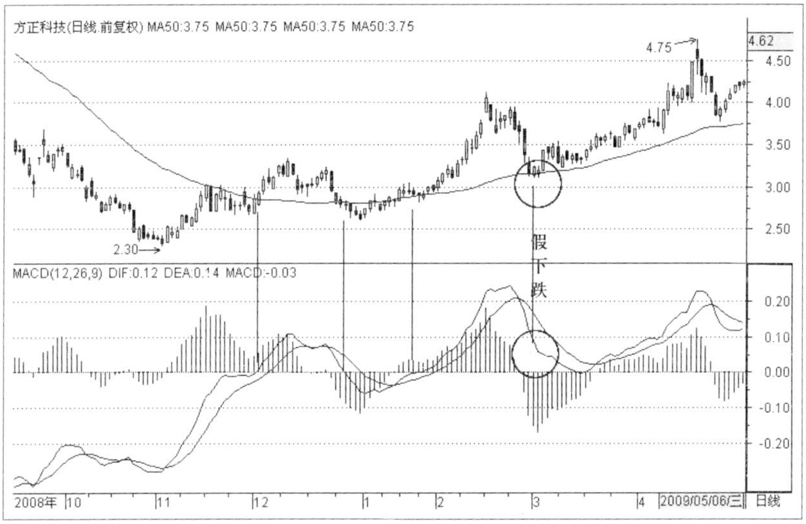
方正科技(日线,前复权) MA50:3.75 MA50:3.75 MA50:3.75 MA50:3.75
4.75
4.62
4.50
4.00
3.50
3.00
2.50
2.30
假下跌
MACD(12,26,9) DIF:0.12 DEA:0.14 MACD:-0.03
0.20
0.10
0.00
-0.10
-0.20
2008年
10
11
12
1
2
3
4
2009/05/06/三
日线

图1－5－2

图1－5－3

有下穿0轴线，那么我们就可以确定此时的下跌只是短期的回调，应该继续关注，耐心等待价格上穿50（60）MA均线。

除了假下跌之外，在图的右边我还标注了一处假上攻，假上攻就是专业人士所说的诱多行情。从图中我们可以看到，主图中的股价已经小幅上穿了50（60）MA均线，但如果投机者仅凭这一信号就大举在此时买进，那么就显得非常武断，因为从图中我们可以看到，如果此时买进的话，很有可能你会被套牢或出现亏损。其原因就在于，MACD指标的DIF和DEA线的走势已经全部下穿0轴线，进入空头趋势，并且DIF和DEA线在股价上攻50（60）MA均线的时候，也没有出现交叉向上的现象，所以有经验的投机者看到这样的行情形态时，都会清楚地意识到自己目前面临的正是一波诱多行情，所以最好的策略就是暂时按兵不动，静待市场原形毕露。

我们再来看一下图1－5－2中的假下跌，这个假下跌与

图1－5－1中的假下跌不同，这个假下跌是出现在多头趋势之中的，即经过一段时间的上涨之后出现的下跌。从图中我们可以看到，价格自高位下跌之后，MACD指标也顺应股价的走势而出现向下弯曲的形态，但是当股价触到50（60）MA均线的时候，MACD指标却还远离0轴线。从MACD指标的0轴线代表50（60）MA均线的这一结论上来看，行情似乎还没有进入空头市场。再回过头来看一看图中的穿越情况，我们就可再次验证这一结论，那就是：当价格下穿50（60）MA均线的时候，大多数情况下，MACD指标也会顺应向下穿越0轴线；当价格上穿50（60）MA均线的时候，大多数情况下，MACD指标也会顺应向上穿越0轴线。但是以上的那些假信号就会明显地与此条结论不一致。所以在这里我们又会得出另一条结论：MACD指标的确可以过滤掉一些虚假的信号。当然我们也可以说：MACD指标可以进一步验证MA均线指标穿越信号的真伪。

注：在实际应用的过程中50MA均线和60MA均线的表现基本上是一致的，如果你并非要求苛刻，采用50MA还是60MA作为参数区别并不是很大，只不过以50为参数的MA均线的反应更灵敏一些而已。

为了进一步验证以上结论的可靠性，我们再看一下这种方式在周线上的使用结果。图1－5－4～图1－5－6是青岛啤酒（600600）1996年～2008年的周线行情走势图。其中MA均线采用的参数为60日。

从图1－5－4～图1－5－6中，我们再一次看到了MA均线的穿越与MACD指标的穿越的关系。并且我们依然可以看到假上攻的行情形态。图中的两处假上攻都属于比较明显的诱多形态。

如果你发现MACD指标处于0轴线的下方，那就意味着行情已经处于短期空头趋势之中。此时即使股价上穿60MA均线，但MACD指标的DIF线和DEA线距离0轴线较远，并没有同步顺应股价的穿越上穿0轴线进入多头市场，那么我们

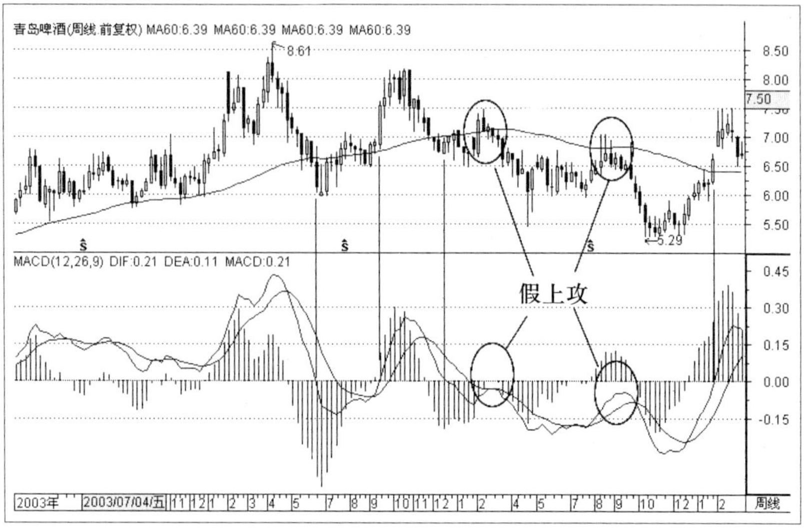
青岛啤酒(周线.前复权) MA60:6.39 MA60:6.39 MA60:6.39 MA60:6.39
8.61
5.29
MACD(12,26,9) DIF:0.21 DEA:0.11 MACD:0.21
假上攻
2003年
2003/07/04/五
周线

图1－5－4

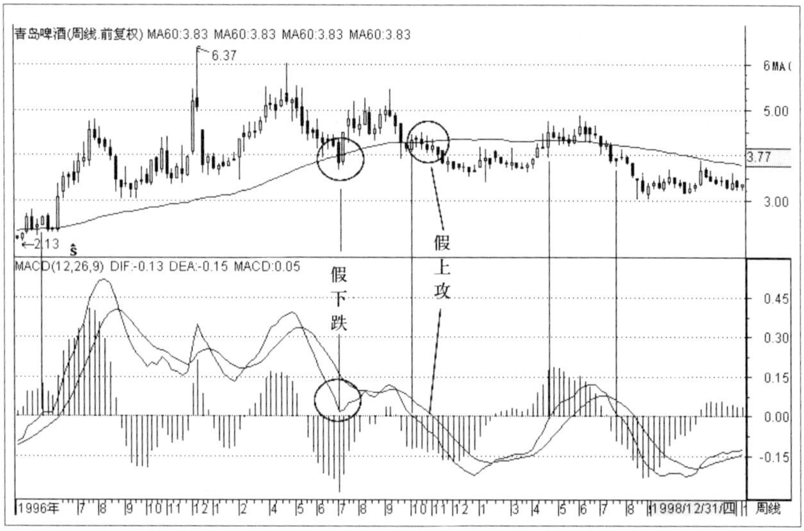
青岛啤酒(周线.前复权) MA60:3.83 MA60:3.83 MA60:3.83 MA60:3.83
6.37
2.13
MACD(12,26,9) DIF:-0.13 DEA:-0.15 MACD:0.05
假下跌
假上攻
1996年
1998/12/31/四
周线

图1－5－5

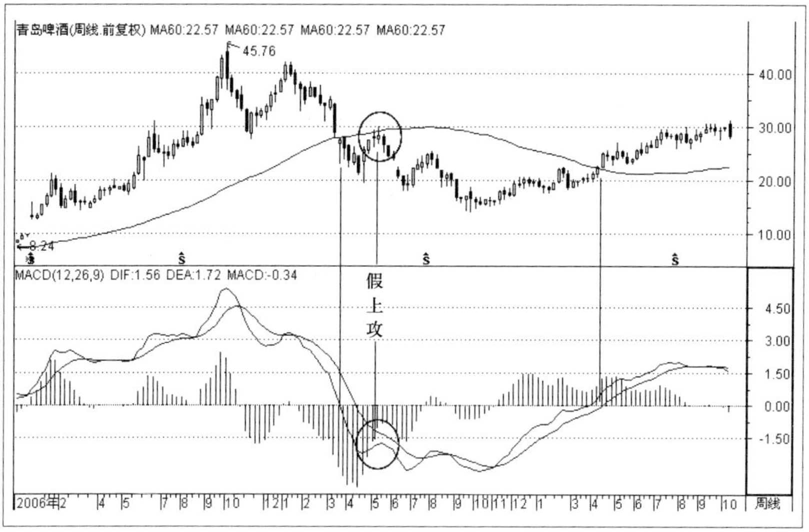

图1－5－6

就应该等一等，不应急躁冲动地买入。如果投机者不懂得用MACD指标来进一步验证一下趋势的真假，仅凭价格上穿60MA均线就开始大量买进，后果是可想而知的。同理，如果在一波上涨的趋势中仅凭观察股价和MA均线出现向下的穿越情况，就武断地卖出手中的股票，也是一件很可惜的事情。

综上所述，无论是诱空行情还是诱多行情，其目的或本质上都是制造市场假象，让投机者产生判断上的失误。所以投机者在实际交易的时候，一定要注意以上的各种情况，以免给自己造成不必要的损失。

从上面的论述中，我们验证了MACD指标可以协助MA均线指标确认趋势的来去，为投机者指明趋势的方向。但是除了以上的方法之外，我们是不是还应该有一个超买超卖的指标，以便能够为我们指明行情的阶段性底部买入点，进一步排除上面的诱空和诱多的陷阱？答案当然是肯定的。

下面我就来讲述一个利用MACD指标的交叉和KDJ指标的交叉互配MA均线选择买入时机的方法。

在KDJ指标一节中我们知道了，当KDJ指标的J线小于0的时候就意味着行情有触底回升的可能，当KDJ指标的J线大于100的时候就意味着行情有可能反转下跌。然而在周线走势中，因为参数改变了，所以为了能够更好地提示行情的阶段性底部，我们就需要重新确定一个标准，这个标准就是：当KDJ指标的J线小于（等于）20的时候就意味着行情有触底回升的可能，当KDJ指标的J线上穿50时，就意味着行情已经进入了多头市场，行情将有可能继续上涨。有了KDJ指标的这一条交易要则，我们对股价的阶段性走势的底部就有了一个初步的认识。如图1－5－7～图1－5－10中所示。

从这些图中我们可以看到，股价上穿60MA时，MACD指标也同步顺应上穿0轴线或发出金叉，并且KDJ指标的J线自底部20以下开始向上反转，上穿50中线或在50中线发出金叉，这时候通常就是一个概率较高的买入机会，行情会出现向上的走势。

综上所述，MA均线指标、MACD指标和KDJ指标的信号组合有以下几种：

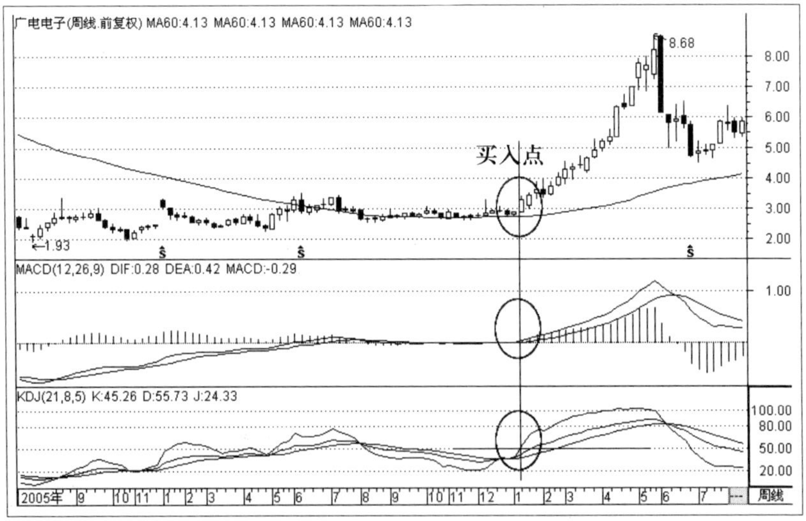

图1－5－7

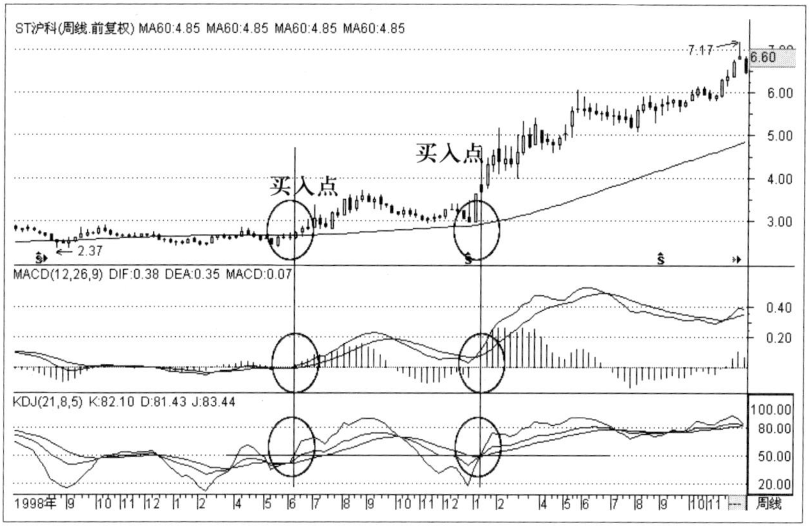
ST沪科(周线.前复权) MA60:4.85 MA60:4.85 MA60:4.85 MA60:4.85
7.17
6.60
买入点
买入点
2.37
MACD(12,26,9) DIF:0.38 DEA:0.35 MACD:0.07
KDJ(21,8,5) K:82.10 D:81.43 J:83.44
1998年
周线

图1－5－8

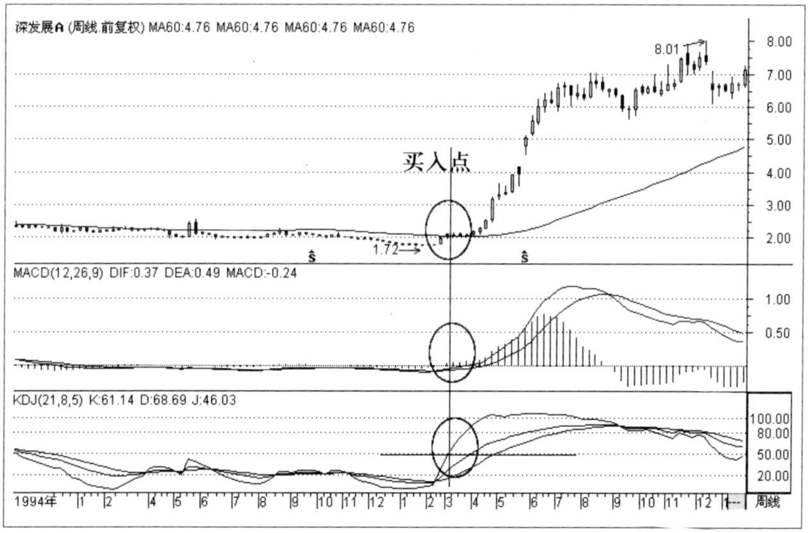
深发展A (周线.前复权) MA60:4.76 MA60:4.76 MA60:4.76 MA60:4.76
8.01
买入点
1.72
MACD(12,26,9) DIF:0.37 DEA:0.49 MACD:-0.24
KDJ(21,8,5) K:61.14 D:68.69 J:46.03
1994年
周线

图1－5－9

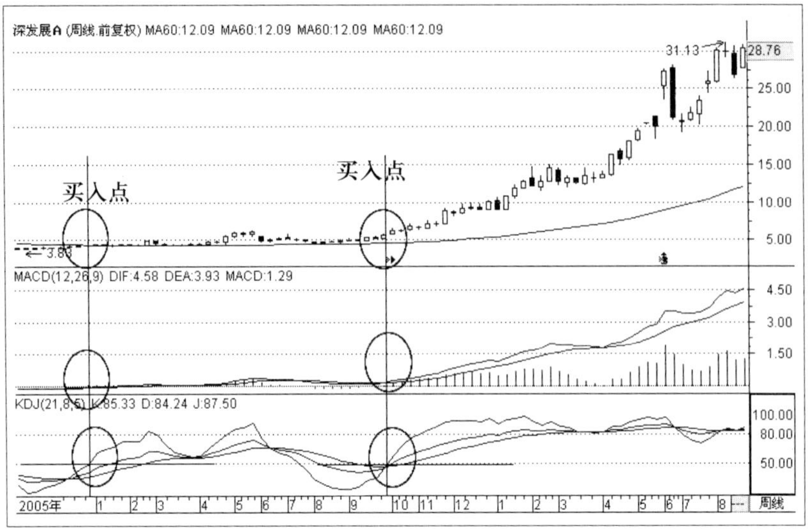

图1－5－10

1．股价上穿60MA均线，MACD指标同步上穿0轴线，KDJ指标自20处开始触底向上反转并上穿50中线。

2．股价上穿60MA均线，MACD指标在0轴线处发出金叉，KDJ指标自20处开始触底反转并上穿50中线。

3．股价在60MA均线的上方震荡整理，MACD指标在0轴线处发出金叉，KDJ指标自20处开始触底反转并上穿50中线。

4．股价在60MA均线的上方震荡整理，MACD指标在0轴线处发出金叉，KDJ指标自20处开始向上反转，并在50中线处发出金叉。

以上这些信号组合都属于概率较高的买入信号，所以投机者应多多学习思考这些信号模式，以便在今后的交易中取得更高的胜算。这种方法在实际交易中意义重大，所以在后面的章节中我们还会讲到与此类似的另一种信号模式。

第二章

Chapter 2

用狼巡大盘叠加指标
选择强势黑马

强势黑马，通常都是那些业绩优秀，且领先于大盘上涨的强势股票。

第一节 用狼巡大盘叠加指标来选取短期强势股

Section1

在上面的章节中我们知道了，选择强势黑马的最重要的方法就是利用狼巡大盘叠加指标，将狼巡大盘指标叠加到个股的附图中，用来对比个股与大盘的走势强弱，以选取强势黑马股票。

那么在实际交易中，我们如何能够用它来选择短期的黑马呢？

道理很简单，就是将相同MA参数（20或30，但建议用30）周期的个股主图与狼巡大盘指标副图叠加到一张画面中，这样就可以准确无误地对比出那些短期内强于大盘走势的个股了。如图2－1－1～图2－1－3中所示。

从这些图中我们可以看到，当个股的走势强于大盘，并提前于大盘在30MA均线的上方形成买入信号的时候，就可

图2－1－1

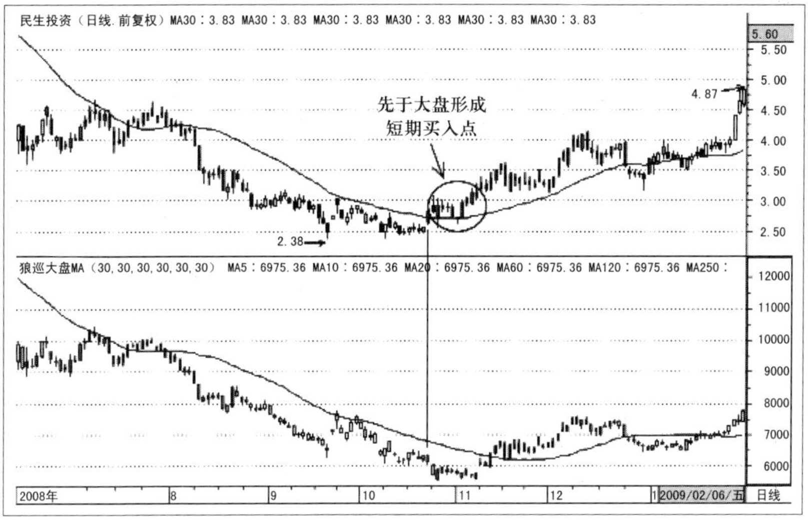
民生投资（日线.前复权）MA30：3.83 MA30：3.83 MA30：3.83 MA30：3.83 MA30：3.83 MA30：3.83
先于大盘形成
短期买入点
4.87
2.38
狼巡大盘MA（30,30,30,30,30,30） MA5：6975.36 MA10：6975.36 MA20：6975.36 MA60：6975.36 MA120：6975.36 MA250：
2008年
2009/02/06/五
日线

图2－1－2

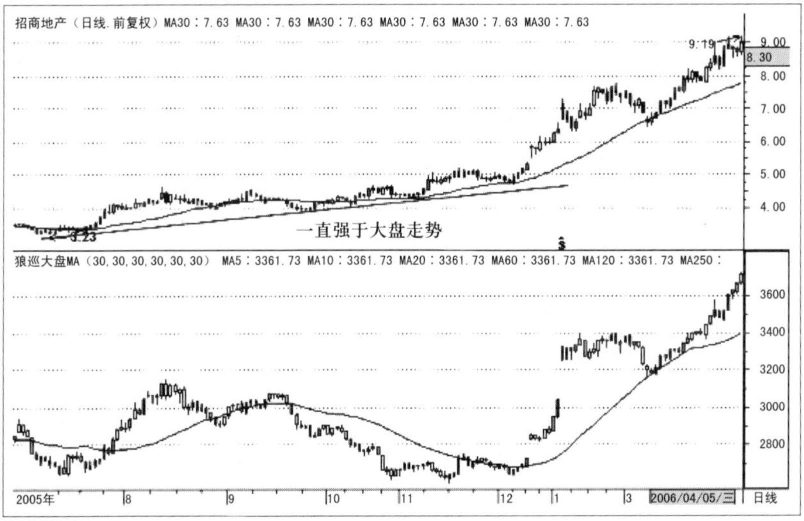
招商地产（日线.前复权）MA30：7.63 MA30：7.63 MA30：7.63 MA30：7.63 MA30：7.63 MA30：7.63
9.19
3.23
一直强于大盘走势
狼巡大盘MA（30,30,30,30,30,30） MA5：3361.73 MA10：3361.73 MA20：3361.73 MA60：3361.73 MA120：3361.73 MA250：
2005年
2006/04/05/三
日线

图2－1－3

以确定这只股票有可能就是一只短期的强势股。当这只个股的价格走势符合“葛兰威尔八大法则”中的其中三条上涨法则：“1. MA均线从下降走势逐渐转为盘式上升走势，而价格从下方突破MA均线并站稳MA均线上方，为买进信号”，“2. 价格虽然跌破MA均线，但又立刻回升到MA均线上，此时MA均线仍然持续上升，仍为买进信号”，“3. 价格趋势走在MA均线上，价格下跌并未跌破MA均线且立刻反转上升，也是买进信号”时，就是我们乘势买入的最佳时机。

第二节 用狼巡大盘叠加指标来选取中期强势股

Section2

在实际交易中，60MA均线往往是我们确认中期趋势的一个重要依据，在上面我们曾详细地探讨过60MA均线与MACD指标0轴线的类似作用，所以在这一节中，我们还会再一次采用MACD指标与MA均线指标以及狼巡大盘叠加指标相结合的方法，来确认中期强势黑马股和买入时机。

我们先来看一下图2－2－1～图2－2－3中深天地A（000023）的行情走势图。

从这两幅图中我们可以看到，深天地A（000023）的股价走势领先于大盘上穿了60MA均线，并形成买入信号，所以这只股票在后期的走势也强于大盘。大盘从5500点上涨到9000点，涨幅为40%左右，但深天地A（000023）的股价却从2.80元上涨到6.68元，涨幅达到120%，上涨幅度将近大盘的3倍。

在图2－2－2中，我们再一次看到了60MA均线与MACD指标0轴线之间的关系，也又一次确定了这一信号的可靠性。但是，为了进一步提高获胜概率，我们还需要用

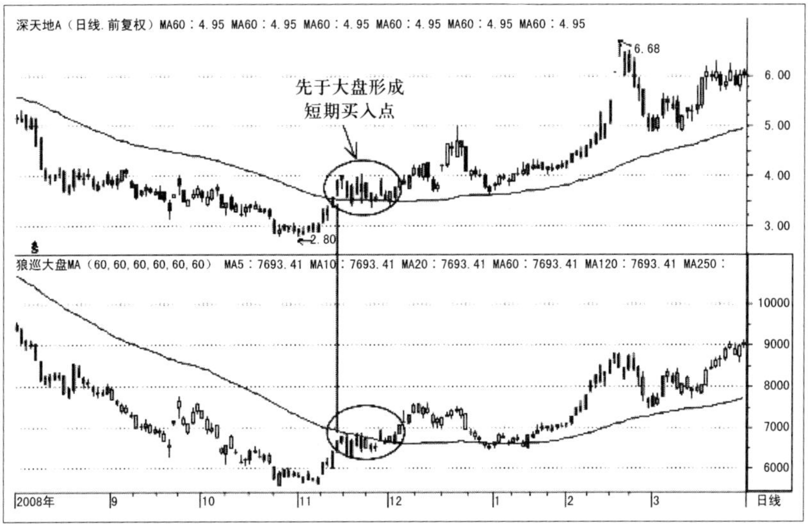
深天地A（日线.前复权）MA60：4.95 MA60：4.95 MA60：4.95 MA60：4.95 MA60：4.95 MA60：4.95
6.68
先于大盘形成
短期买入点
6.00
5.00
4.00
3.00
2.80
狼巡大盘MA（60,60,60,60,60,60） MA5：7693.41 MA10：7693.41 MA20：7693.41 MA60：7693.41 MA120：7693.41 MA250：
10000
9000
8000
7000
6000
2008年
9
10
11
12
1
2
3
日线

图2－2－1

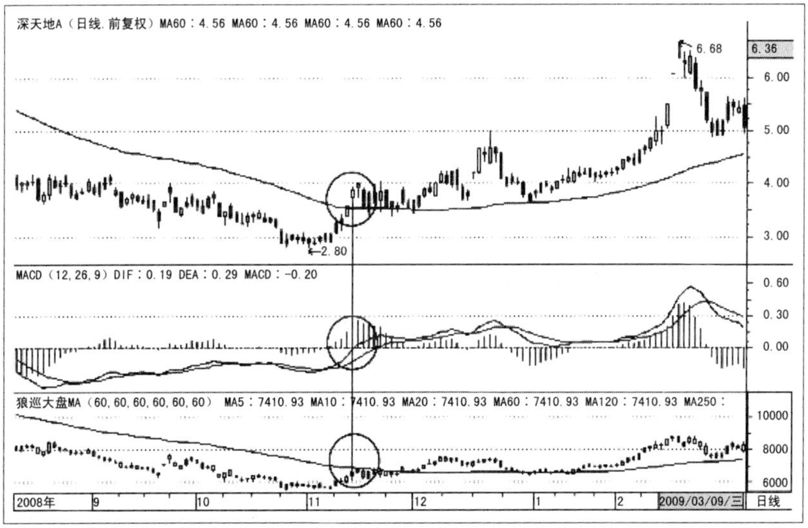
深天地A（日线.前复权）MA60：4.56 MA60：4.56 MA60：4.56 MA60：4.56
6.68
6.36
6.00
5.00
4.00
3.00
2.80
MACD（12,26,9）DIF：0.19 DEA：0.29 MACD：-0.20
0.60
0.30
0.00
狼巡大盘MA（60,60,60,60,60,60） MA5：7410.93 MA10：7410.93 MA20：7410.93 MA60：7410.93 MA120：7410.93 MA250：
10000
8000
6000
2008年
9
10
11
12
1
2
2009/03/09/三
日线

图2－2－2

KDJ指标来进一步印证。换言之，我们的信号只有符合以下四条要则，才算是几率最高的买入信号：

1. 个股价格走势必须提前于大盘上穿MA均线，这是强势股的前提；

2. 个股价格上穿60MA均线时，MACD指标也应同步上穿0轴线，进入多头市场，因为这意味着行情上涨的力量会延续下去，行情不会轻易下跌；

3. 个股价格走势上穿60MA均线之后，即使大盘在60MA均线下方下跌，但个股的价格走势却依然在60MA均线的上方运行或回调，且形成线上买入信号，这代表股价受60MA均线支撑，将有可能出现另一波涨势；

4. 个股在60MA均线上方经过一段时间的上涨之后，形成超买态势，股价出现回调，当其回调至60MA均线附近，MACD指标在0轴线附近形成黄金交叉，KDJ指标自20处开始向上反转形成黄金交叉，或KDJ指标的K线或J线上穿50中线时，就是胜算最高的买入时机，这代表行情经过充分的

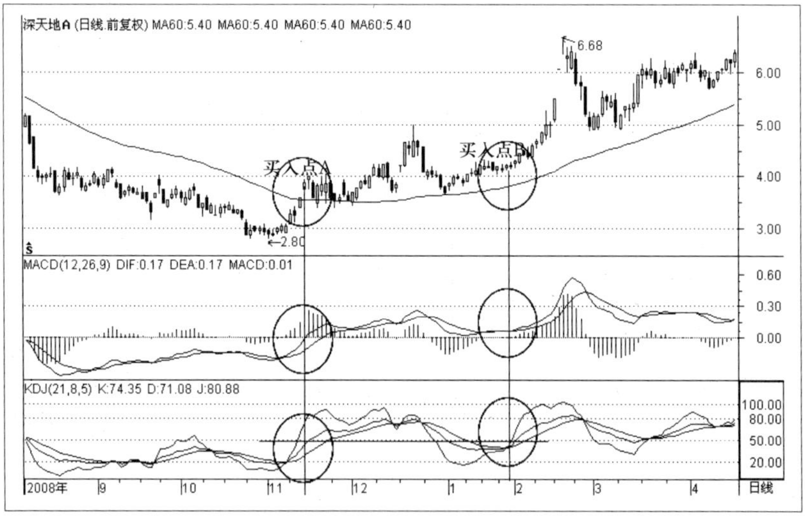

图2－2－3

上涨回调之后，行情再一次出现买入机会，将步入“主升浪”。如图2－2－3中所示。

从图2－2－3中，我们可以看到，“买入点A”处满足了上述第1、2、3三个条件，而买入点B则符合了上述的第4个条件。所以有经验的投机者通常都会在买入点A处建立初始仓位，然后在买入点B处建立第二个仓位。如果股价下跌向下击穿60MA均线，出现下跌信号，他们就会止损出局。关于如何止损，我会在后面的章节中专门论述。

我们再来看一下图2－2－4～图2－2－6中万东医疗（600055）的行情走势图以及图2－2－7～图2－2－9中招商地产（000024）的行情走势图。

在这些图中我们可以看到，每当个股行情领先于大盘出现上涨趋势，其后来的上涨幅度都会远大于大盘上涨的幅度。那么是不是所有的股票都是这样呢？还是那句话，凡事都无绝对，但大部分的现象往往意味着这就是一个普遍的规律。

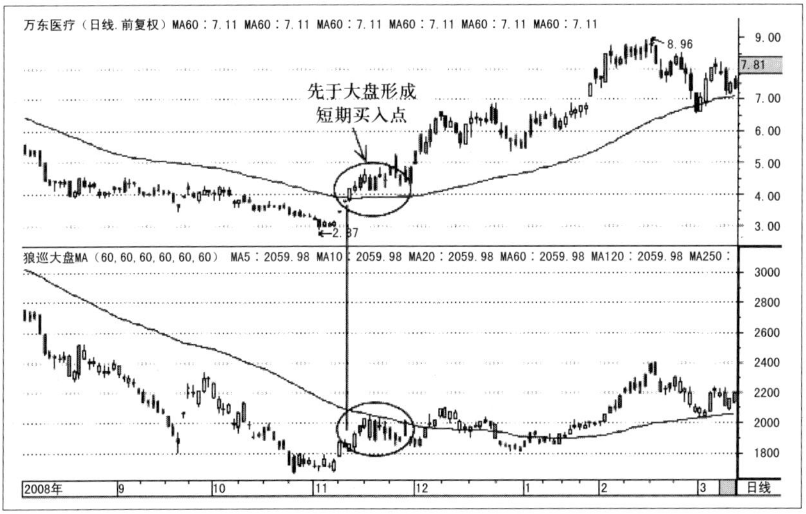

图2－2－4

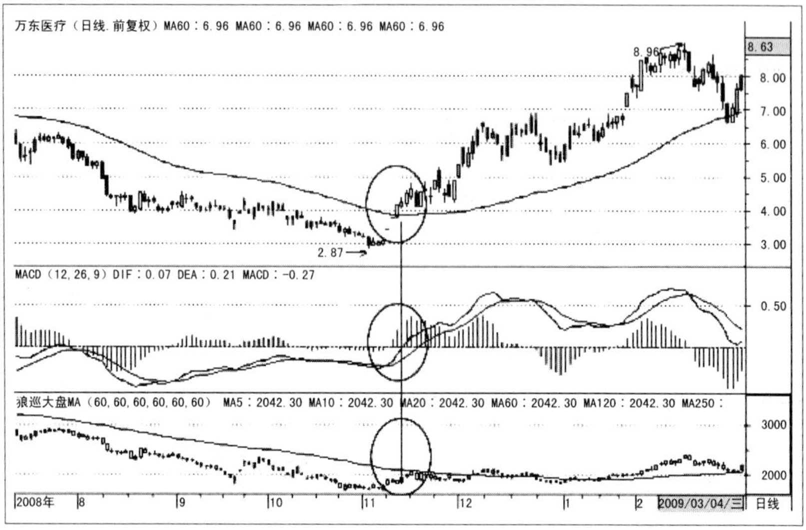
万东医疗（日线.前复权）MA60：6.96 MA60：6.96 MA60：6.96 MA60：6.96
8.96
8.63
8.00
7.00
6.00
5.00
4.00
3.00
2.87
MACD（12,26,9）DIF：0.07 DEA：0.21 MACD：-0.27
0.50
浪巡大盘MA（60,60,60,60,60,60） MA5：2042.30 MA10：2042.30 MA20：2042.30 MA60：2042.30 MA120：2042.30 MA250：
3000
2000
2008年
8
9
10
11
12
1
2
2009/03/04/三
日线

图2－2－5

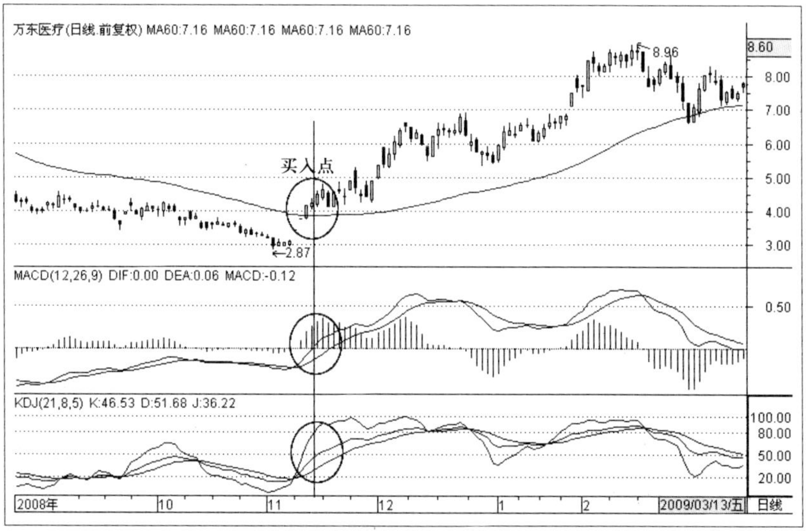
万东医疗(日线.前复权) MA60:7.16 MA60:7.16 MA60:7.16 MA60:7.16
8.96
8.60
8.00
7.00
6.00
5.00
4.00
3.00
买入点
2.87
MACD(12,26,9) DIF:0.00 DEA:0.06 MACD:-0.12
0.50
KDJ(21,8,5) K:46.53 D:51.68 J:36.22
100.00
80.00
50.00
20.00
2008年
10
11
12
1
2
2009/03/13/五
日线

图2－2－6

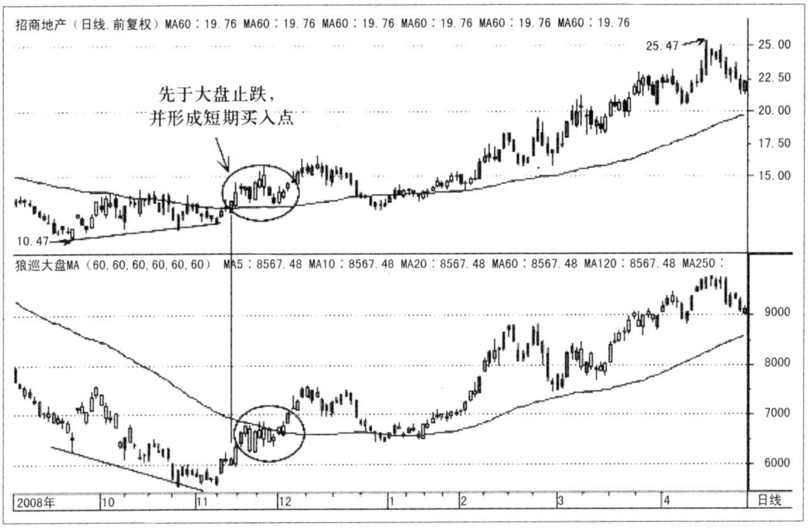
招商地产（日线.前复权）MA60：19.76 MA60：19.76 MA60：19.76 MA60：19.76 MA60：19.76 MA60：19.76
先于大盘止跌，
并形成短期买入点
25.47
10.47
狼巡大盘MA（60,60,60,60,60,60） MA5：8567.48 MA10：8567.48 MA20：8567.48 MA60：8567.48 MA120：8567.48 MA250：
2008年
日线

图2－2－7

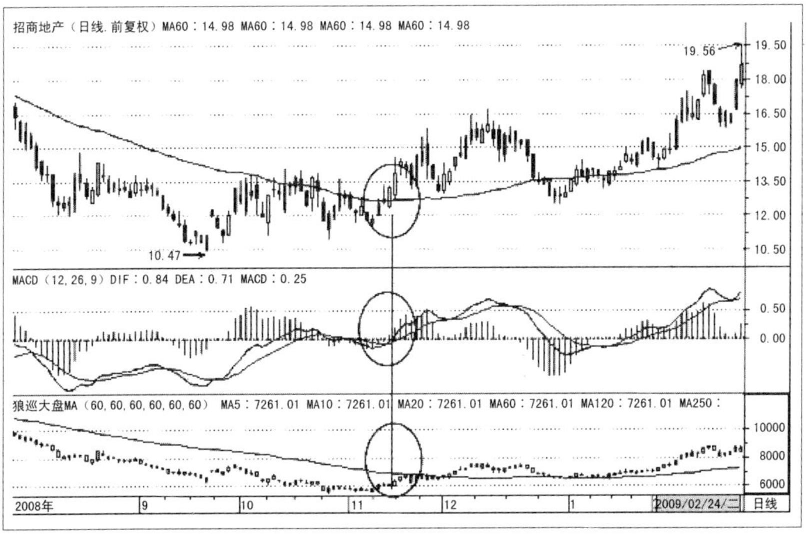
招商地产（日线.前复权）MA60：14.98 MA60：14.98 MA60：14.98 MA60：14.98
19.56
10.47
MACD（12,26,9）DIF：0.84 DEA：0.71 MACD：0.25
狼巡大盘MA（60,60,60,60,60,60） MA5：7261.01 MA10：7261.01 MA20：7261.01 MA60：7261.01 MA120：7261.01 MA250：
2008年
2009/02/24/二
日线

图2－2－8

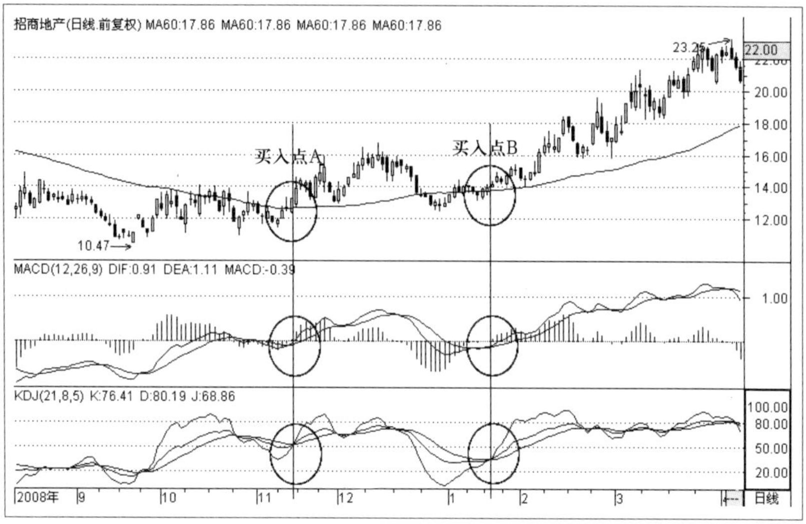

图2－2－9

接下来，让我们再来看一下以120为参数的120MA均线在中长期行情走势，大盘和个股的对比过程中其效果如何，以及其与MACD指标之间的配合情况。

在图中为了配合MA均线的120周期参数，我决定将MACD指标的所有参数也都增加一倍为24、52、18（因为120MA是60MA的两倍），进一步来检验这种信号方法的稳定性和可靠性。如图2－2－10～图2－2－15中所示。

从图2－2－10～图2－2－13中，我们可以看到，股价走势的向上穿越，基本上与MACD指标的穿越是一致的。而从图2－2－14和图2－2－15中，我们又可以看到，两者之间的配合依然符合MACD指标修正、过滤股价上穿MA均线的虚假信号的特性。

除了上述方法之外，我们还可以像图2－2－16中那样，用原来参数的MACD指标结合21、8、5参数的KDJ指标配合120MA均线，通过采用小周期的信号模式来进一步提高中长期信号的选中率。如下图所示。

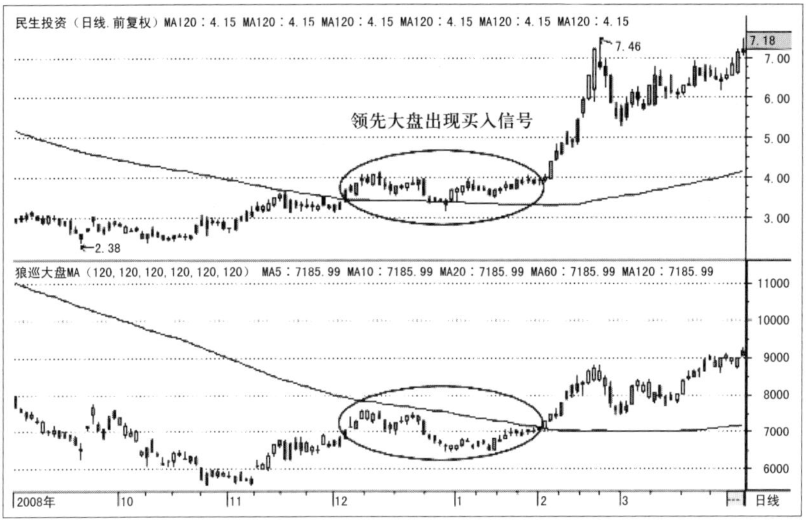
民生投资（日线.前复权）MA120：4.15 MA120：4.15 MA120：4.15 MA120：4.15 MA120：4.15 MA120：4.15
7.46
7.18
7.00
6.00
5.00
4.00
3.00
领先大盘出现买入信号
2.38
狼巡大盘MA（120, 120, 120, 120, 120, 120） MA5：7185.99 MA10：7185.99 MA20：7185.99 MA60：7185.99 MA120：7185.99
11000
10000
9000
8000
7000
6000
2008年
10
11
12
1
2
3
日线

图2－2－10

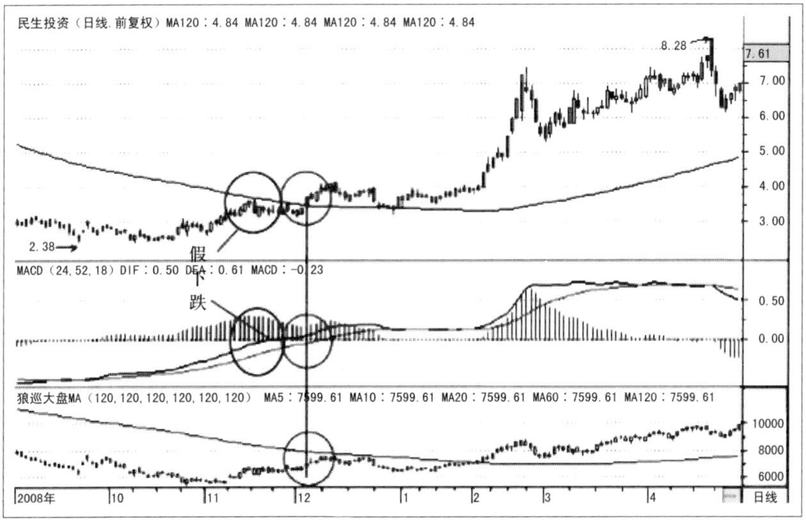
民生投资（日线.前复权）MA120：4.84 MA120：4.84 MA120：4.84 MA120：4.84
8.28
7.61
7.00
6.00
5.00
4.00
3.00
2.38
假下跌
MACD（24, 52, 18）DIF：0.50 DEA：0.61 MACD：-0.23
0.50
0.00
狼巡大盘MA（120, 120, 120, 120, 120, 120） MA5：7599.61 MA10：7599.61 MA20：7599.61 MA60：7599.61 MA120：7599.61
10000
8000
6000
2008年
10
11
12
1
2
3
4
日线

图2－2－11

民生银行(日线.前复权) MA120:5.09 MA120:5.09 MA120:5.09 MA120:5.09
7.82
7.00
6.34
6.00
5.00
4.00
3.70
MACD(24,52,18) DIF:0.57 DEA:0.43 MACD:0.26
0.40
0.20
0.00
-0.20
2008/10/30/四
12
1
2
3
4
5
6
日线

图2－2－12

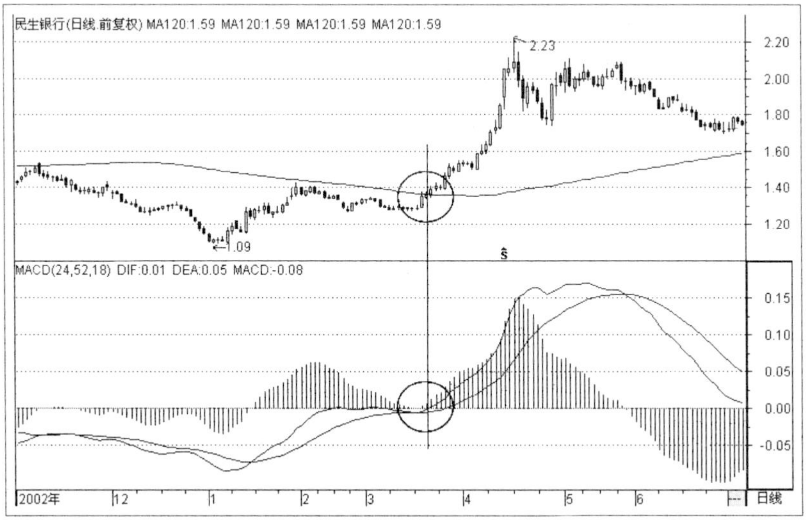
民生银行(日线.前复权) MA120:1.59 MA120:1.59 MA120:1.59 MA120:1.59
2.23
2.20
2.00
1.80
1.60
1.40
1.20
1.09
MACD(24,52,18) DIF:0.01 DEA:0.05 MACD:-0.08
0.15
0.10
0.05
0.00
-0.05
2002年
12
1
2
3
4
5
6
日线

图2－2－13

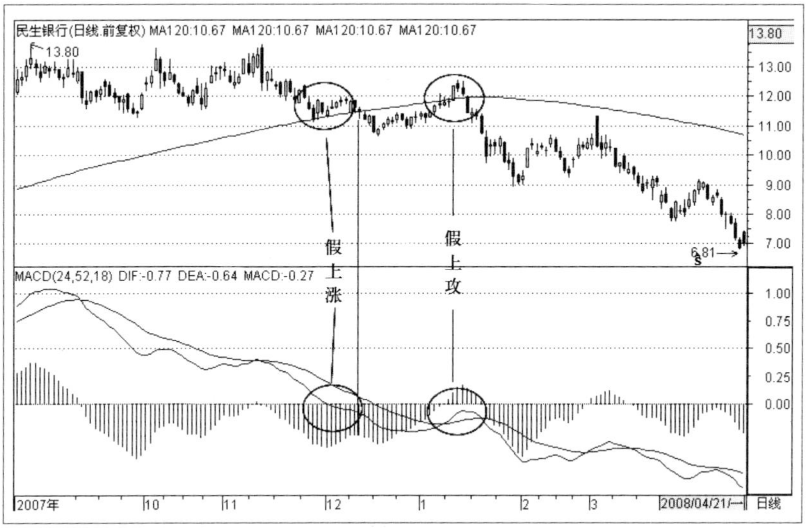
民生银行(日线.前复权) MA120:10.67 MA120:10.67 MA120:10.67 MA120:10.67
13.80
13.80
13.00
12.00
11.00
10.00
9.00
8.00
7.00
6.81
假上涨
假上攻
MACD(24,52,18) DIF:-0.77 DEA:-0.64 MACD:-0.27
1.00
0.75
0.50
0.25
0.00
2007年
10
11
12
1
2
3
2008/04/21/一
日线

图2－2－14

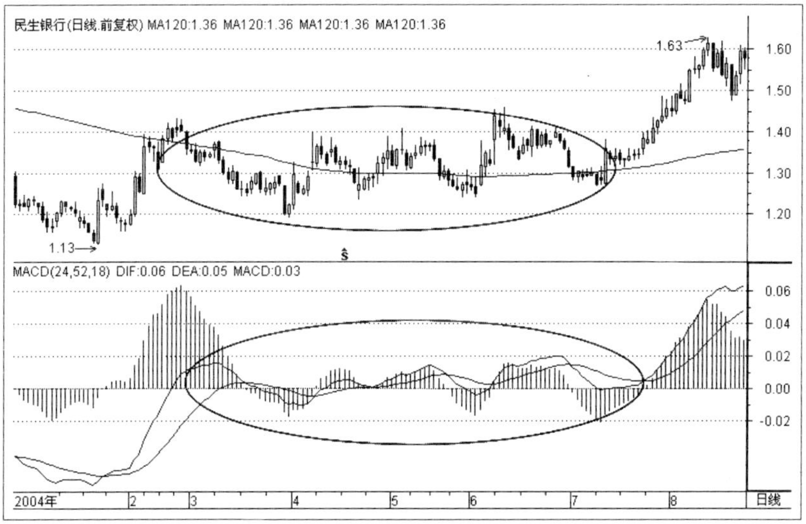
民生银行(日线.前复权) MA120:1.36 MA120:1.36 MA120:1.36 MA120:1.36
1.63
1.60
1.50
1.40
1.30
1.20
1.13
MACD(24,52,18) DIF:0.06 DEA:0.05 MACD:0.03
0.06
0.04
0.02
0.00
-0.02
2004年
2
3
4
5
6
7
8
日线

图2－2－15

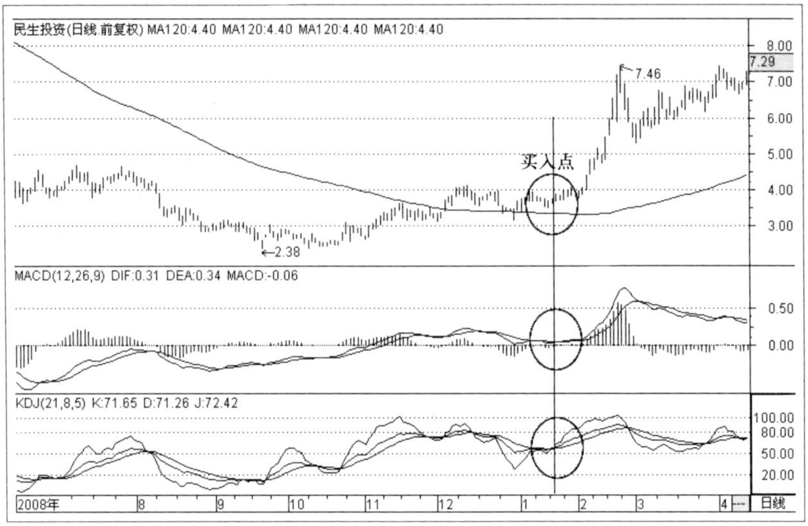

图2－2－16

从该图中，我们可以看到，当个股股价领先大盘上穿120MA均线后，原来参数的MACD指标结合21、8、5参数的KDJ指标所形成的买入信号也同样有效，这样投机者在选择强势股买入信号的时候，又多了一条路。

综上所述，采用这种方法进行交易，有两个步骤：

第一步，要先将个股走势和狼巡黑马MA通过对比之后，确定其是领先于大盘上涨的强势股，如图2－2－17和图2－2－18中所示；

第二步，就是将MACD指标和KDJ指标加载到个股的下方，通过两个指标的各种交叉确定交易的时机，如图2－2－19和图2－2－20中所示。

如此就完成了在强势股中寻找买入时机的全部过程，也就找到了领先于大盘形成买入机会的个股。

从这些图中我们不难看出，当股价强于大盘，先于大盘进入牛市出现上涨买入信号的时候，MACD指标也同步顺应

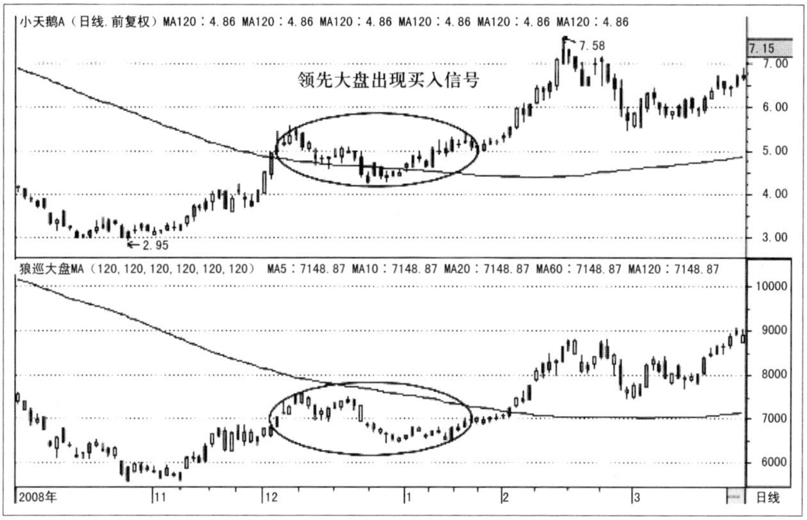
小天鹅A（日线. 前复权）MA120：4.86 MA120：4.86 MA120：4.86 MA120：4.86 MA120：4.86 MA120：4.86
领先大盘出现买入信号
7.58
2.95
狼巡大盘MA（120, 120, 120, 120, 120, 120） MA5：7148.87 MA10：7148.87 MA20：7148.87 MA60：7148.87 MA120：7148.87
2008年
日线

图2－2－17

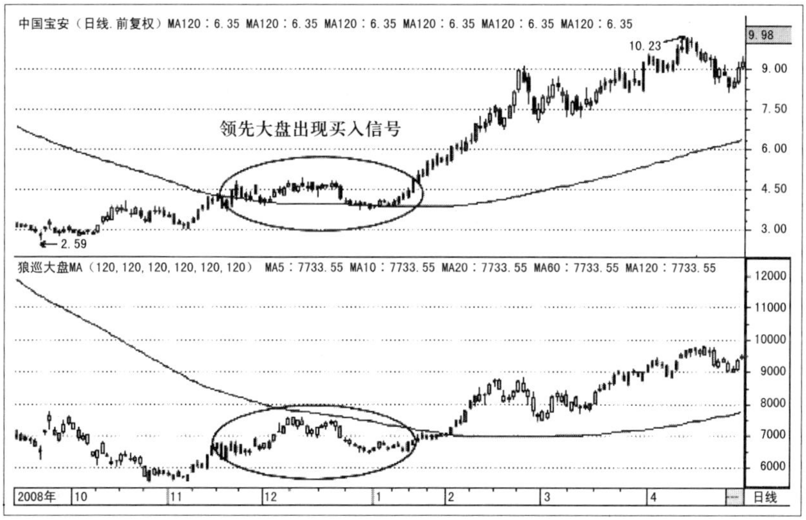
中国宝安（日线. 前复权）MA120：6.35 MA120：6.35 MA120：6.35 MA120：6.35 MA120：6.35 MA120：6.35
领先大盘出现买入信号
10.23
2.59
狼巡大盘MA（120, 120, 120, 120, 120, 120） MA5：7733.55 MA10：7733.55 MA20：7733.55 MA60：7733.55 MA120：7733.55
2008年
日线

图2－2－18

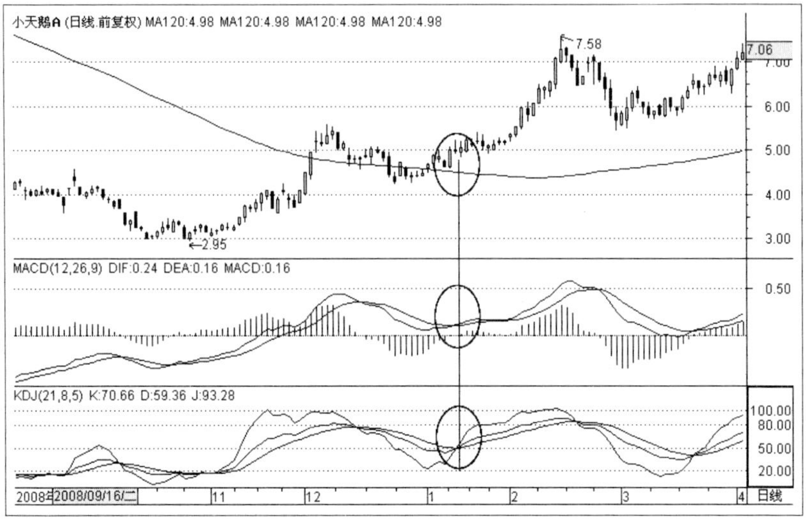
小天鹅A (日线.前复权) MA120:4.98 MA120:4.98 MA120:4.98 MA120:4.98
7.58
7.06
7.00
6.00
5.00
4.00
3.00
2.95
MACD(12,26,9) DIF:0.24 DEA:0.16 MACD:0.16
0.50
KDJ(21,8,5) K:70.66 D:59.36 J:93.28
100.00
80.00
50.00
20.00
2008年 2008/09/16/二
11
12
1
2
3
4
日线

图2－2－19

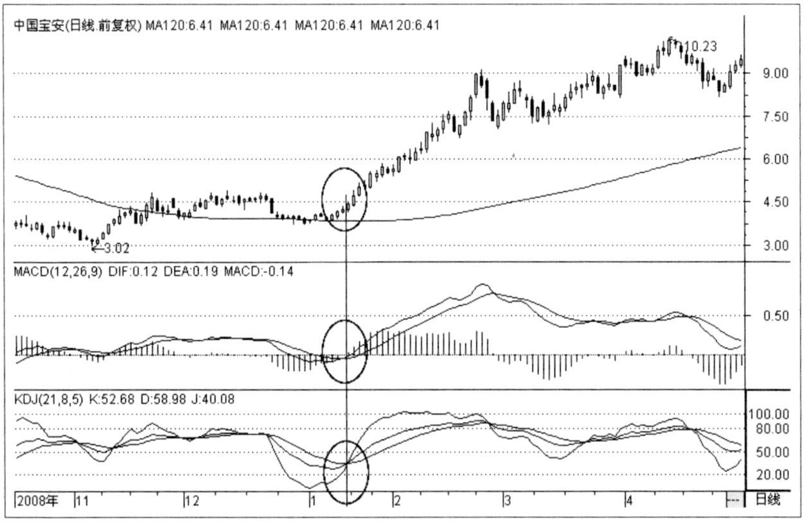
中国宝安(日线.前复权) MA120:6.41 MA120:6.41 MA120:6.41 MA120:6.41
10.23
9.00
7.50
6.00
4.50
3.00
3.02
MACD(12,26,9) DIF:0.12 DEA:0.19 MACD:-0.14
0.50
KDJ(21,8,5) K:52.68 D:58.98 J:40.08
100.00
80.00
50.00
20.00
2008年
11
12
1
2
3
4
日线

图2－2－20

股价进入0轴线上方的多头市场中，如果此时KDJ指标也同步出现了黄金交叉等上涨信号，就可以确定上述信号属于一个概率较高的买入信号。

这就是选择中长期强势黑马的方法之一。所以投机者在实际交易中，应该重视上述方法。

总之，强势股就是那些领先于大盘出现买入信号的个股，而不是某一日或某一时的价格走势领先于大盘的个股。这就是我在《如何选择超级牛股》一书中提到的投机者要“价格领先大盘和机会领先大盘”的要点。

价格领先大盘就是某一日或某一时的股价走势强于大盘。这样的股票每天都有，只要你打开你的行情交易软件，点选“今日强势股”按钮，你就会发现很多这样的股票，但是有经验的投机者则知道，这些股票大部分都是一时的亢奋，只要你买进了，大多数情况下，你都会面临亏损的命运。因为这些股票根本就不是真正意义上的强势股，它们只不过是在某一时因为某种原因致使股价一时走高而已，真正的强势股应该是那些股价走势提前于大盘一段时间（或很长一段时间）进入多头市场（或牛市），并形成标准的买入点的股票。只有那些提前于大盘步入上涨趋势的股票才属于强势股、领涨股。只有那些领先于大盘出现上涨信号的股票，才属于强势股买入信号。那些业绩优秀且股价提前于大盘进入多头市场或牛市中，并形成可靠的买入信号的股票，通常都是领涨大盘或板块的龙头股。

第三节 用狼巡大盘叠加指标来选取长期强势股

Section3

综合了上述的各种方法之后，那么选择长期强势股的方法也就不言而喻了。长期强势股就是那些股价提前于大盘上穿250日长期MA均线进入牛市的股票。当这些股票提前于大盘在250日长期MA均线的上方形成买入信号的时候，就是投机者买入的时机。如图2－3－1～图2－3－12中所示。其中图2－3－1、图2－3－3、图2－3－5是用250为参数的MA均线作为选择长期强势股的标的；图2－3－7、图2－3－9、图2－3－11是用350为参数的MA均线作为选择长期强势股的标的；而图2－3－2、图2－3－4、图2－3－6、图2－3－8、图2－3－10、图2－3－12则是采用参数为双倍（24、52、18）的MACD指标和参数为双倍（42、16、10）的KDJ指标，作为确定最佳买入时机的信号。当然你依然可以用原来参数的MACD指标结合21、8、5参数的KDJ指标的信号模式作为买入信号，这也同样有效。

从这些图中我们可以看到，当股价领先于大盘上穿250（350）MA均线的时候，这只股票在后来的涨幅基本上都是强于大盘的。比如在图2－3－1中，浦发银行（600000）从

图2－3－1

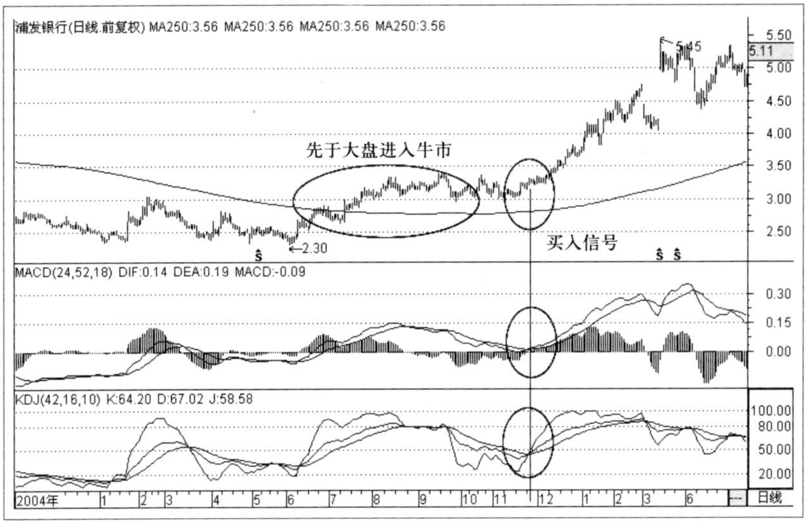
浦发银行(日线.前复权) MA250:3.56 MA250:3.56 MA250:3.56 MA250:3.56
先于大盘进入牛市
买入信号
←2.30
5.45
MACD(24,52,18) DIF:0.14 DEA:0.19 MACD:-0.09
KDJ(42,16,10) K:64.20 D:67.02 J:58.58
2004年
日线

图2－3－2

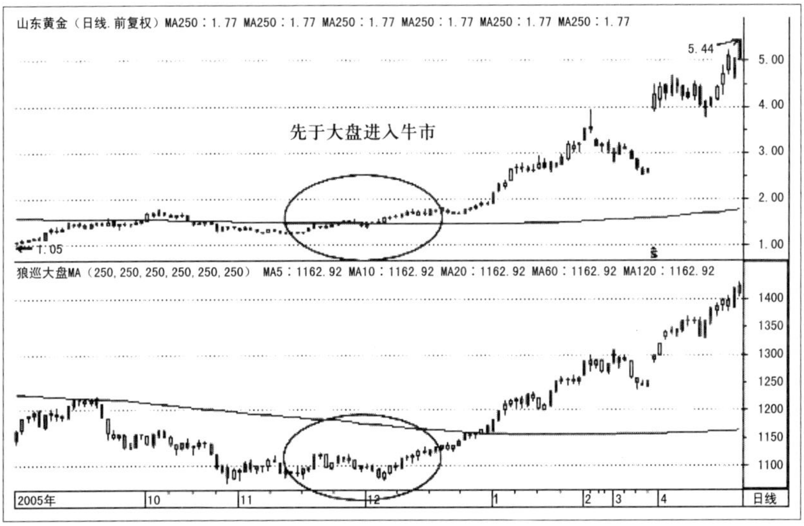
山东黄金（日线.前复权）MA250：1.77 MA250：1.77 MA250：1.77 MA250：1.77 MA250：1.77 MA250：1.77
先于大盘进入牛市
5.44
1.05
狼巡大盘MA（250, 250, 250, 250, 250, 250） MA5：1162.92 MA10：1162.92 MA20：1162.92 MA60：1162.92 MA120：1162.92
2005年
日线

图2－3－3

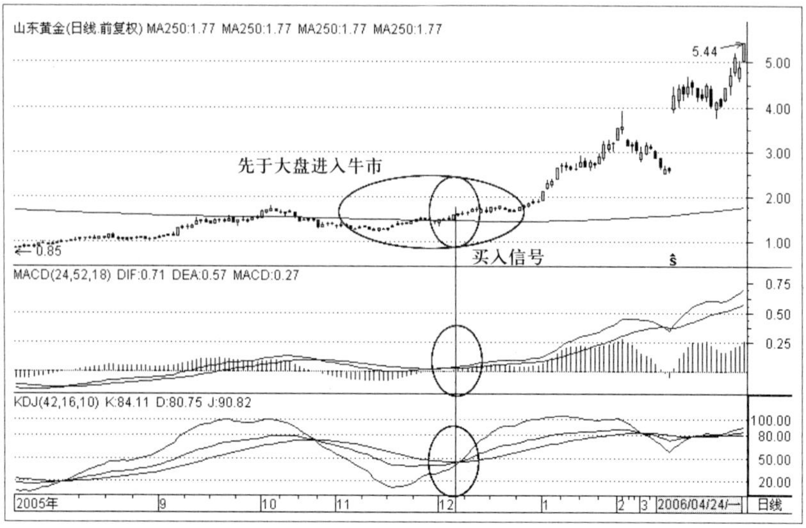
山东黄金(日线.前复权) MA250:1.77 MA250:1.77 MA250:1.77 MA250:1.77
5.44
5.00
4.00
3.00
先于大盘进入牛市
2.00
1.00
0.85
买入信号
MACD(24,52,18) DIF:0.71 DEA:0.57 MACD:0.27
0.75
0.50
0.25
KDJ(42,16,10) K:84.11 D:80.75 J:90.82
100.00
80.00
50.00
20.00
2005年
9
10
11
12
1
2
3
2006/04/24/一
日线

图2－3－4

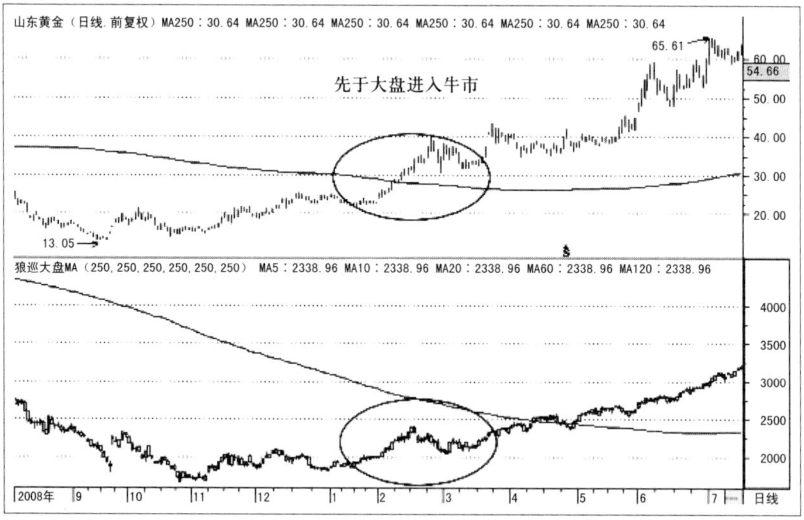
山东黄金（日线.前复权）MA250：30.64 MA250：30.64 MA250：30.64 MA250：30.64 MA250：30.64 MA250：30.64
65.61
60.00
54.66
先于大盘进入牛市
50.00
40.00
30.00
20.00
13.05
狼巡大盘MA（250,250,250,250,250,250） MA5：2338.96 MA10：2338.96 MA20：2338.96 MA60：2338.96 MA120：2338.96
4000
3500
3000
2500
2000
2008年
9
10
11
12
1
2
3
4
5
6
7
日线

图2－3－5

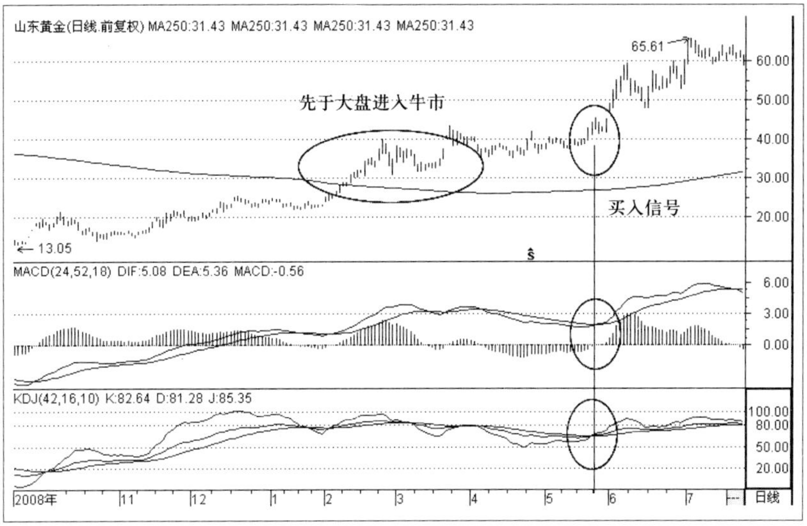
山东黄金(日线.前复权) MA250:31.43 MA250:31.43 MA250:31.43 MA250:31.43
65.61
先于大盘进入牛市
买入信号
13.05
MACD(24,52,18) DIF:5.08 DEA:5.36 MACD:-0.56
KDJ(42,16,10) K:82.64 D:81.28 J:85.35
2008年
日线

图2－3－6

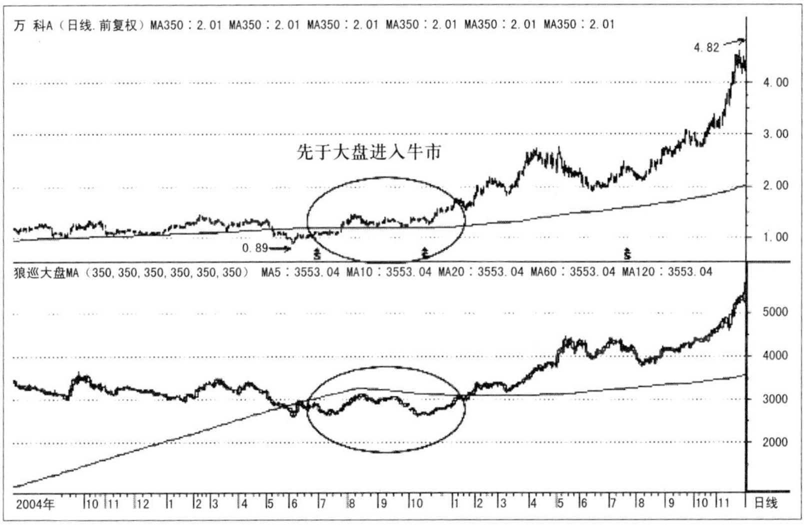
万 科A（日线.前复权）MA350：2.01 MA350：2.01 MA350：2.01 MA350：2.01 MA350：2.01 MA350：2.01
4.82
先于大盘进入牛市
0.89
狼巡大盘MA（350,350,350,350,350,350） MA5：3553.04 MA10：3553.04 MA20：3553.04 MA60：3553.04 MA120：3553.04
2004年
日线

图2－3－7

低点2.30元上涨到阶段性高点5.45元，但同一时期中，大盘却仅从998点上涨到1690点左右，个股涨幅明显强于大盘。

图2－3－3山东黄金（600547）2005年～2006年的一段走势中，其上涨的幅度依然明显高于大盘。山东黄金（600547）从复权后的1.00元左右一直上涨到了阶段性高点5.44元，而同一时期的大盘则仅仅从998最低点上涨到1450点左右，个股涨势明显高于大盘。接下来，我们再来看一下图2－3－5，山东黄金（600547）在2008年～2009年之间的一段走势中，其股价从低点13.05元上涨到阶段性高点65.61元，而同一时期的大盘走势却仅仅从1664.93点上涨到3200点左右，个股走势依然明显强于大盘。

万科A（000002）的股价走势更加让人瞪目结舌，自2005年复权后的0.89元起开始上涨，一直上涨到阶段性高点4.82元，而同一时期的大盘则从2590.53点开始，上涨到5500点左右，个股走势明显强于大盘。

我们再回过头看一下招商地产（000024）和黄山旅游（600054）这两只股票的走势与大盘的对比情况。

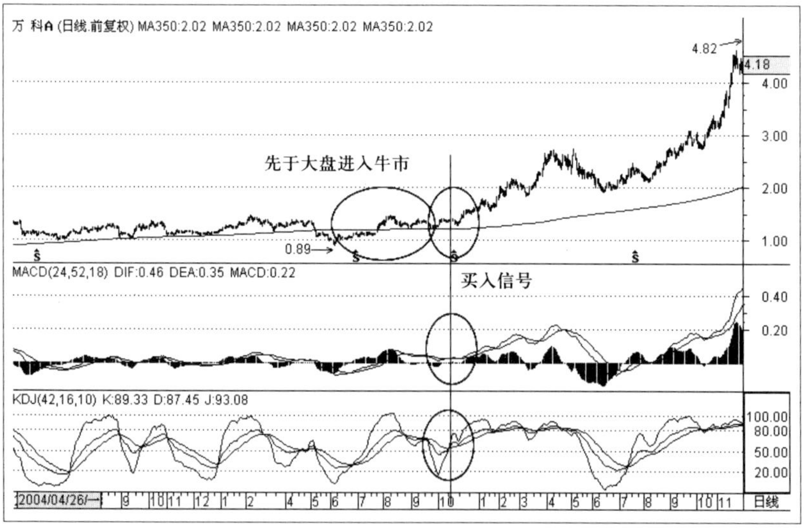

图2－3－8

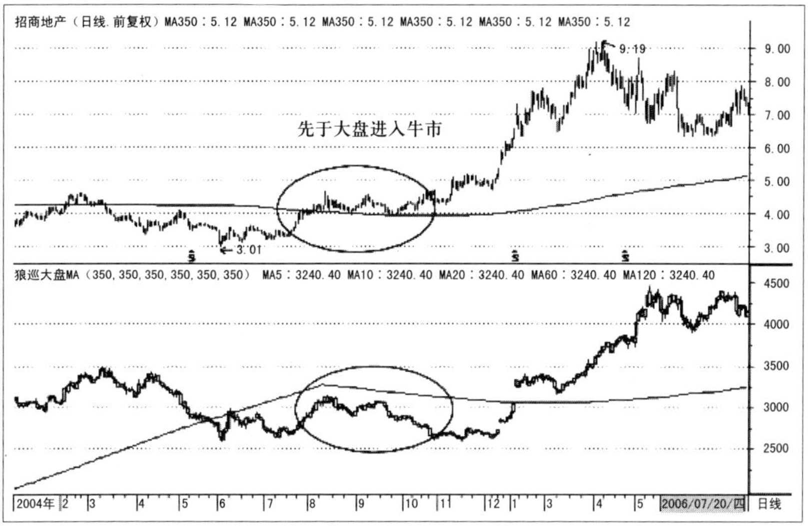
招商地产（日线. 前复权）MA350：5. 12 MA350：5. 12 MA350：5. 12 MA350：5. 12 MA350：5. 12 MA350：5. 12
先于大盘进入牛市
9.19
3.01
狼巡大盘MA（350, 350, 350, 350, 350, 350） MA5：3240. 40 MA10：3240. 40 MA20：3240. 40 MA60：3240. 40 MA120：3240. 40
2004年
2006/07/20/四
日线

图2－3－9

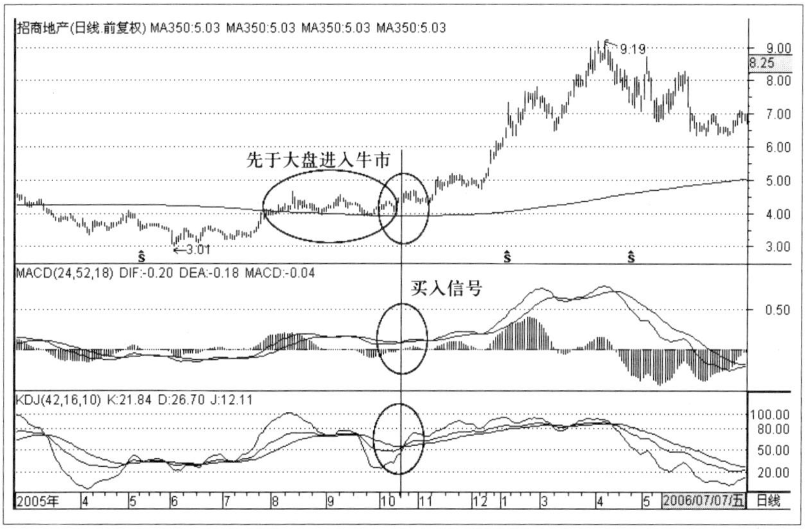
招商地产(日线.前复权) MA350:5.03 MA350:5.03 MA350:5.03 MA350:5.03
先于大盘进入牛市
9.19
3.01
MACD(24,52,18) DIF:-0.20 DEA:-0.18 MACD:-0.04
买入信号
KDJ(42,16,10) K:21.84 D:26.70 J:12.11
2005年
2006/07/07/五
日线

图2－3－10

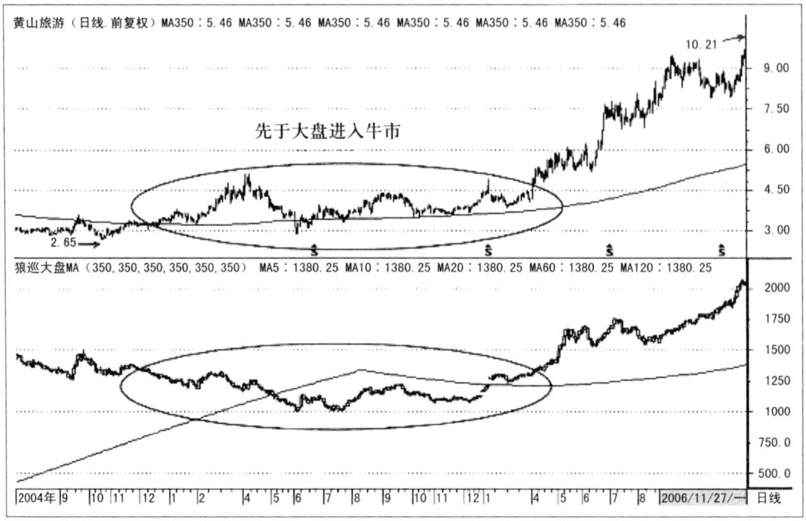
黄山旅游（日线.前复权）MA350：5.46 MA350：5.46 MA350：5.46 MA350：5.46 MA350：5.46 MA350：5.46
10.21
先于大盘进入牛市
2.65
狼巡大盘MA（350,350,350,350,350,350） MA5：1380.25 MA10：1380.25 MA20：1380.25 MA60：1380.25 MA120：1380.25
2004年
2006/11/27/
日线

图2－3－11

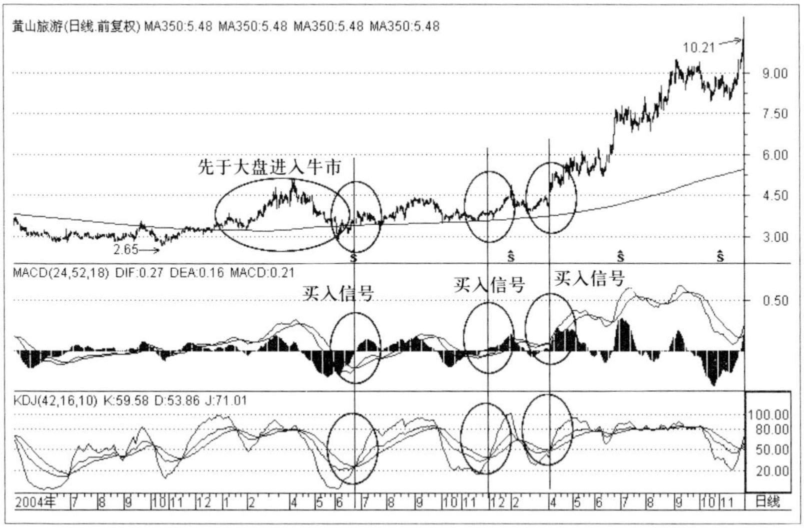
黄山旅游(日线.前复权) MA350:5.48 MA350:5.48 MA350:5.48 MA350:5.48
10.21
先于大盘进入牛市
2.65
MACD(24,52,18) DIF:0.27 DEA:0.16 MACD:0.21
买入信号
买入信号
买入信号
KDJ(42,16,10) K:59.58 D:53.86 J:71.01
2004年
日线

图2－3－12

从图2－3－9和图2－3－11中，我们不难看到，招商地产（000024）的股价走势从最低点的3.01元上涨到阶段性高点9.19元，上涨幅度为300%，而同期大盘走势却仅从2600点左右上涨到4400点左右，涨幅不到100%。黄山旅游（600054）的走势则从低点2.65元开始上涨，一直上涨到2006年11月的阶段性高点10.21元，涨幅达300%以上，而同期大盘涨势却仅从998点开始上涨到2200点左右，上涨幅度约120%左右。个股走势依然明显强于大盘。

通过上面的对比和讲述，相信你已经知道了如何选择强势领先股的方法，但这还仅仅是第一步，第二步就是要学会选择买入时机，这在下面的章节中我还会讲述。因为好的时机可以提高你获胜的几率，你不能看到一只领先于大盘的强势股就冲动地不择时机地买入。强势股虽然能够领先于大盘上涨，但大多数情况下它也会顺应大盘波动而波动，如果你选择的时机不太准确，一旦碰到波动较大的行情，就会增大你的浮亏，让你产生恐慌感，致使你在该买进的时候却因为屈服于心理上的恐惧压力，而匆匆地卖出股票。所以，很多时候并不是我们判断错误而亏损了，而是我们判断对了，但行情的波动太大，致使出现了较大的浮亏，让我们的信心受挫，在低位卖出了股票。所以投机者要知道，让你能够信心百倍地拿住上涨的股票其基础就在于要有一个恰当的时机。

为了更好地说明这一问题，让你能够把握住这样的时机，让我们回顾一下图2－3－2、图2－3－4、图2－3－6、图2－3－8、图2－3－10、图2－3－12，这样就可以看到确定买入时机的最佳方法。

在这些图中我们可以看到，当股价上穿250（350）MA长期均线之后出现回调，如果其下方的MACD指标和KDJ指标同步出现黄金交叉，或符合我们在第二章中所讲述的信号条件时，就是我们买入的最佳机会。我想有必要在这里重复一下我们的信号应该符合的四个条件：

1．个股价格走势必须提前于大盘上穿MA均线，这是强势股的前提；

2．个股价格上穿60MA均线时MACD指标也应同步上穿0轴线，进入多头市场，因为这意味着行情上涨的力量会延续下去，行情不会轻易下跌；

3．个股价格走势上穿60MA均线之后，即使大盘在60MA均线下方下跌，但个股的价格走势却依然在60MA均线的上方运行或回调，且形成线上买入信号，这代表股价受60MA均线支撑，行情有可能形成另一波涨势；

4．个股在60MA均线上方经过一段时间的上涨之后，形成超买态势，股价出现回调，当其回调至60MA均线附近，MACD指标在0轴线附近形成黄金交叉，KDJ指标自20处开始向上反转形成黄金交叉，或KDJ指标的K线或J线上穿50中线时，就是胜算最高的买入时机，这代表行情经过充分的上涨回调之后，行情再一次出现买入机会，步入“主升浪”。

上述信号方法不但可以用在狼巡大盘MA叠加指标中，也可以用在狼巡大盘成本均线叠加指标中。如图2－3－13～图2－3－20中所示。

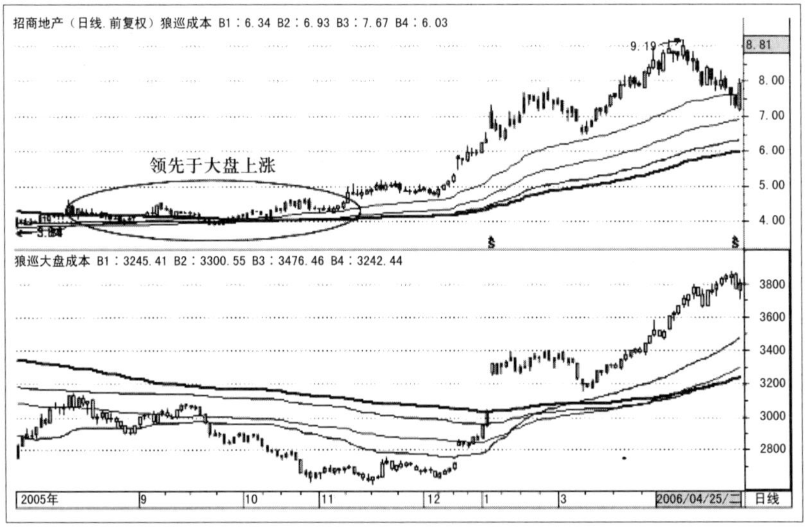

图2－3－13

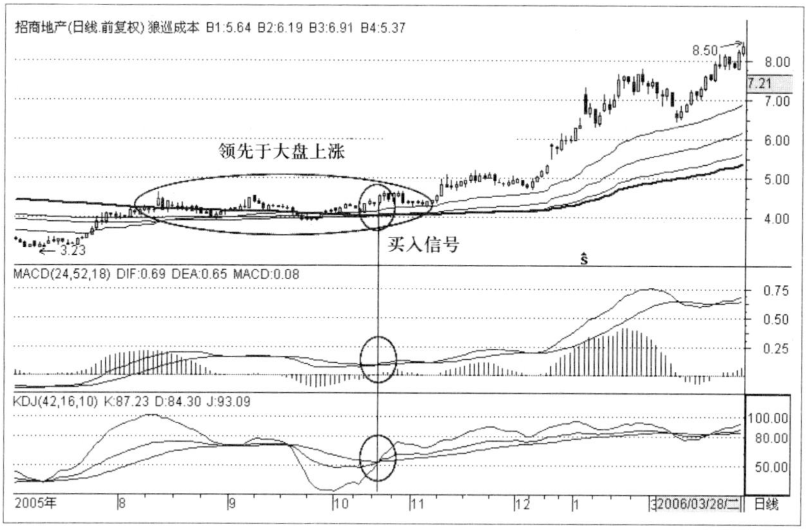

招商地产(日线.前复权) 狼巡成本 B1:5.64 B2:6.19 B3:6.91 B4:5.37
8.50
7.21
领先于大盘上涨
买入信号
3.23
MACD(24,52,18) DIF:0.69 DEA:0.65 MACD:0.08
KDJ(42,16,10) K:87.23 D:84.30 J:93.09
2005年
2006/03/28/二
日线

图2－3－14

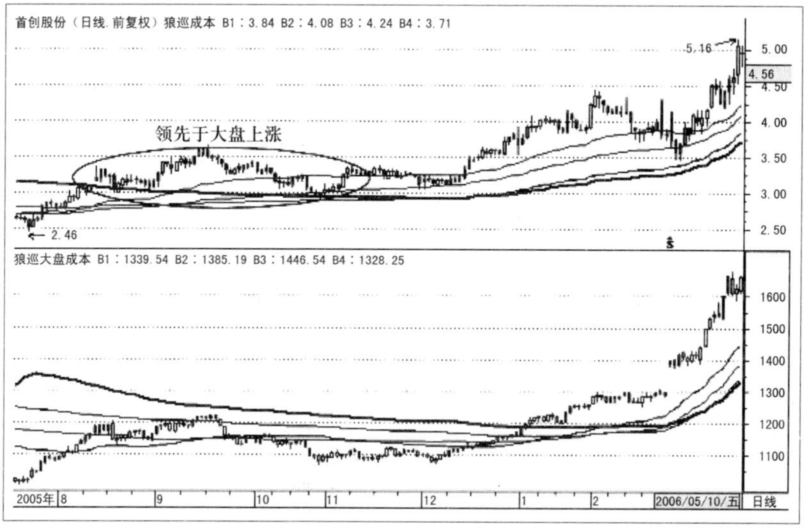

首创股份（日线.前复权）狼巡成本 B1：3.84 B2：4.08 B3：4.24 B4：3.71
5.16
4.56
领先于大盘上涨
2.46
狼巡大盘成本 B1：1339.54 B2：1385.19 B3：1446.54 B4：1328.25
2005年
2006/05/10/五
日线

图2－3－15

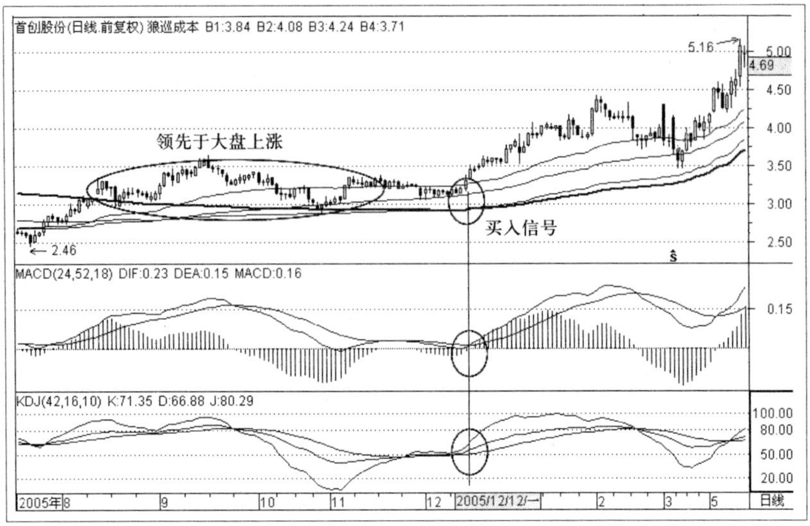
首创股份(日线.前复权) 狼巡成本 B1:3.84 B2:4.08 B3:4.24 B4:3.71
领先于大盘上涨
买入信号
5.16
2.46
MACD(24,52,18) DIF:0.23 DEA:0.15 MACD:0.16
KDJ(42,16,10) K:71.35 D:66.88 J:80.29
2005/12/12/一
日线

图2－3－16

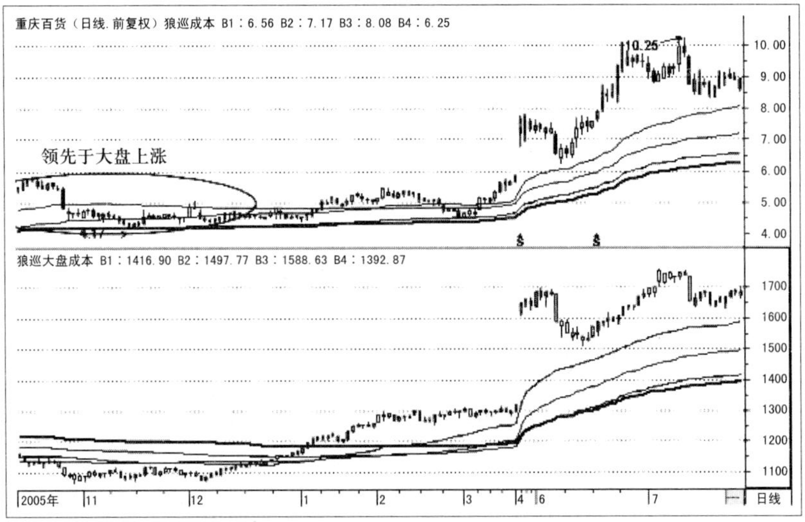
重庆百货（日线.前复权）狼巡成本 B1：6.56 B2：7.17 B3：8.08 B4：6.25
领先于大盘上涨
10.25
狼巡大盘成本 B1：1416.90 B2：1497.77 B3：1588.63 B4：1392.87
日线

图2－3－17

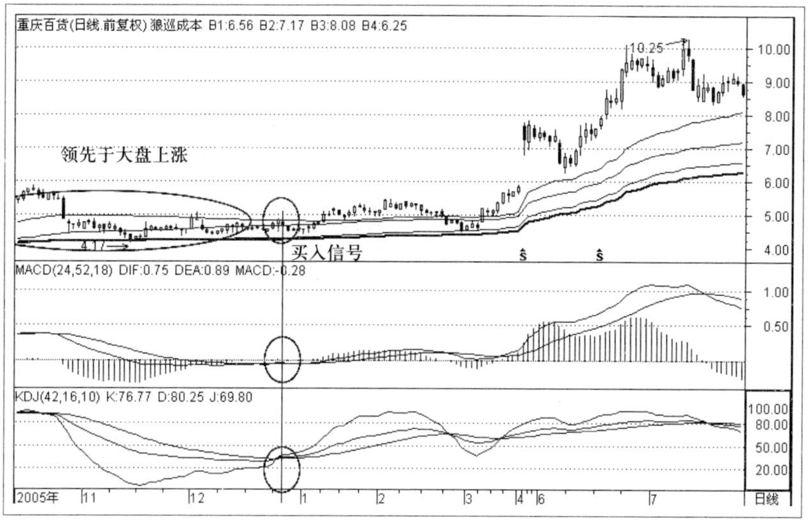
重庆百货(日线.前复权) 狼巡成本 B1:6.56 B2:7.17 B3:8.08 B4:6.25
10.25
领先于大盘上涨
4.17
买入信号
MACD(24,52,18) DIF:0.75 DEA:0.89 MACD:-0.28
KDJ(42,16,10) K:76.77 D:80.25 J:69.80
2005年
日线

图2－3－18

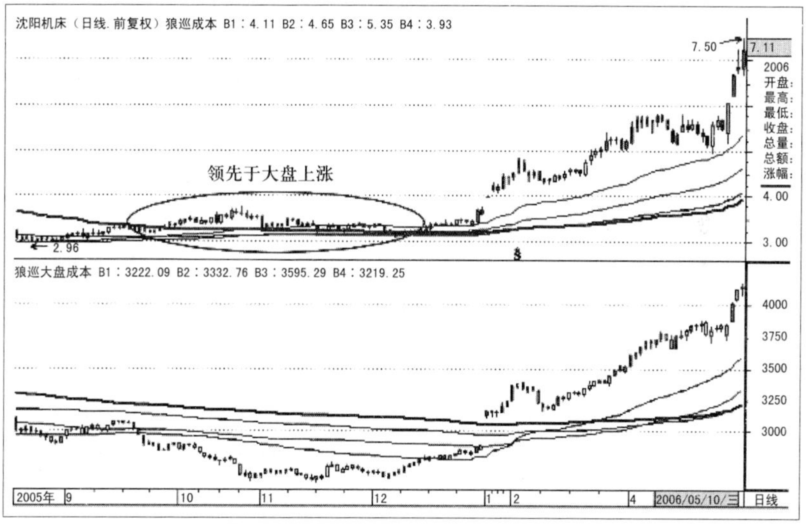
沈阳机床（日线.前复权）狼巡成本 B1：4.11 B2：4.65 B3：5.35 B4：3.93
7.50
7.11
2006
开盘:
最高:
最低:
收盘:
总量:
总额:
涨幅:
领先于大盘上涨
2.96
狼巡大盘成本 B1：3222.09 B2：3332.76 B3：3595.29 B4：3219.25
2005年
2006/05/10/三
日线

图2－3－19

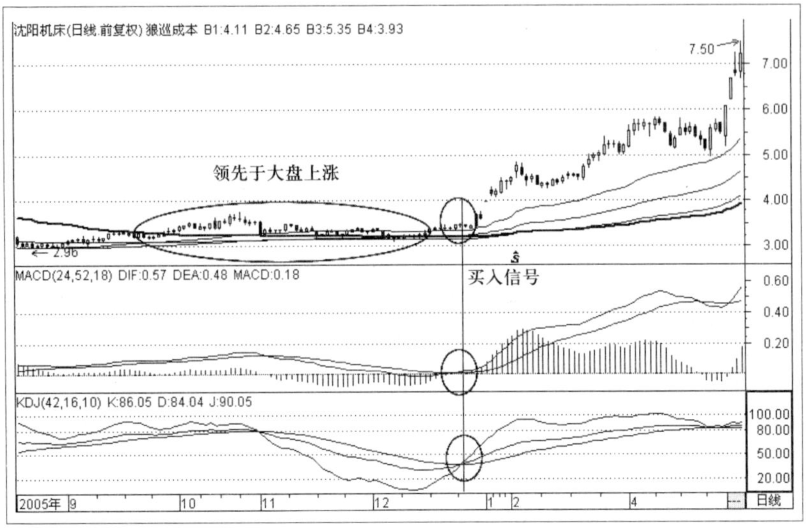

图2－3－20

从这些图中，我们可以看到，狼巡大盘叠加MA指标和狼巡大盘叠加成本均线指标两者的作用基本上是一致的，都是为了选取那些领先于大盘上涨提前步入牛市的强势股。

我们也从这些图中看到了MACD指标和KDJ指标相互配伍之后的有效性和稳定性。当然，如果你认为以上图中的双倍MACD参数和KDJ参数过大，也可以采用正常的MACD参数和KDJ参数。这些并不是我一定要苛求的东西，我要告诉你的是一种选股的原理和思维，给你一定的启发，而不是苛求你一定要按照我的标准和方法去做。如果你已经有了其他的成熟的“信号模式”，那么也可以在此框架之下，将你的信号模式融入其中。如果你还没有成熟的信号模式和选股模式，那么多多研究以上方法，就会让你少走一些弯路，将你的学习路途缩短。

第三章

Chapter 3

如何从周线和日线图中选出超级黑马

日线和周线是可以相互转换的，一周有5个交易日，50个交易日自然就是一个10MA周线，也是一条中期线。

第一节 四点成一线的超级黑马

Section1

在投机市场中，很多人对周线和日线的关系都不是很明白。

我记得曾经有个朋友问过我："不知道为什么，每当周线图中的周K线爬上10MA均线的时候，这只股票就会或多或少地出现一定的涨幅。"

我告诉他："这没有什么奇怪的，一周有5个交易日，周线中的10MA均线只不过就是日线中的50MA均线而已。"

他又问我："那日线中的135MA均线在周线图中是哪一条均线呢？（因为他喜欢采用一条135MA均线来选择股票，并且秘而不宣）"

我回答他："日线中的135MA均线在周线图中就是一条27日均线而已，其实你完全可以在周线图中采用一条30日均线取代它，你也根本用不着去搞一些奇奇怪怪的数字，只用一些整数值就已经足够了。"

现实当中有不少这样的现象存在，投机者为了达到某种效果，往往就会在MA均线的参数上下一些功夫，他们希望能够发现某一特殊数字，并以此来挑选一些"特殊的股票"，他们认为只要某一股票以某种形势上穿某一特殊参数的MA均线，那么这只股票就是一匹超级黑马，并且要求特别精准。

但我不得不说：朋友，别玩得太过火。那些特殊的现象只有在特殊的时候才会发生，MA均线只不过是将某一周期的收盘价平均了一下而已，没有那么神奇。大多数情况下，若没有特殊要求，5、10、20、30、120、240、250、300、320、350、360等整数参数已经足够用了，你大可不必为了寻找一种特殊的参数而大费周折。当然你也可以采用5、8、13、21、34、55、89、144、233、377等黄金参数。整数参数代表的是某一整数周期内的平均价格，而黄金参数代表的是在某一黄金分割周期内的平均价格，这些都是经得起时间考验的常用参数，也是最有效的参数。以上的这些参数几乎每个都会在不同的时候出现某些“特殊的信号”，比如准确无误的支撑托底、准确无误的上穿走高、准确无误的上压下跌……总之，只要你愿意，你就会找出很多特殊现象，但这并不等于你找到了战无不胜、攻无不克的秘方。

在周线图的均线转换中，我们可以知道，周线图中的10MA均线就相当于日线中的50MA均线，周线图中20MA均线就相当于日线图中的100MA均线。以此类推，专业人士常用的日线图中的250MA均线，实际上就是周线图中的50MA均线，所以，在周线图中用50MA均线结合MACD指标和21、8、5参数的KDJ指标来选择买卖时机，是一个非常有效的黄金策略。

有的朋友可能会问：为什么有的人喜欢以60为参数的MA均线作为中期趋势的分界线而不采用50MA均线呢？60MA均线的走势在日线图中相比50MA均线的走势确实更加稳定一些，但这并不妨碍它本身的作用。总之，在周线图中用50为参数的MA均线还是60为参数的MA均线，完全可以根据个人喜好来定。如果你想让它更加敏感一些，那就在周线图中采用50MA均线（相当于日线图中的250MA均线），如果你像我一样，要求其稳定可靠，又不在乎某一信号的敏锐性，那么就采用60为参数的MA均线（相当于日线图中的300MA均线）或70为参数的MA均线（相当于日线图中的350MA均线）。

为了证明这一说法，打破你心中的疑虑，我们用图来说明一下。如图3－1－1～图3－1－6中所示。其中图3－1－1和图3－1－2是黄山旅游（600054）的周线图10MA均线与日线图50MA均线的对比情况；图3－1－3和图3－1－4是上证指数的周线图10MA均线与日线图50MA均线的对比情况；图3－1－5和图3－1－6是青岛啤酒（600600）的周线图50MA均线与日线图250MA均线的对比情况。

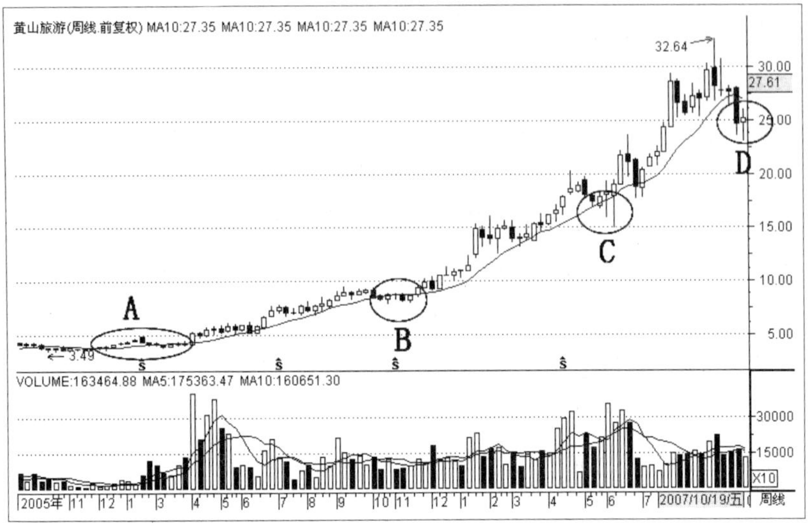
黃山旅游(周线.前复权) MA10:27.35 MA10:27.35 MA10:27.35 MA10:27.35
32.64
3.49
A
B
C
D
VOLUME:163464.88 MA5:175363.47 MA10:160651.30
2005年
2007/10/19/五
周线

图3－1－1

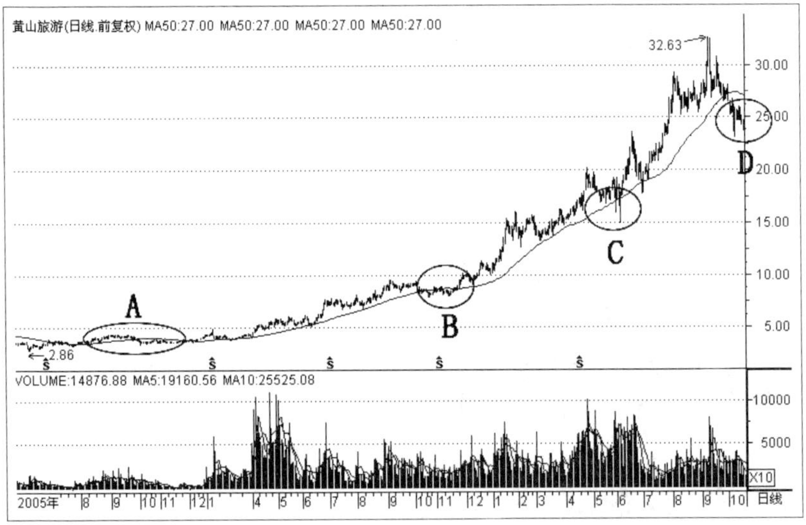
黃山旅游(日线.前复权) MA50:27.00 MA50:27.00 MA50:27.00 MA50:27.00
32.63
2.86
A
B
C
D
VOLUME:14876.88 MA5:19160.56 MA10:25525.08
2005年
日线

图3－1－2

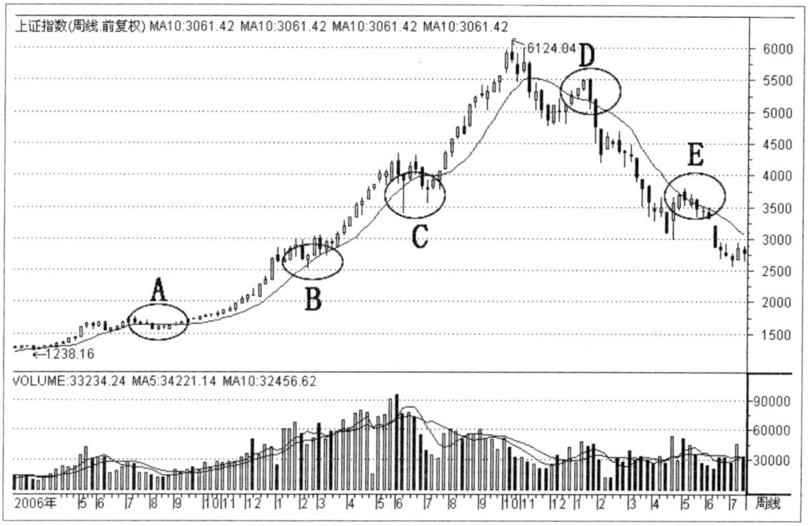
上证指数(周线.前复权) MA10:3061.42 MA10:3061.42 MA10:3061.42 MA10:3061.42
6124.04
1238.16
A
B
C
D
E
VOLUME:33234.24 MA5:34221.14 MA10:32456.62
周线

图3－1－3

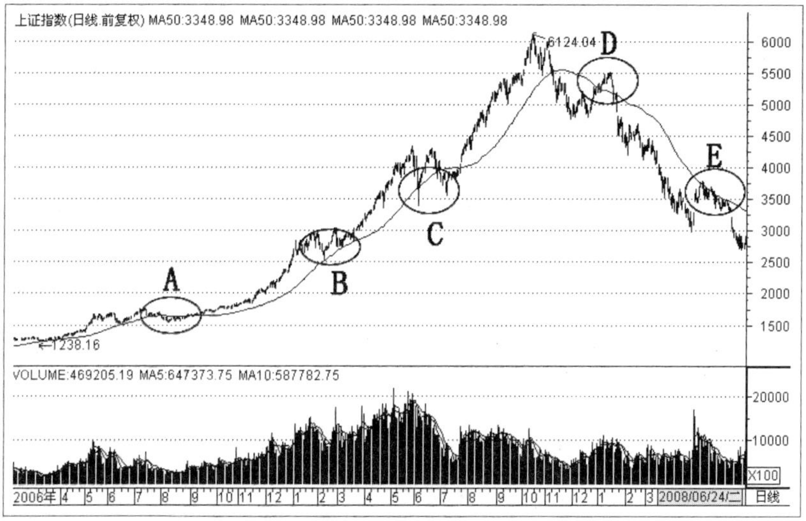
上证指数(日线.前复权) MA50:3348.98 MA50:3348.98 MA50:3348.98 MA50:3348.98
6124.04
1238.16
A
B
C
D
E
VOLUME:469205.19 MA5:647373.75 MA10:587782.75
X100
2008/06/24/二
日线

图3－1－4

青岛啤酒(周线,前复权) MA50:7.37 MA50:7.37 MA50:7.37 MA50:7.37
11.69
5.29
A
B
C
2005/04/08/五
周线

图3－1－5

青岛啤酒(日线,前复权) MA250:7.26 MA250:7.26 MA250:7.26 MA250:7.26
11.69
5.29
A
B
C
2005年
2006/09/25/一
日线

图3－1－6

从这些图中，我们可以看到各周期平均线的转换情况。

所以投机者在进行交易的时候，如果懂得日线图中的各MA均线与周线图中各MA均线的转换方式，就大可不必看一看日线再看一看周线地周折，而只需盯住日线图就可以知道周线图中MA均线的走势情况了。比如，当日线图中的股价上穿250MA均线的时候，你就知道了相对应的周线图中股价也一定上穿了50MA均线；当日线图中的股价上穿50MA均线的时候，你也就知道了与此相对应的周线图中的股价也一定同时上穿了10MA均线。就这么简单。

接下来，我们就讲述一下如何利用周线图中的60MA均线结合成交量、MACD指标、KDJ指标来选择超级黑马。

为了节约篇幅，我们就不一一列出其与大盘的对比关系了，你只需要记住，在实际交易中应该把握先要与大盘对比选出强势股的选股要则即可。以下的这些图中的股票在现实中可能未必是领先大盘的。在这里我们只针对交易时机的产生形态进行阐述，让你认知一些有效的买入信号。如图3－1－7～图3－1－12中所示。

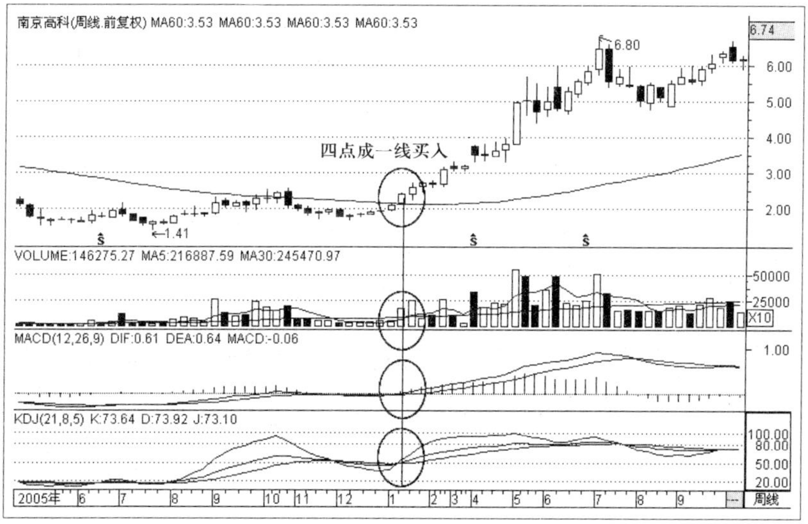

图3－1　7

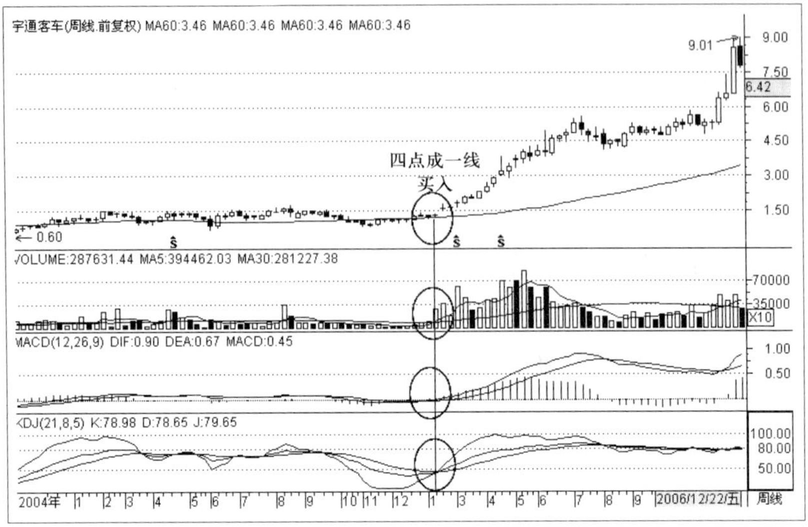
宇通客车(周线.前复权) MA60:3.46 MA60:3.46 MA60:3.46 MA60:3.46
9.01
0.60
四点成一线
买入
VOLUME:287631.44 MA5:394462.03 MA30:281227.38
MACD(12,26,9) DIF:0.90 DEA:0.67 MACD:0.45
KDJ(21,8,5) K:78.98 D:78.65 J:79.65
2004年
2006/12/22/五
周线

图3－1－8

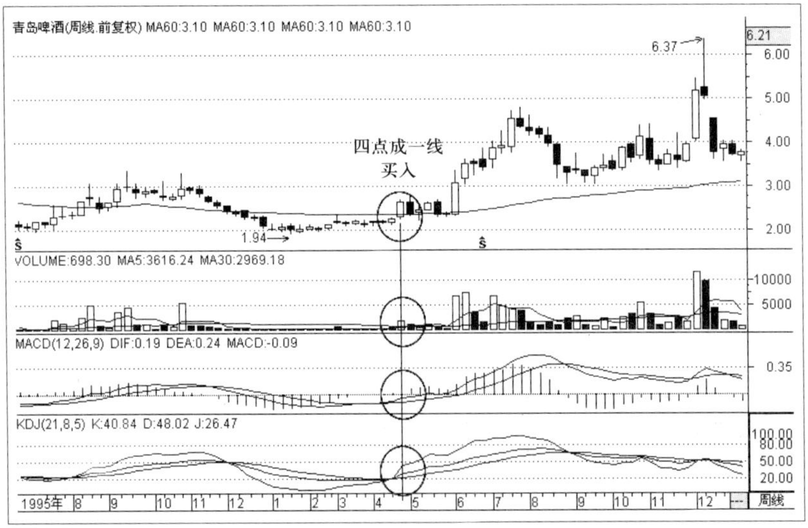
青岛啤酒(周线.前复权) MA60:3.10 MA60:3.10 MA60:3.10 MA60:3.10
6.37
1.94
四点成一线
买入
VOLUME:698.30 MA5:3616.24 MA30:2969.18
MACD(12,26,9) DIF:0.19 DEA:0.24 MACD:-0.09
KDJ(21,8,5) K:40.84 D:48.02 J:26.47
1995年
周线

图3－1－9

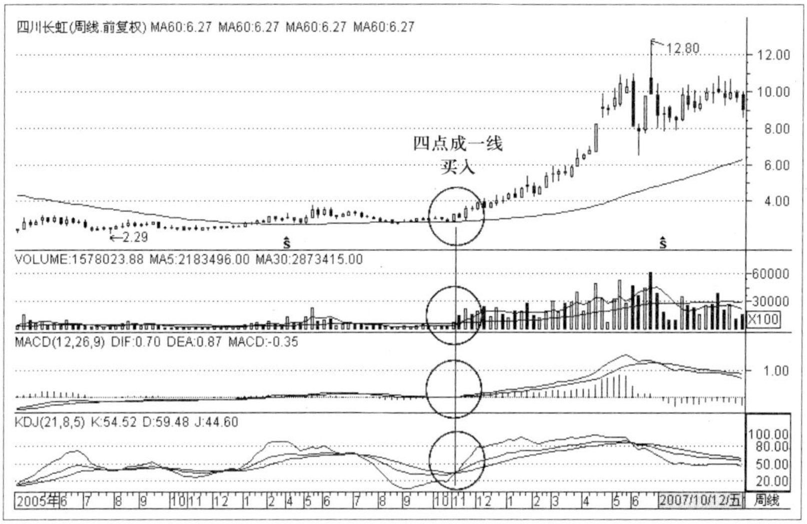
四川长虹(周线,前复权) MA60:6.27 MA60:6.27 MA60:6.27 MA60:6.27
12.80
四点成一线
买入
2.29
VOLUME:1578023.88 MA5:2183496.00 MA30:2873415.00
MACD(12,26,9) DIF:0.70 DEA:0.87 MACD:-0.35
KDJ(21,8,5) K:54.52 D:59.48 J:44.60
2007/10/12/五
周线

图3－1－10

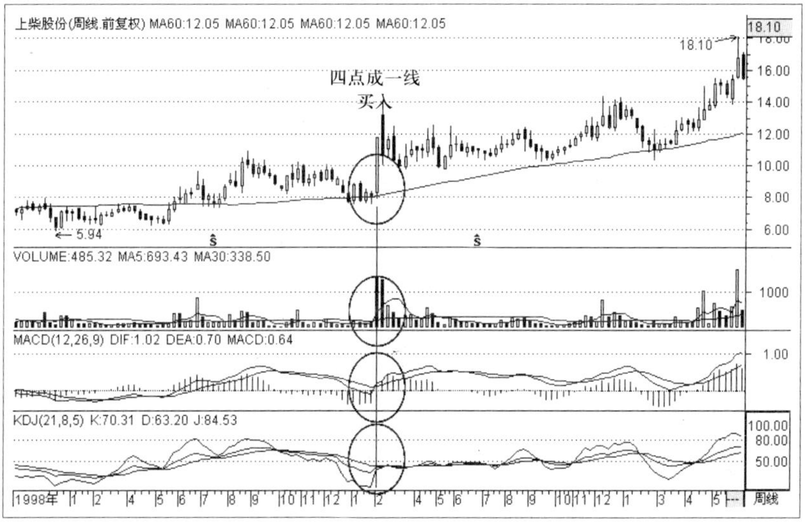
上柴股份(周线,前复权) MA60:12.05 MA60:12.05 MA60:12.05 MA60:12.05
18.10
四点成一线
买入
5.94
VOLUME:485.32 MA5:693.43 MA30:338.50
MACD(12,26,9) DIF:1.02 DEA:0.70 MACD:0.64
KDJ(21,8,5) K:70.31 D:63.20 J:84.53
周线

图3－1－11

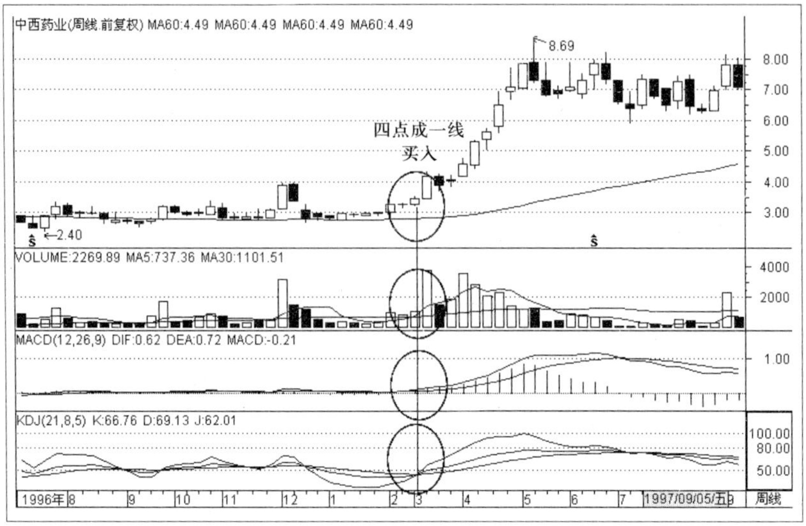

图3－1－12

从这些图中我们可以看到，每当股价在60MA均线上方，其下方成交量中的5MA均线上穿30MA均线形成向上交叉，且MACD指标在0轴线附近形成黄金交叉，KDJ指标也同步在50中线以下的位置形成黄金交叉的时候，通常都是一个胜算较高的买入时机。这种交易方法就是我们本节所讲述的四点成一线的买入法。换言之，投机者在实际交易中若发现周线图中的股价上穿60MA均线，或在60MA均线上方震荡整理上升，同时其下方成交量中的5MA均线上穿30MA均线（这说明价升量增），MACD指标在0轴线附近形成黄金交叉（这说明股价在60MA均线上方回调企稳再次上升），KDJ指标也在50中线以下触到20底线出现回升并形成黄金交叉，这就是一个胜算较高的买入信号，投机者在此时就可大胆买入。

第二节 催生的日线超级黑马

Section2

大盘催生的超级黑马与上述的四点一线的周线方法基本类似，只是在这里我将成交量指标变成了狼巡大盘叠加MA指标，当然如果你愿意的话依然可以再加一个窗口使用成交量，但我为了让图的显示更加清楚明白，现将成交量指标暂时隐去。

大盘催生超级黑马的原理就是，那些能够领先于大盘上涨的股票往往都是强势股，所以只要大盘一上涨，它们就会锦上添花。所以，如果我们发现一只股票的走势在先期稍稍领先于大盘，那么就应该耐心地等待大盘上涨的时候再开始出手，因为在大盘上涨的带动下，这样的股票也必然会走出自己的个性。

大盘催生的超级黑马就是利用大盘上穿60MA均线的力量来“催生”的股票。因为这样的个股本来就稍微领先于大盘（或与大盘走势一致），当大盘上穿60MA均线进入多头趋势中的时候，个股肯定也会越烧越旺。这样即便市场行情不久就会出现回调走势，那些提前于大盘进入多头趋势中的个股也一定会因为前期的领先优势和大盘上穿60MA均线的“催生”作用，致使股价远离60MA均线，不会因为一些微小的回调就轻易跌穿60（50）MA均线。所以这些个股通常都会随着大盘的回调而受60MA均线的支撑，很有可能随着大盘的再次上涨而在60MA均线的上方进入第二波上涨行情中。如图3－2－1～图3－2－4中所示。其中图3－2－1和图3－2－2中的信号只属于初级的少量买入的信号，即可趁着大盘的上攻先建立第一个仓位。而图3－2－3和图3－2－4中的信号既标明了第一仓位的信号，也标明了加码买入的信号。

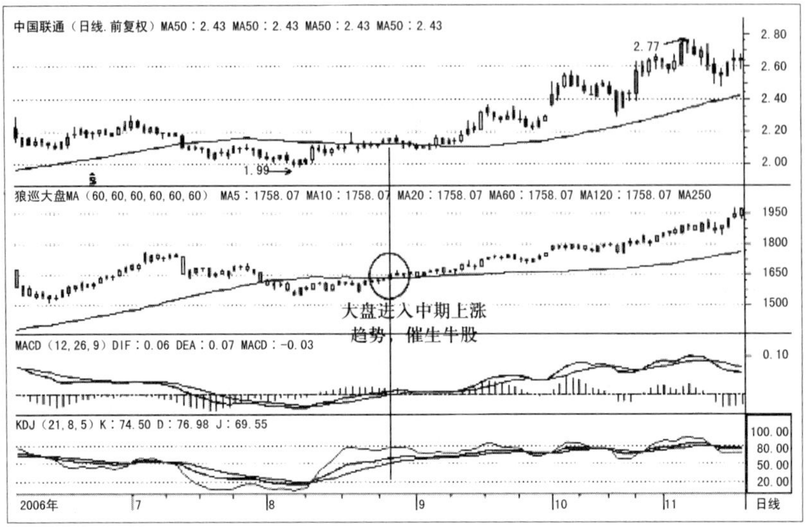
中国联通（日线.前复权）MA50：2.43 MA50：2.43 MA50：2.43 MA50：2.43
2.77
1.99
狼巡大盘MA（60,60,60,60,60,60） MA5：1758.07 MA10：1758.07 MA20：1758.07 MA60：1758.07 MA120：1758.07 MA250
大盘进入中期上涨
趋势，催生牛股
MACD（12,26,9）DIF：0.06 DEA：0.07 MACD：-0.03
KDJ（21,8,5）K：74.50 D：76.98 J：69.55
2006年
日线

图3－2－1

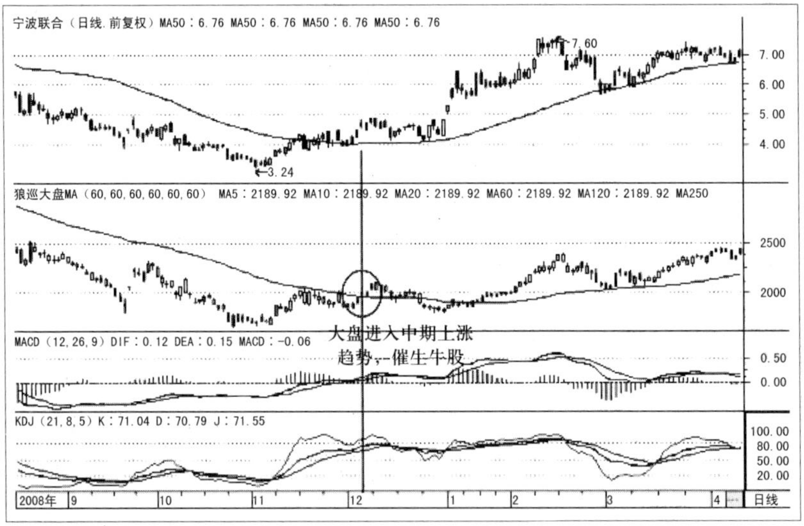
宁波联合（日线.前复权）MA50：6.76 MA50：6.76 MA50：6.76 MA50：6.76
7.60
3.24
狼巡大盘MA（60,60,60,60,60,60） MA5：2189.92 MA10：2189.92 MA20：2189.92 MA60：2189.92 MA120：2189.92 MA250
大盘进入中期上涨
趋势，催生牛股
MACD（12,26,9）DIF：0.12 DEA：0.15 MACD：-0.06
KDJ（21,8,5）K：71.04 D：70.79 J：71.55
2008年
日线

图3－2－2

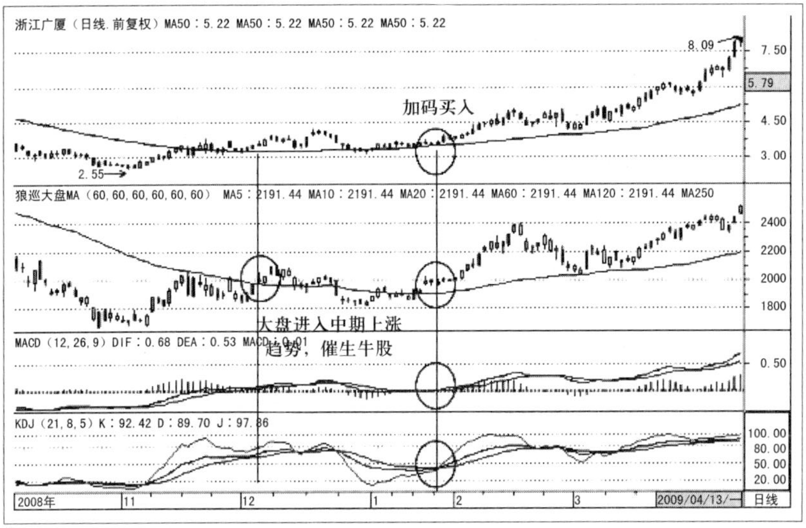
浙江广厦（日线.前复权）MA50：5.22 MA50：5.22 MA50：5.22 MA50：5.22
8.09
7.50
5.79
加码买入
4.50
3.00
2.55
狼巡大盘MA（60,60,60,60,60,60） MA5：2191.44 MA10：2191.44 MA20：2191.44 MA60：2191.44 MA120：2191.44 MA250
2400
2200
2000
1800
大盘进入中期上涨
趋势，催生牛股
MACD（12,26,9）DIF：0.68 DEA：0.53 MACD：0.01
0.50
KDJ（21,8,5）K：92.42 D：89.70 J：97.86
100.00
80.00
50.00
20.00
2008年
11
12
1
2
3
2009/04/13/一
日线

图3－2－3

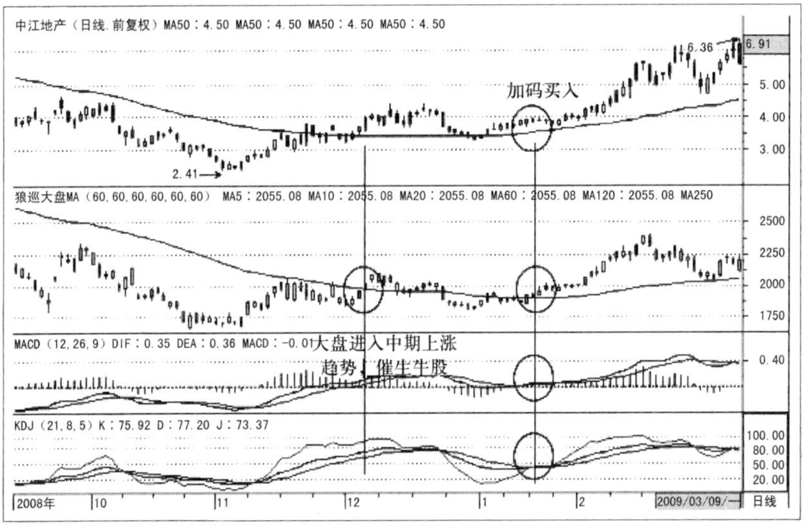
中江地产（日线.前复权）MA50：4.50 MA50：4.50 MA50：4.50 MA50：4.50
6.36
6.91
加码买入
5.00
4.00
3.00
2.41
狼巡大盘MA（60,60,60,60,60,60） MA5：2055.08 MA10：2055.08 MA20：2055.08 MA60：2055.08 MA120：2055.08 MA250
2500
2250
2000
1750
MACD（12,26,9）DIF：0.35 DEA：0.36 MACD：-0.01
大盘进入中期上涨
趋势，催生牛股
0.40
KDJ（21,8,5）K：75.92 D：77.20 J：73.37
100.00
80.00
50.00
20.00
2008年
10
11
12
1
2
2009/03/09/一
日线

图3－2－4

从这些图中我们可以看到，当大盘上攻60MA均线的时候，那些符合要求的个股也随之出现阶段性的上涨。换言之，在大盘上涨的带动下，那些强势股自然也就会更强，虽然它们有时表现得似乎是那么地漫不经心，但其领先于大盘的价格走势（趋势）已经很能够说明所有问题了。

这些图的主图中采用的是50MA均线，而附图中采用的是60MA均线，这只是我的习惯而已，当然你也可以采用相同的参数（都为50或60），不必苛求一定要与我的参数一致。

第四章

Chapter 4

如何选取形态最佳的黑马股

一个管理者可以不以貌取人，但一个交易者有时必须“以貌取股”。

第一节 经典黑马的V形底

Section1

V形底也称尖底，若股价经过连续下跌后突如其来地因为某个因素导致了行情的突变，扭转了整个行情的运行趋势，在行情的底部伴随较大的成交量会形成一个十分尖锐的转折点，随后股价出现强劲的急升走势，股价从底部低点快速上升，致使成交量急剧放大，整个行情的底部就会随着行情的拉升形成一个像英文字母V的底部形态，这就是我们所谓的V形底。

然而投机者也需要知道，V形底是一种较难把握的急剧反转的走势形态，因为其走势急速猛烈，所以通常都会出现在暴涨暴跌的行情之中。这种走势多是由于受到消息面的影响导致的非理性买卖或是市场情绪化操作的具体反应。所以，在它形成的开始几乎没有任何预兆，但当行情坠入谷底时，前期的非理性恐慌抛售就会在随后迎来报复性的上涨，用价值投资者的话来说就是纠正价值偏离。V形底通常都是由于过度的恐慌性抛售导致的非理性行为。在一片恐慌的下跌趋势中，市场卖方的力量就会很强大，致使股价持续下跌，浓重的看空气氛也使得股价下跌的速度越来越快，最后出现恐慌性杀跌，空头能量在一个集中的时间里极度宣泄。当做空的力量渐渐消失后，理性的投机者就会发现，这只股票的价格太低了，随着大势的企稳，买盘力量开始逢低介入，空头力量已经消失，于是股价走势也开始出现戏剧性的变化，股价触底后便一路上升，上涨趋势逐步形成，市场中看好后市的人越来越多，买盘力量强劲增多，股价上涨的速度开始越来越快，引发一轮抢购高潮，行情出现极速暴涨，并比下跌时的力量更大地迅速向上推进，收复所有失地。所以，当一只股票的股价以极快的速度下跌，跌到了偏离股票内在价值的超低位，若形成V形底部时，就是报复性上涨的必然结果，也是V形底形成的诱因。它往往是在重大好消息来临的情况下产生，诱使某一阶段的价格产生剧烈波动。但在实际中，我们都会发现V形底的涨势通常都很迅猛，常令人意想不到，能在最底点买进的投资者少之又少。

若要准确地判断一个底部是不是一个V形底，在转折点处必须要看其下方有没有明显的较大成交量的配合，否则形态不能确立。再则，V形底的行情走势也没有一个明确的升幅标准，但大多数情况下，都会回到原来的起点区域。如图4－1－1～图4－1－2中兴通讯（000063）中所示。其中图4－1－1是中兴通讯（000063）2007年3月～2009年10月的周线行情走势图，图4－1－2则是中兴通讯（000063）2008年3月～2009年6月的日线行情走势图。

从这些图中我们可以看到，中兴通讯（000063）自2008年9月之后便形成了一波急促的下跌，随后便触底反弹，价升量增，形成了V形底，行情开始步入上涨趋势之中。

通过上面的讲解我们知道了V形底不易在图形完成前被确认，所以在遇到疑似V形底的情况下，如果你是一位比较

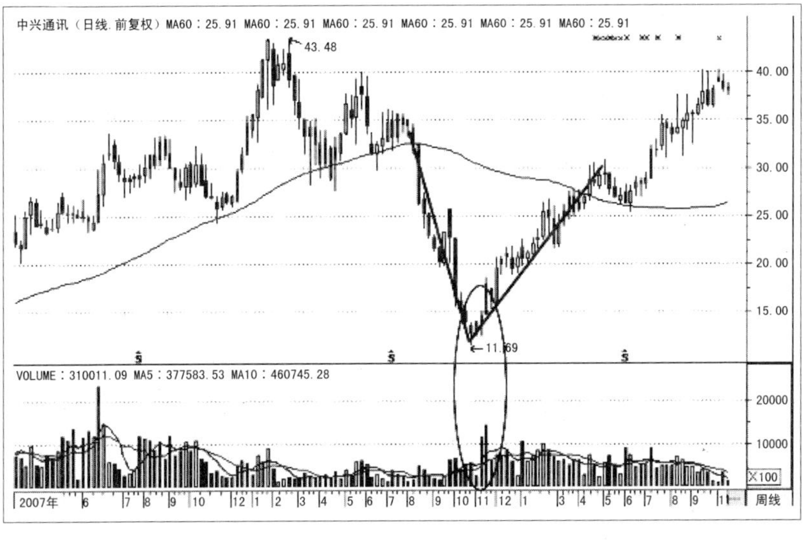

图4－1－1

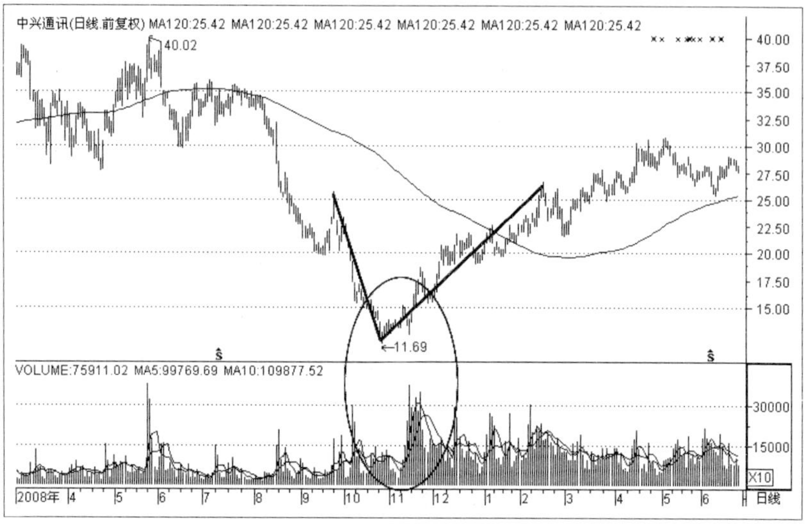

图4－1－2

激进的投机者，则应少量试探买入，并应随时留意股价的发展方向；如果你是一位保守派投机者，则可等到行情出现较大成交量，确认了目前的行情走势属于V形底部反转形态时，再开始买入。当然你也可以采用个股与大盘相比较的方法来确定其是不是一只强势股，如果其能够与大盘同步启动，也属于符合标准的强势股范畴，只不过其上涨的力量要小于那些明显强于大盘走势的领涨股票。但是无论如何它都不应该是那种走势弱于大盘的弱势股，因为这样的股票以后走出强劲的飙升行情的几率很小，并且只要大盘走弱，它大多数情况下也会随之走弱，而且通常有过之而无不及。所以采用与大盘对比的方法就可以避免此类的风险。其具体的买入方法如图4－1－3中所示。

图4－1－3是中兴通讯（000063）2008年4月～2009年7月的日线行情走势图。从图中我们可以看到，中兴通讯（000063）的股价走势顺应大盘不断下跌，在创下11.69低点时开始稍稍强于大盘，但并不是太明显。再经过三个月的

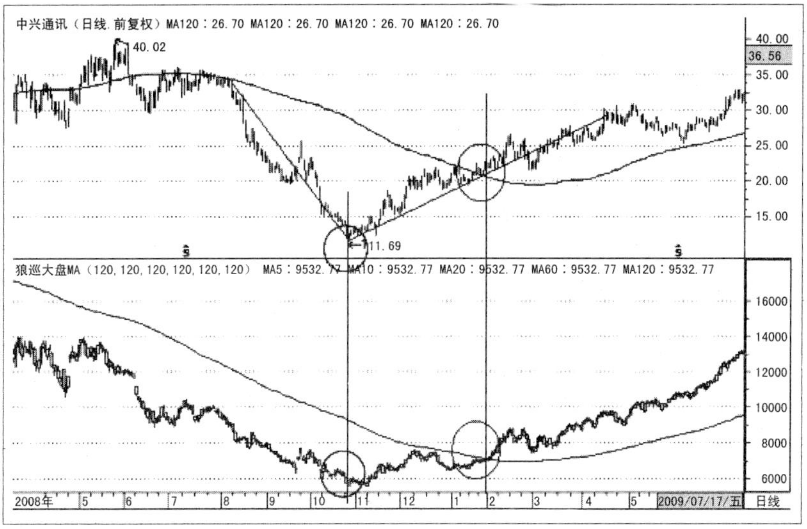

图4－1－3

震荡上涨之后，行情开始领先于大盘上穿120MA均线，随后股价便随着大盘的走强进入一波中长期的上涨趋势中。

当然你也可以采用30MA均线和60MA均线，因为有时候行情不符合120MA均线的标准，但有可能会符合60MA均线的标准；也或许它不符合60MA均线的标准但符合250MA均线的标准。所以你不必完全拘泥于我所提及、采用的周期，可以根据自己的习惯、个性和特长来选用属于自己的周期均线来进行对比选择。总之，多掌握一些周期规律，你就会多发现一些交易机会。

第二节　经典黑马的W形底

Section2

W形底也是一种经典且常见的底部形态。W形底又称双重底，是M头的倒转图形，其形成的原因从技术形态上来讲，就是当股价下跌趋势结束前出现一波较大的反弹，然后由于上端压力太大，致使股价再度下跌，进行二次确认，此时如果股价跌势趋于缓和，并在前次低点处止跌，开始向上反转上涨，又伴随着较大的成交量突破前期高点（即颈线位）继续盘升，则W形底就可以确认了。相反，如果股价的走势没有穿越前期高点，而出现了另一次的下跌走势，并创下新低，那么此W形底就不能确认，我们就只能称此为前一波下跌的中途反弹行情了。所以，双重底不一定都是反转信号，有时也会是整理形态，这要视第二个波谷的时间差和走势方向而定，通常两个低点形成的时间相隔超过一个月为常见，如果此时其上涨的趋势反转，并创出新低，即为形态失败。

如果从市场行为因素上来解释，双重底走势的情形则完全相反。股价经过持续地下跌之后，就会令很多前期被套的持货投机者觉得股价太低而不愿卖出手中的股票，而另一些获利的投机者则受到最新低价的吸引开始尝试买入，于是做空力量极度衰弱，股价呈现见底回升的走势。当股价上升至某一水平时，前期较早买入的短线投机者已经开始获利了，那些获利者在此时就会选择获利了结，行情就会出现获利回吐，那些在跌市中持股的投机者也会开始趁行情在高位时抛出部分股票以降低损失，因此股价又再一次下跌。但因为更多的投机者对后市充满信心，觉得他们错过了上次低点买入的良机，所以这次股价回落到上次低点时是一个很好的低吸良机，于是便立即跟进买入。当愈来愈多的投资者都倾向于买入时，求多供少的力量便推动股价扬升，而且还突破上次回升的高点（即颈线），扭转了过去下跌的趋势，行情步入新一轮上涨行情之中，一个W形底就可以确认了。

所以W形底的第二个底部成交量应十分低迷，但在突破前期高点（颈线：W形底的底部颈线就是第一次从低点反弹之后的最高点）时，必须得到成交量激增的配合方可确认，此时若双重底的颈线位被行情带量有效冲破时，则是一个积极买入的最佳信号。所以必须要股价走势突破前期高点（颈线），W形底才算完成。当然，有时行情在突破W形底颈线位后，还会出现短暂的反方向移动，称之为回拉或回调，但此时只要双重底的反方向回拉或回调不低于颈线位，W形底的形态就依然有效。如图4－2－1中所示。

一般而言，W形底的第二个低点都较第一个低点稍高一些，原因是那些错过第一次低点的投资者在第二次回落时开始买入了，令股价无法再次跌回上次的低点。所以，当行情形成W形底的第二个低点时，其第二个低点的位置通常都比第一低点的位置高一些。

但有一点应该注意的是，W形底的股票很难成为领涨股，因为W形底的特征决定了其要完成这个形态必须要有很长的周期和较大的下跌幅度。换句话说，大多数W形底的个股作为领涨股的条件并不具备，除非其业绩非常优秀，又逆市抗跌，并以W形底的走势消化市场抛压，一直到一轮大熊

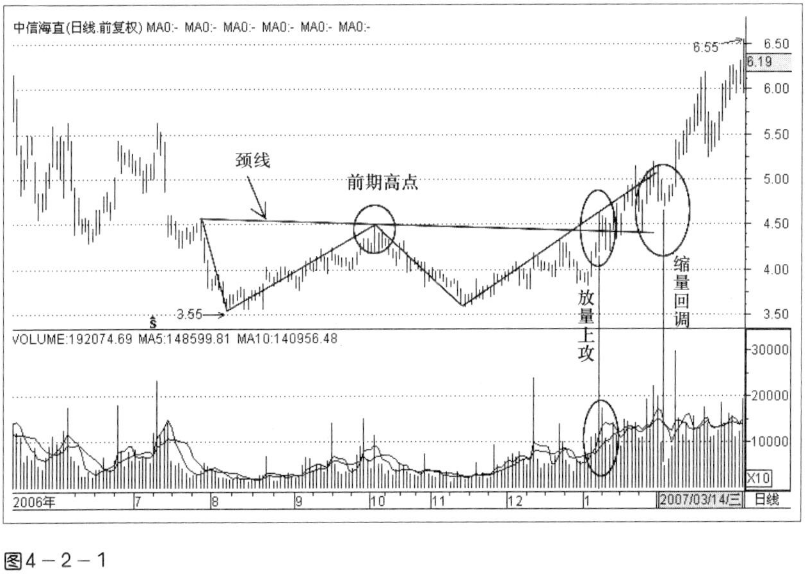

图4－2－1

市过去之后，其再开始在相对的高位发力上攻，但这样的概率非常小。所以，为了提高我们对W形底的认识，准确地把握住W形底的走势，在恰当的位置买入，我们依然要用狼巡大盘叠加MA指标与个股相对比，用以确定你的买入时机。如图4－2－2和图4－2－3中所示。

从这两幅图中我们可以看到，中信海直（000099）的股价走势在2005年9月～2006年2月形成局部W形底时，深证成指的指数已经领先上涨到了8000点左右。此后深证成指便开始了一轮整理行情，而中信海直却没有随着大盘的整理借势洗盘，而是凝聚上涨的力量持续上攻，当深证成指再次发力上攻的时候，中信海直（000099）的股价已经高高在上了，随着5.29元利空消息的出台，中信海直开始出现巨大的波动，行情大幅下跌，虽然后期能够再次顺势而上，但终难掩饰其力竭之势，行情创出新高不久，就再次陷入下跌之中，并形成一个可怕的头顶肩形态。

从上面的图中我们应该看到，中信海直（000099）这个

图4－2－2

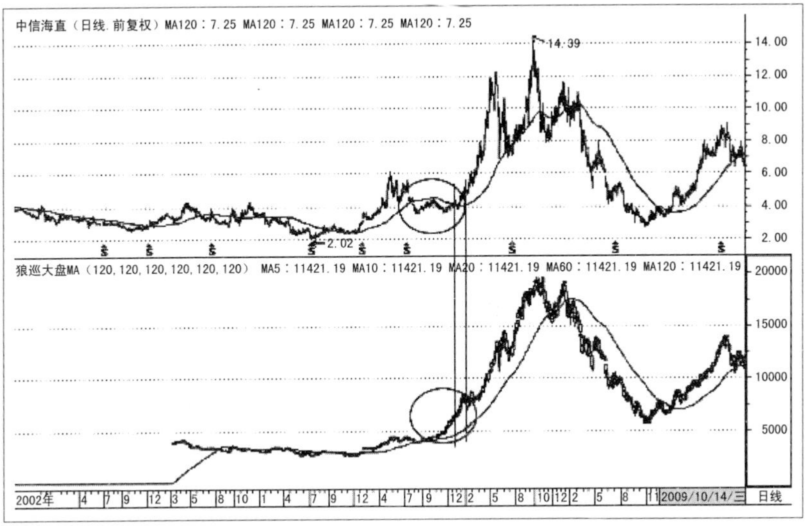

图4－2－3

W形底是在大盘走强时形成的。换言之，这是一个严重滞后的W形底，好在其能够顺应大盘的上涨，受大盘“催生”的力量突破120MA均线和稍高处的颈线，并最终逆大势的整理而不顾，径自登上12.26元的最高价。

由此可见，如果你要交易W形底的股票，最好的方法就是要先看一看大盘的脸色，如果它能够乘着大盘上攻的力量攻破上档颈线，那么这样的买入信号就会更加可靠了。

第三节 经典黑马的头肩底

Section3

头肩底也是常见且经典的技术形态之一。头肩顶是向上形成的左肩、顶部、右肩及颈线四部分，而头肩底则是向下以左肩、底部、右肩及颈线四部分组成。如图4－3－1中所示。

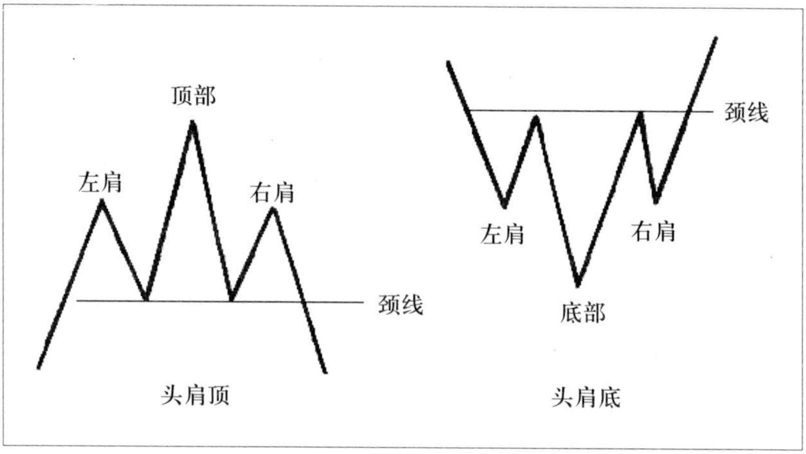

图4－3－1

在头肩底的形态中，三个连续的谷底以中谷底最深，第一及最后谷底分别为左肩和右肩，两边谷底较为对称，因而技术派分析人士通常称其为头肩底形态。价格一旦上穿颈线，后市往往会出现较大幅度的升势，所以头肩底在技术分析中是一种预示行情见底即将逆转的信号。

成交量的配合是是辨别头肩底形态的一个重要的确认指标。因为在下跌的过程中，持续低迷的成交量会促使股价不断地创下新低，随后在各种市场因素的刺激下，行情开始止跌企稳，并迅速地回升，此时会出现巨大的成交量，在巨大的成交量配合下，股价强劲上升并向上突破颈线，发出第一个行情上涨的买入信号，预示股价正在这一水平线上逆转。

当股价自底部向上突破颈线持续上升一段时间后，市场出现超买，行情在获利盘的抛压下出现回落，当股价回落至颈线位时，受颈线支撑，然后再次上涨。此时就是行情的第二次上涨买入的信号。在大多数图形中，当颈线被穿破后，其颈线往往会在后市中转变为行情回落时的支撑线。第三个买入信号出现在价格向下回落到颈线位再次上涨，并突破前期右肩高点时，没有买入的投机者应该在此时把握时机买入股票，此时通常是行情步入主要升势阶段的信号。如图4－3－2～图4－3－5中所示。

从这些图中我们可以知道，区分头一段行情的走势是不是头肩底的形状，主要的参考依据就在于成交量。当股价突破其颈线阻力时，必须要有成交量激增的配合，否则这可能是一个错误的信号——假突破。不过，如果行情出现另一种形式的突破，比如股价在突破颈线阻力时，虽然成交量没有激增放大，但之后成交逐渐增加，此形态也可确认为头肩底。

在现实中，当一个头肩底形成的时候，我们就需要在其突破颈线的时候建立仓位，可是等我们确认出其是头肩底的时候，股价已经上涨了很多。所以，头肩底的形成对短线投机者来说，可能是一个胜算较高的买入信号，但对中长期投机者来说，很有可能已经失去了一些价格优势。

为了能让自己的交易更具备价格优势，我们通常都会采用另一种方法，这就是破均线法。即当我们发现一只股票的走势形成了左肩和底的形态时，如果其股价从底部开始回

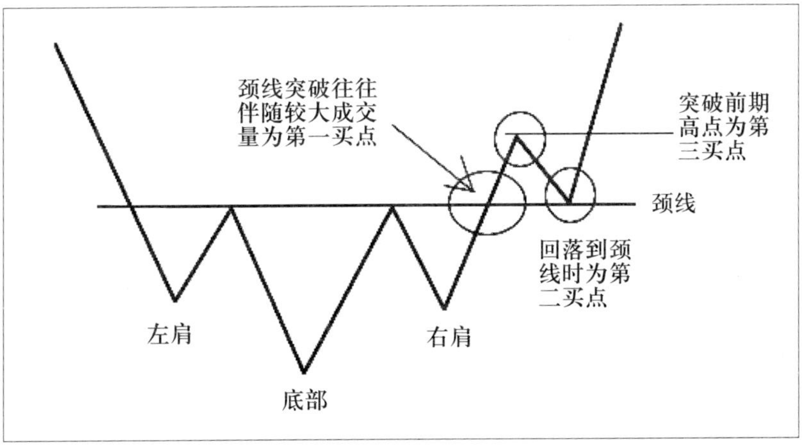

图4－3－2

中信海直(周线.前复权) MA2:7.35 MA2:7.35 MA2:7.35 MA2:7.35 MA2:7.35 MA2:7.35
14.39
颈线突破往往伴随较大成交量
颈线
左肩
底部
右肩
2.02
VOLUME:262903.31 MA5:330118.53 MA10:345629.91
成交量大增
X100
周线

图4－3－3

中信海直(周线.前复权) MA60:3.46 MA60:3.46 MA60:3.46 MA60:3.46
6.19
左肩
右肩
2.02
底部
周线

图4－3－4

图4－3－5

升，伴以陆续放大的成交量，且领先于大盘或与大盘同时成功上穿120MA均线，就是第一个尝试性买入点。这意味着，虽然行情形态可能会是一个头肩底，但在还没有完全确认之时，我们依然采用均线买入法来建立初始仓位。当股价在120MA均线以上回调后在其上方形成右肩的时候，就是第二个买入点，其他买入点则是带量突破颈线、回调至颈线、突破右肩前期高点三个买入点，这样我们就有了五个左右的买入点，对于中长期的投机者来说，更有利于资金管理。即便是行情中的头肩底形态并不完整，也不至于一次性买入。见图4－3－6和图4－3－7中所示。

这两幅图是中信海直（000099）2007年7月～2009年9月的日线行情走势图。从图中我们可以看到，中信海直（000099）的行情走势与大盘基本同步，几乎同时上穿120MA均线。在图4－3－6中，中信海直（000099）在上穿120MA均线的时候，其下方的成交量处于放大状态，所以就是第一个买入点。而在120MA均线上方回落形成右肩时，其

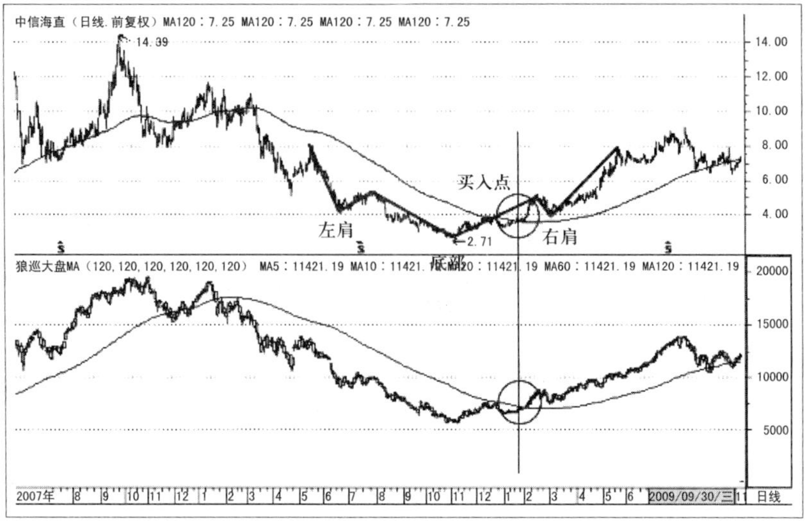
中信海直（日线.前复权）MA120：7.25 MA120：7.25 MA120：7.25 MA120：7.25
14.39
买入点
左肩
2.71
底部
右肩
狼巡大盘MA（120,120,120,120,120,120） MA5：11421.19 MA10：11421.19 MA20：11421.19 MA60：11421.19 MA120：11421.19
2007年
2009/09/30/三
日线

图4－3－6

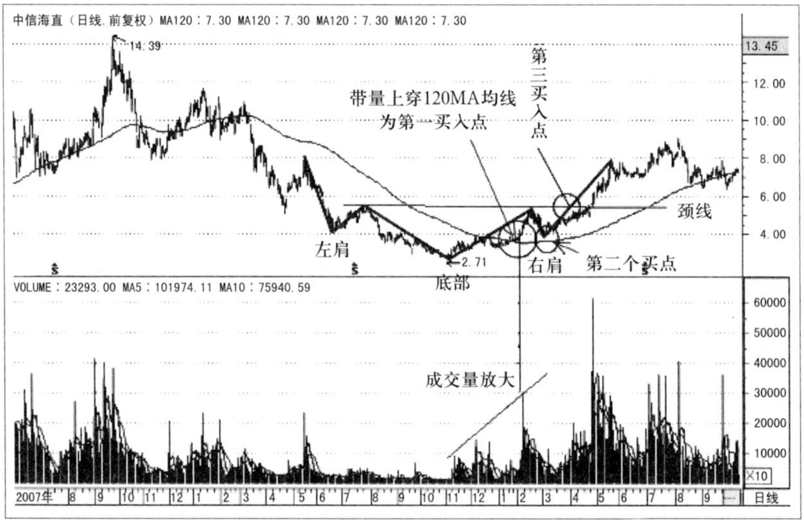
中信海直（日线.前复权）MA120：7.30 MA120：7.30 MA120：7.30 MA120：7.30
14.39
13.45
带量上穿120MA均线
为第一买入点
第三买入点
颈线
左肩
2.71
底部
右肩
第二个买点
VOLUME：23293.00 MA5：101974.11 MA10：75940.59
成交量放大
×10
2007年
日线

图4－3－7

下方的成交量是缩小的，并且没有跌穿120MA均线，所以此时形成右肩的过程就是第二个买入点，第三个买入点就是带量上穿颈线时的买入点。在这个图中我们可以看到，如果按照以往的信号标准来确定买入机会的话，当确定了头肩底的形态之后，我们只有一个买入信号，如果你错过了第一班车的话，就再也找不到好的买入点了。所以在这里，我想跟投机者说的一点是，投机者应该将头肩底、W形态与均线信号同步思考，综合利用，不应该仅仅盯住某一种信号形式。聪明的投机者通常会综合考量所有的信号模式和行情形态，以便自己能够在第一时间里发现机会，确认买卖点。总之，多一些方法，你就会多一些机会。

第四节　线上整理形态

Section4

线上整理的形态对于长线投机者来说非常重要，因为行情在长期均线的上方整理，通常意味着行情走势将要步入主升浪。线上整理的形态有很多种，因为篇幅有限，所以我在这里只能做一个简单的介绍。为了能够让你很好地掌握线上整理的要领，你需要记住一条，即当股价上穿250MA均线或350MA均线之后，行情经过一段时间的上涨，就开始不断地盘整，甚至还会出现下跌走势，但就是跌不破250MA均线或350MA均线，或即使跌破了250MA均线或350MA均线，也会很快地收复失地，这就是线上整理的特征。你只要记住，无论股价的走势在长期均线的上方形成什么样的形态，只要它的股价能够在长期均线的上方再次发出上涨信号，这就是机会，也预示着行情的第一浪走势终结，接下来就会进入主升浪。而我们要进入的就是主升浪。如图4－4－1和图4－4－2中所示。

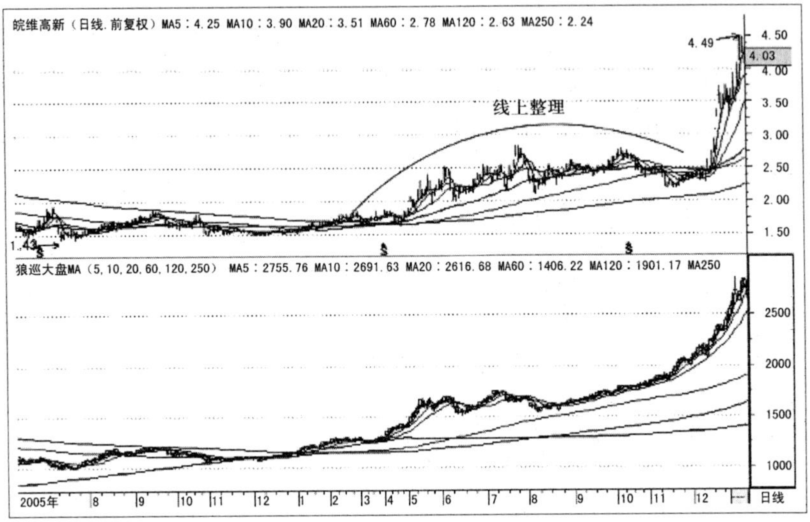
皖维高新（日线.前复权）MA5：4.25 MA10：3.90 MA20：3.51 MA60：2.78 MA120：2.63 MA250：2.24
线上整理
4.49
4.03
1.43
狼巡大盘MA（5,10,20,60,120,250） MA5：2755.76 MA10：2691.63 MA20：2616.68 MA60：1406.22 MA120：1901.17 MA250
2005年
日线

图4－4－1

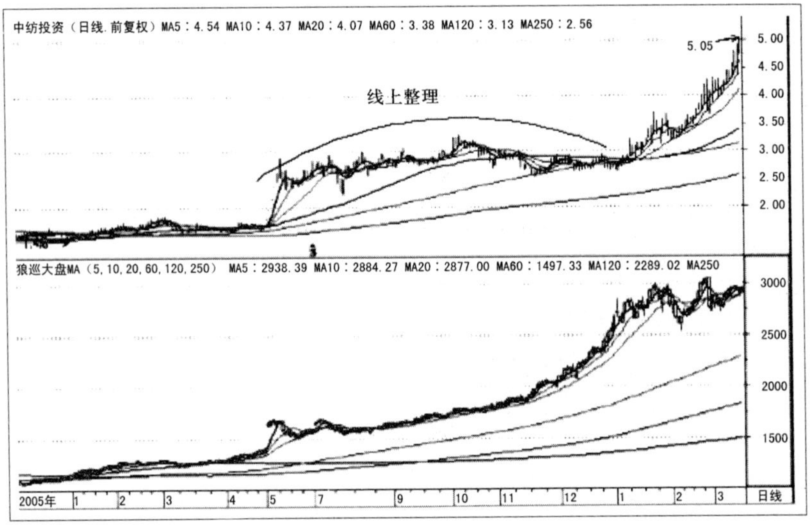
中纺投资（日线.前复权）MA5：4.54 MA10：4.37 MA20：4.07 MA60：3.38 MA120：3.13 MA250：2.56
线上整理
5.05
狼巡大盘MA（5,10,20,60,120,250） MA5：2938.39 MA10：2884.27 MA20：2877.00 MA60：1497.33 MA120：2289.02 MA250
2005年
日线

图4－4－2

这两幅图属于大型的线上整理形态。在下面我也会讲一些小型的线上整理形态，以便于你在学习如何选择强于大盘的线上整理时，也能同步认识更多的线上整理形态。

本书的主题是选择那些走势有可能会强于大盘的股票，而不是选择那些走势弱于大盘的股票。将行情软件中的主图MA均线指标的参数调整为5、10、20、60、120、250，再将狼巡大盘MA的参数也调整为5、10、20、60、120、250，然后你就可以压缩行情图形，寻找那些走势强于大盘的股票了。如图4－4－3中所示。

图4－4－3是厦门钨业（600549）2005年5月～2006年3月的日线行情走势图。经历过2005年～2008年三年牛熊交替的投机者都知道，厦门钨业（600549）是那一轮行情中最引人注目的超级黑马之一。随着有色金属的价格暴涨，整个有色金属板块都是一片牛气冲天，而厦门钨业（600549）就是最具代表性的一只。

用狼巡大盘MA指标将大盘走势和厦门钨业（600549）

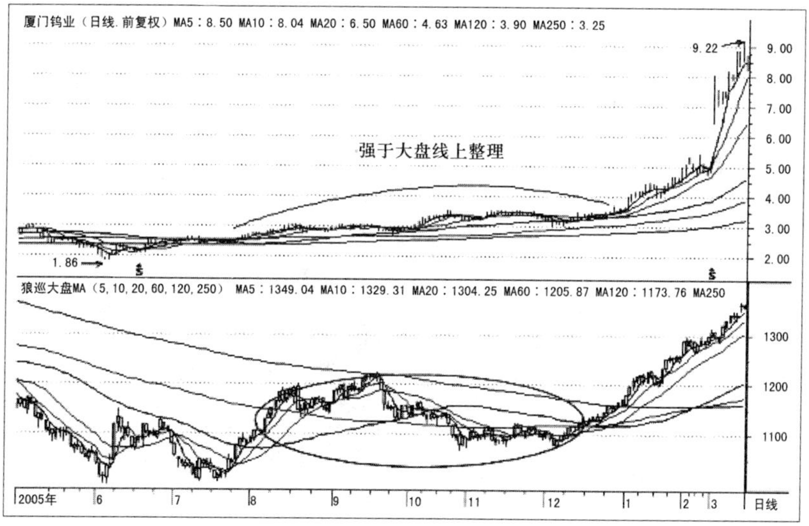

图4－4－3

的走势进行一番对比，我们就不难看出，厦门钨业（600549）从2004年开始就蠢蠢欲动，走势一直强于大盘。在2005年6月随着大盘止跌企稳，厦门钨业（600549）的股价也开始随着大盘的好转提前于大盘重返250MA均线上方，当大盘还在250MA均线下方徘徊的时候，它已经在250MA均线上方形成了一波为期半年多的线上整理行情，强势特征非常明显，如上图4－4－3中所示。

所以当大盘上升到250MA均线上方时，早已准备充分的厦门钨业（600549）也同时吹响了牛市的号角，股价青云直上，一直上涨到14.67元才出现一波较大幅度的回调，但之后不久，厦门钨业（600549）再一次蓄力上涨，进入第二轮上涨行情之中。

我们再来看一看图4－4－4，就可以看出其强势股的特征并非是一蹴而就的，而是长期积蓄、“早有预谋”的。

接下来，我们再看一下哈飞股份（600038）2005年3月～2006年10月的日线行情走势。如图4－4－5中所示。

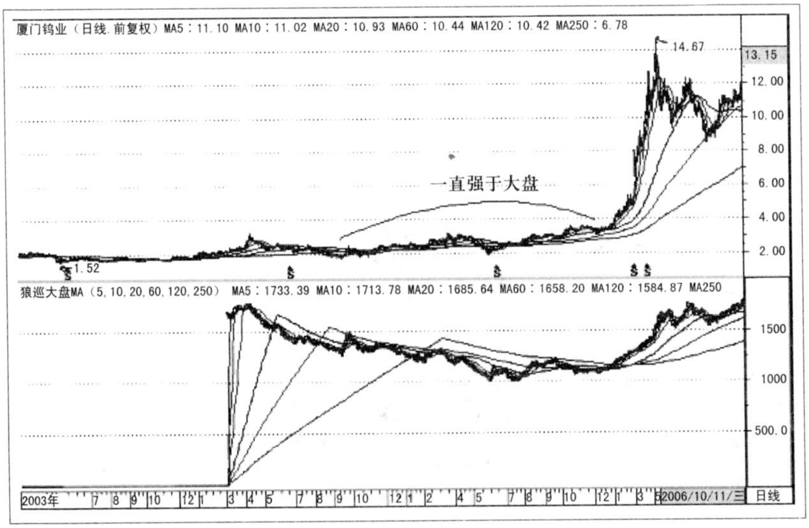

图4－4－4

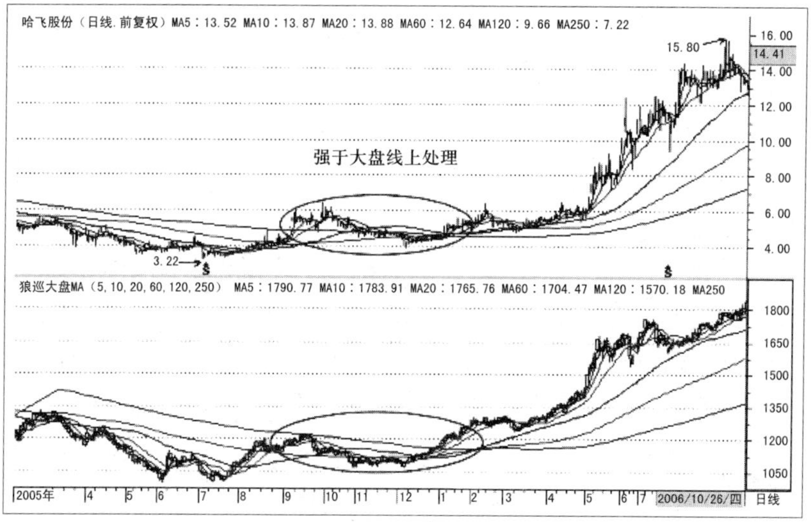

图4－4－5

哈飞股份（600038）中的行情走势比厦门钨业（600549）弱多了，但也不可小视。因为从图4－4－5中我们可以看到，哈飞股份（600038）的走势在2005年9月份左右也领先于大盘上穿250MA均线进入多头市场，并在250MA均线的上方形成了一波为期5个月左右的线上整理行情。走势明显强于大盘。所以哈飞股份（600038）在后来也出现了让人瞪目结舌的飙升走势。

为了让你更加明显地看出线上整理的特征，进一步掌握强于大盘的线上整理形态的精髓，我们再用狼巡大盘成本指标为你详细解释。如图4－4－6～图4－4－9中所示。

从这些图中我们可以看到，当个股的股价领先于大盘爬升到长期成本均线上方时，这些股票的走势就有了本质上的改变。大盘在线下徘徊，它们却在线上整理，明显的反差告诉我们，这些股票都是当年的强势股。所以投机者在进行交易的时候，应多多留意那些领先于大盘出现线上整理形态的股票，当这些股票出现上涨信号的时候，你就可以根据上面

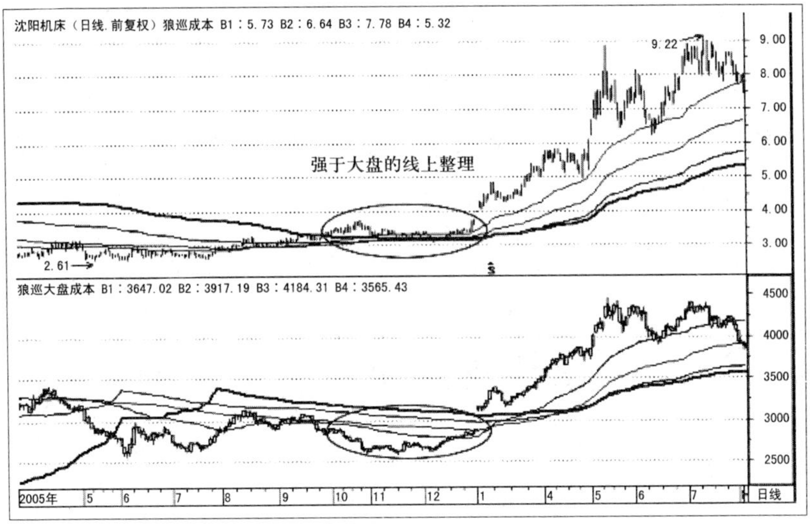
沈阳机床（日线.前复权）狼巡成本 B1：5.73 B2：6.64 B3：7.78 B4：5.32
9.22
强于大盘的线上整理
2.61
狼巡大盘成本 B1：3647.02 B2：3917.19 B3：4184.31 B4：3565.43
2005年
日线

图4－4－6

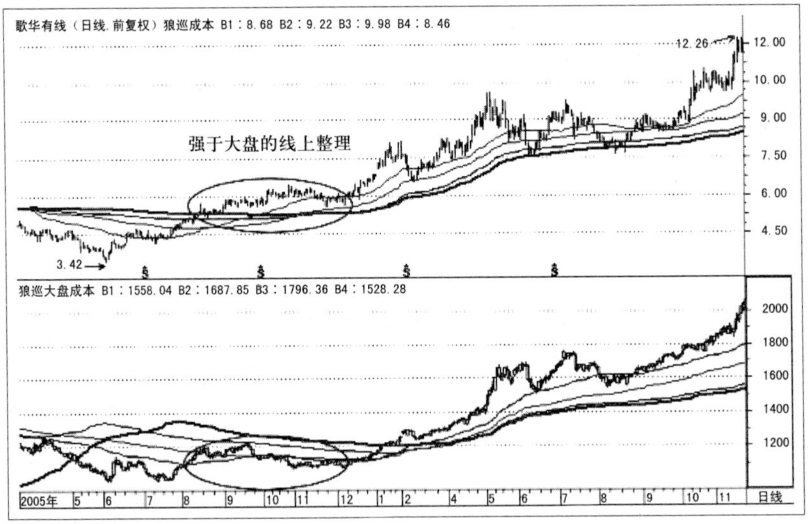
歌华有线（日线.前复权）狼巡成本 B1：8.68 B2：9.22 B3：9.98 B4：8.46
12.26
强于大盘的线上整理
3.42
狼巡大盘成本 B1：1558.04 B2：1687.85 B3：1796.36 B4：1528.28
2005年
日线

图4－4－7

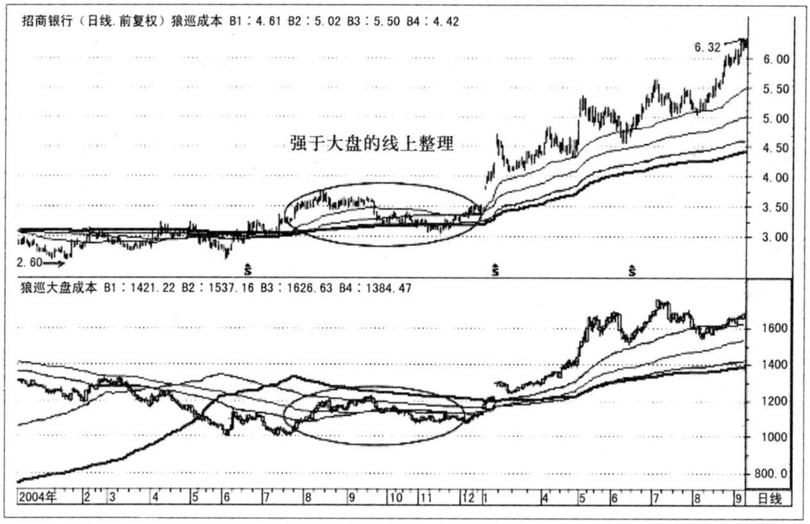
招商银行（日线.前复权）狼巡成本 B1：4.61 B2：5.02 B3：5.50 B4：4.42
6.32
6.00
5.50
5.00
4.50
4.00
3.50
3.00
强于大盘的线上整理
2.60
狼巡大盘成本 B1：1421.22 B2：1537.16 B3：1626.63 B4：1384.47
1600
1400
1200
1000
800.0
2004年 2 3 4 5 6 7 8 9 10 11 12 1 4 5 6 7 8 9 日线

图4－4－8

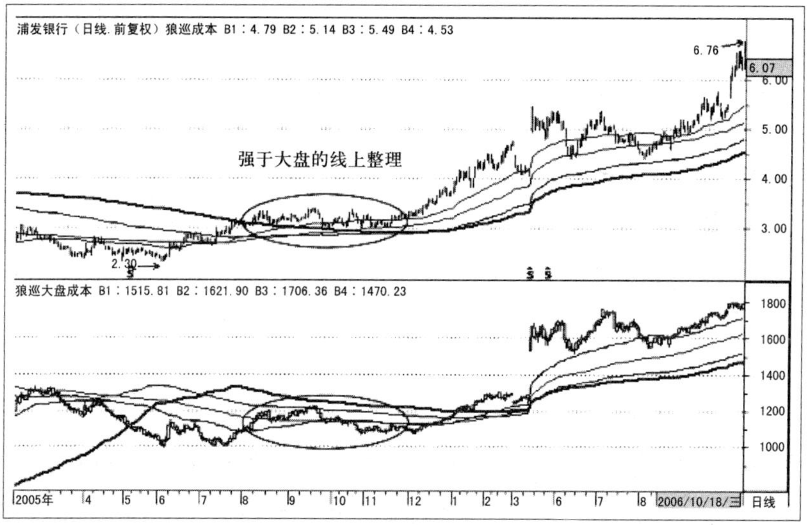
浦发银行（日线.前复权）狼巡成本 B1：4.79 B2：5.14 B3：5.49 B4：4.53
6.76
6.07
6.00
5.00
4.00
3.00
强于大盘的线上整理
2.30
狼巡大盘成本 B1：1515.81 B2：1621.90 B3：1706.36 B4：1470.23
1800
1600
1400
1200
1000
2005年 4 5 6 7 8 9 10 11 12 1 2 3 6 7 8 2006/10/18/三 日线

图4－4－9

章节所讲述的各种买入方法待机买进。这就是寻找强势黑马的重要途径和方法之一。

第五节 托底形态

Section5

如果股价上穿长期MA均线，经过一段时间的上涨之后，股价出现严重超买，此时行情就会随着获利盘的抛出，形成一轮周期较长的回调走势，当行情回调到某一整数MA均线上方，并受到这一条均线的支撑，在此止跌企稳，再次上涨（其实就是行情经历了一波线上整理之后受长期均线的支撑再次上涨），我们就可以说，这条线就是这段行情周期的托底线。

托底形态实际上符合了葛兰威尔八大法则中的第2条法则“价格虽然跌破MA均线，但又立刻回升到MA均线上，此时MA均线仍然持续上升，仍为买进信号”，和第3条法则“价格趋势走在MA均线上，价格下跌并未跌破MA均线且立刻反转上升，也是买进信号”。如图4－5－1和图4－5－2中所示。

我们先来看图4－5－1，图4－5－1是中江地产（600053）1999年4月～2000年10月的日线行情走势图。

从该图中我们可以看到，中江地产（600053）的股价从1999年5月的5.20元开始上涨，上涨到8.00元左右时，出现了一波幅度较大的回调走势，股价连续击破了30MA、60MA、120MA均线，最后在250MA均线上方止跌企稳了，按照技术分析派的趋势确认法来说，250MA均线是本轮行情回调的托底线。也就是说，行情有可能受250MA均线的托底支撑，发起新一轮的长期上涨的行情。如果用技术分析术语来解释，那么这种现象就称之为“受250MA均线的支撑，

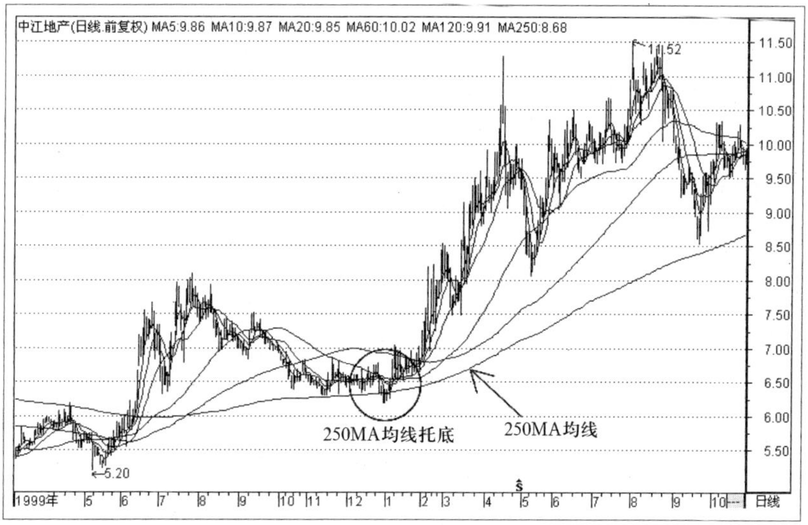

图4－5－1

股价止跌企稳了”。随后事实证明了中江地产（600053）的后市行情确实如此，其股价在250MA均线的“托底作用”下“起死回生”了，从2000年1月的6.50元左右一直上涨到8月左右的11.52元，并创下了年内最高点。

我们再来看一下图4－5－2，这是中江地产（600063）2006年4月～2007年4月的日线行情走势图。

从该图中我们可以看到，中江地产（600063）的股价自2006年4月复权后的低点2.09元开始上涨，上涨到该年的7月左右，并创下了阶段性高点4.00元，随后股价就开始进入为期4个多月的震荡整理行情之中，直到股价下跌至120MA托底线的上方才止跌企稳，行情随后便再次上涨，步入一轮大牛市中。

图4－5－3是五矿发展（600058）1999年10月～2001年8月的日线行情走势图。

从该图中我们可以看到，股价很早以前就已经在250MA均线的上方运行了，当其股价再一次从1999年10月左右的阶

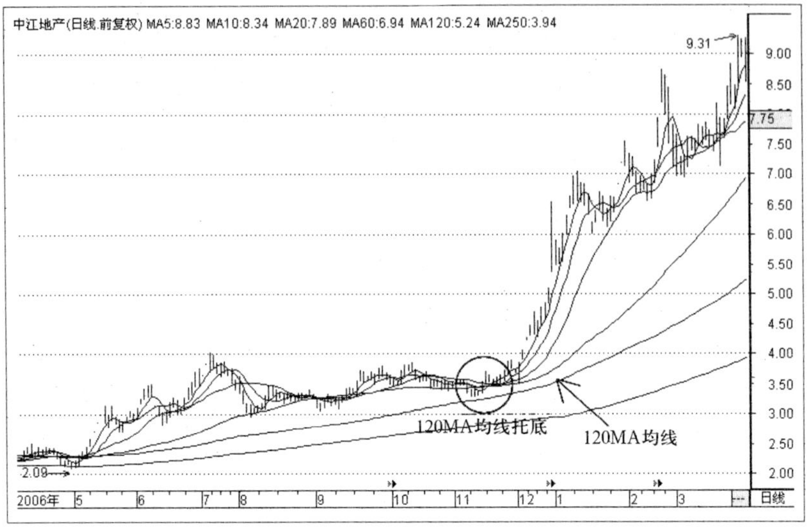
中江地产(日线,前复权) MA5:8.83 MA10:8.34 MA20:7.89 MA60:6.94 MA120:5.24 MA250:3.94
9.31
2.09
120MA均线托底
120MA均线
2006年
日线

图4－5－2

五矿发展(日线,前复权) MA5:9.48 MA10:9.29 MA20:9.21 MA60:10.06 MA120:10.11 MA250:8.63
12.42
6.04
250MA均线托底
250MA均线
1999年
2001/03/08/四
日线

图4－5－3

段性低点6.04元开始，上涨到2000年2月的高点9.41元时，行情也开始了一波长达4个月的深幅回调，让很多投机者亏损惨重，但当股价下跌到250MA均线处时，行情开始止住跌势，又经过一段时间的震荡整理，行情企稳回升了，随后便走出了一轮强势上涨行情，上涨幅度将近100%。

下面的两幅图是黄山旅游（600054）的日线行情走势图。其中图4－5－4是黄山旅游（600054）2004年9月～2006年6月的日线行情走势图，图4－5－5是黄山旅游（600054）2003年1月～2007年3月的日线行情走势图。图中以350MA均线作为其长期走势的牛熊分水岭。

从图4－5－4中我们可以看到，黄山旅游（600054）的股价自2004年9月左右从其低点2.65元开始触底上升，在上穿350MA均线的牛熊分水岭之后，便开始一路走高。直到4月份创下阶段性高点5.10元时，行情出现大幅的回落，致使股价在6月份跌穿了350MA均线。由此看来，行情的走势似乎不容乐观。但随后我们却看到，行情在大盘不断劲升的带

图4－5－4

图4－5－5

动下，再次发力上攻，重新回到了350MA均线的上方，此后虽然其仍保持大幅波动的走势特征，但每次都因托底线的作用而重新企稳，最终走出了一轮强劲的牛市行情。

在这里我想提一点，在学习本节的同时，投机者也应该多多研究“葛兰威尔八大法则”，因为托底线在现实交易当中是一种非常常见的现象，有时候托底线会出现在60MA均线上，有时候会出现在30MA均线上，但当托底线出现在长期的MA均线上时，通常都是大黑马的标志。所以投机者在实际交易中，应该活用“葛兰威尔八大法则”，因为股票价格变幻莫测，如果你不能灵活地运用，那么很可能就会失去很多机会，甚至误入险境。但我所说的灵活，并不是漫无边际的灵活，而是要求你能够以其法则为基础，灵活地应对那些稍微超出法则限定之外的机会。只要你能够把握住其中本质，那么其他多变的表象也就自然退祛了其原有的神秘颜色。

第六节　平步青云形态

Section6

平步青云形态指的是那些能够与大盘同时启动，并上穿某一统一周期参数的MA均线，且以震荡整理的形势逐波上涨的走势形态。换言之，平步青云的走势形态其实就是一种震荡上涨的走势形态。如图4－6－1～图4－6－3中中所示。其中图4－6－1是云维股份（600725）2005年6月～2007年1月的日线行情走势图，图4－6－2是云维股份（600725）2005年8月～2006年11月的日线行情走势图，图4－6－3则是云维股份（600725）2005年2月～2007年6月的日线行情走势图，也是整波行情的全景图。

云维股份（600725）当时是我的一个朋友发现的，可惜我在当时并不是特别地相信这种方法，所以只买了一点点，获利只有80%左右，而我的那位朋友却大获其利。

从图4－6－1中我们可以看到，云维股份（600725）的

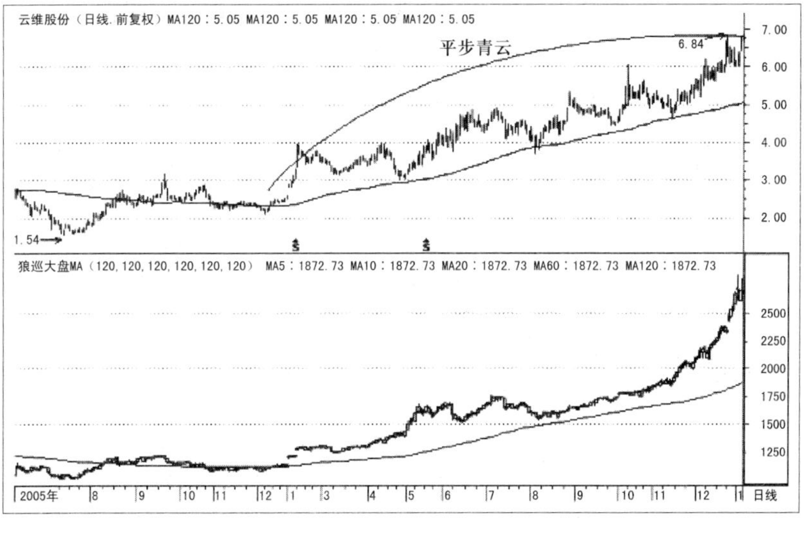

图4－6－1

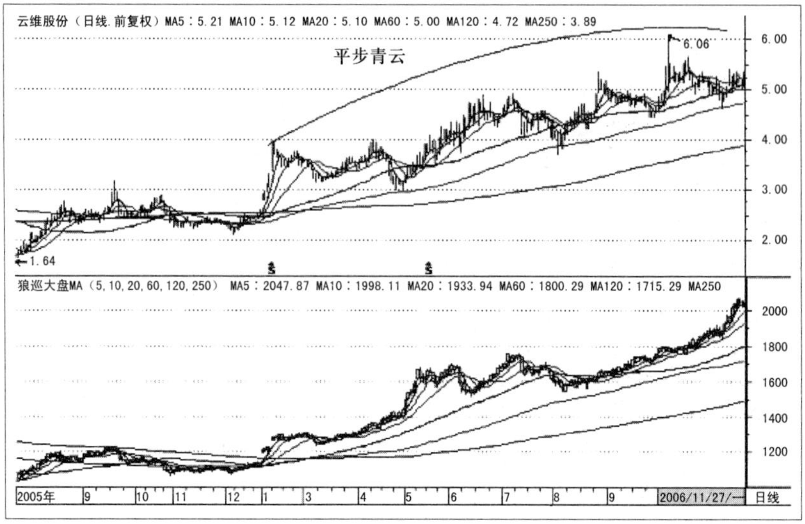
云维股份（日线.前复权）MA5：5.21 MA10：5.12 MA20：5.10 MA60：5.00 MA120：4.72 MA250：3.89
平步青云
6.06
1.64
狼巡大盘MA（5,10,20,60,120,250） MA5：2047.87 MA10：1998.11 MA20：1933.94 MA60：1800.29 MA120：1715.29 MA250
2006/11/27/一
日线

图4－6－2

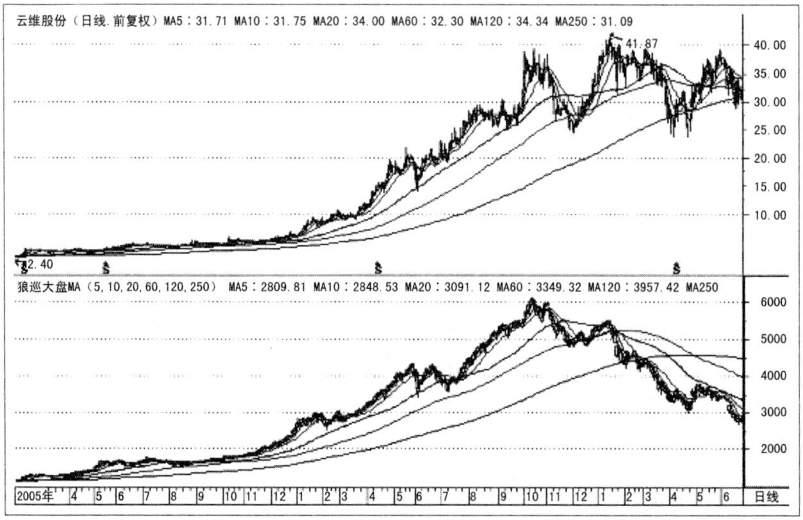
云维股份（日线.前复权）MA5：31.71 MA10：31.75 MA20：34.00 MA60：32.30 MA120：34.34 MA250：31.09
41.87
2.40
狼巡大盘MA（5,10,20,60,120,250） MA5：2809.81 MA10：2848.53 MA20：3091.12 MA60：3349.32 MA120：3957.42 MA250
日线

图4－6－3

股价走势不但符合“葛兰威尔八大法则”，并且几乎是与大盘同时上穿120MA均线的，强势股迹象明显。

从图4－6－2中我们又可以看到，云维股份（600725）在大势向好的情况下，顺应大盘的走势几乎与大盘同时上穿了250MA均线，自2006年1月开始，便出现了一波为期1年的震荡爬升的格局。但此后大盘在不断地上涨，而云维股份（600725）却不管大盘的走势不断地震荡吸筹，直到2007年的1月才再次创出新高，进入一波为期1年多的牛市行情之中，见图4－6－3中所示。

我们再来看一下图4－6－4和图4－6－5中的冠城大通（600067）的行情走势。其中图4－6－4是冠城大通（600067）2005年7月～2006年12月的日线行情走势图，图4－6－5则是冠城大通（600067）2004年8月～2008年1月的阶段性行情走势图，也是整波行情的全景图。

从这两幅图中我们可以看到，冠城大通（600067）从2005年7月的低位2.48元左右开始触底回升，并与大盘同时上穿250MA均线，步入多头市场。

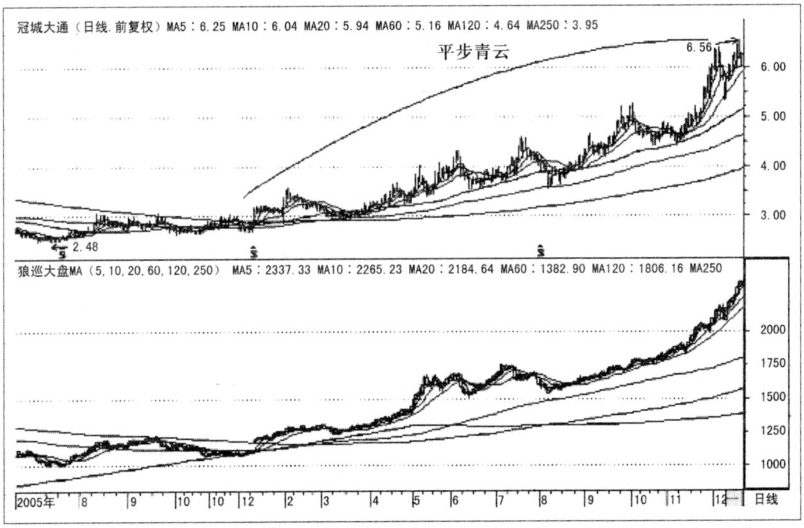

图4－6－4

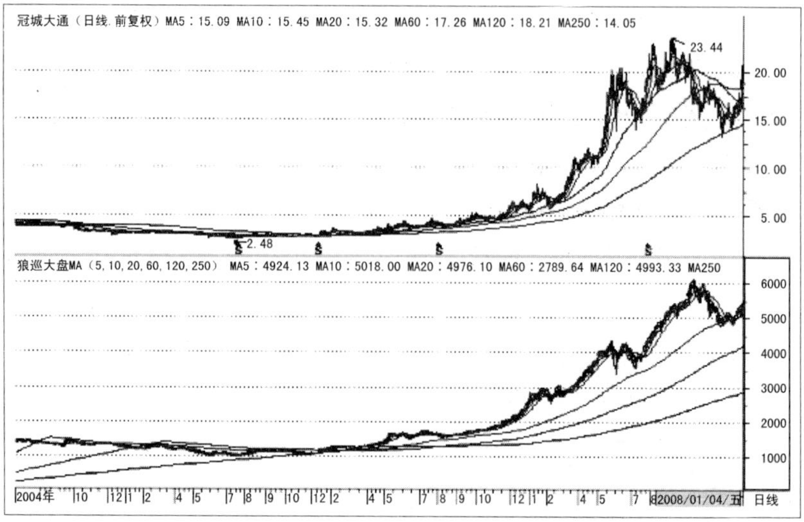

图4－6－5

图4－6－4显示冠城大通（600067）也与云维股份（600725）一样在250MA均线的上方震荡上行。在投机市场中，从技术分析的角度上来解释这种现象，我们可以称之为“庄家一边打压洗盘，一边偷偷吸筹”的过程，用这种方法来消磨投机者的意志，弱化他们的持股信心。因为大多数人在一片火爆的市场中，往往会被其他大涨的股票所影响和吸引，如果他们手中的股票长期地持续不动，就会心浮气躁，在这种情况下，这些投机者往往会作出错误的判断，他们会受到那些因为买进了涨势火爆的股票而大获其利的人的诱惑，卖出自己原先持有的股票，去追逐其他涨势火爆的股票，这样庄家就可以用时间上的持久性达到洗盘吸筹的目的。所以投机者若在实际交易中遇到类似的行情走势，应该慎重对待自己的卖出行为，以免后悔莫及。

当然，在现实交易中，你会发现，有一些个股出现平步青云形态时，其股价的走势却并没有领先于大盘，甚至是滞后于大盘很长时间。如图4－6－6中所示。

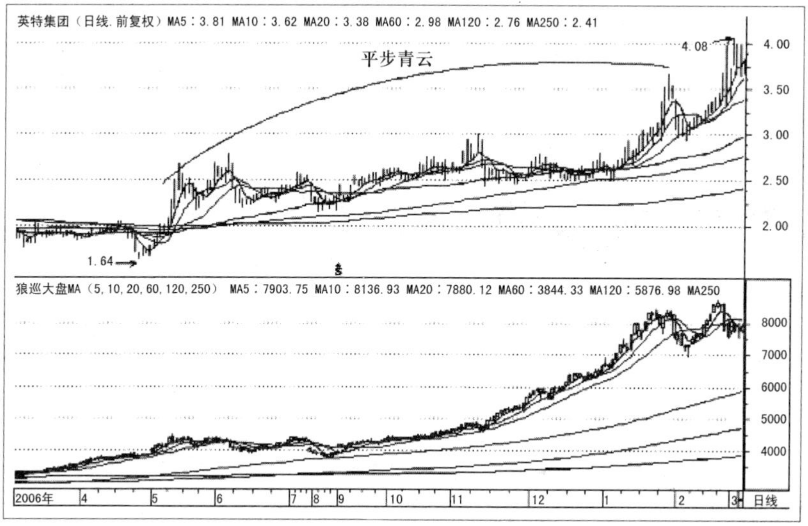

图4－6－6

图4－6－6是英特集团（000411）2006年3月～2007年3月的日线行情走势图。

从该图中我们可以看到，英特集团（000411）自2006年复权后的低点1.64元后才开始上穿250MA均线，形成平步青云走势。其起点明显晚于大盘走势，似乎是一只弱势股。但我们再来看一下图4－6－7英特集团（000411）2004年2月～2006年3月的日线行情走势图，就可以看到，其实英特集团（000411）的股价在2004年8月份左右就开始领先于大盘出现一波逆市上涨的行情，之后随着大盘的再次走弱而出现回调，股价再一次处于250MA均线的下方，围绕250MA均线震荡运行，但却并没有创出新低。所以我们有理由怀疑其在2005年4月的下旬出现的一次极速下跌（图4－6－6中1.64元前方的极速下跌）是一次剧烈的打压洗盘行为。如图4－6－7中所示。

综合了其前期走势强于大盘的这一特征，和2005年4月下旬的那一次剧烈的洗盘行为，我们可以初步确认英特集团

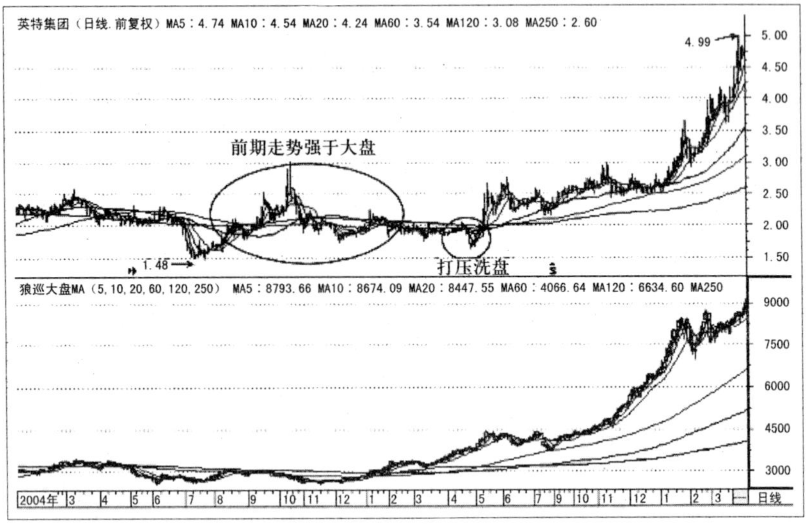

图4－6－7

（000411）是一只明显有庄家控股的股票。接着我们又看到行情经过一轮打压洗盘后，自1.64元的低点开始快速上拉，形成了一个小V形底，当股价再次攻上250MA均线之后，便在上方形成了平步青云的走势。在经历了将近8个月的震荡之后，行情才开始创出新高，步入牛市。如图4－6－8中所示。

所以投机者在遇到那些形成平步青云的图形时，若发现其形成平步青云形态处是弱于大盘走势的，那就应该先看一下这只股票的前期有没有强于大盘走势，以及其在形成平步青云之前，有没有创下新低，若没有创下新低，并在之后能够顺应大盘的升势持续震荡上行，那么就可以基本确定，这只股票属于平步青云的形态走势，投机者可以适当建仓。如图4－6－9中所示。

图4－6－9显示的是合肥百货（000417）2008年10月～2009年10月的一段行情走势。合肥百货（000417）也是我在写本章时碰到的一只股票，本章截稿时间是2009年10月

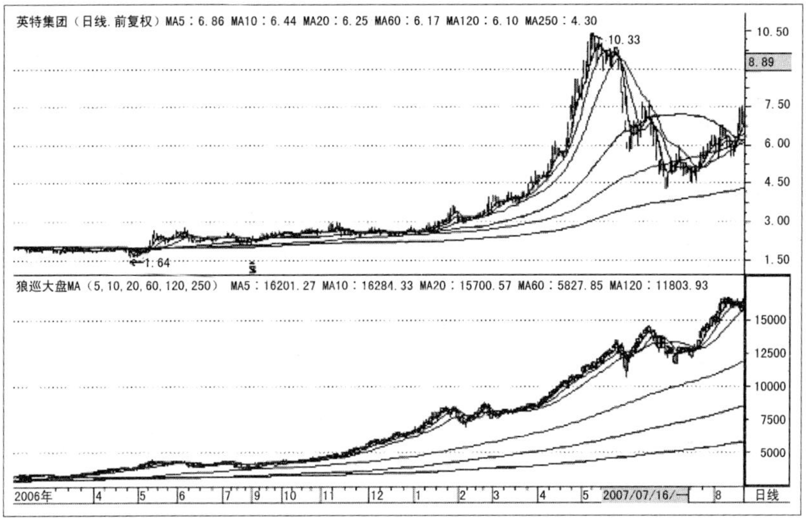
英特集团（日线. 前复权）MA5：6.86 MA10：6.44 MA20：6.25 MA60：6.17 MA120：6.10 MA250：4.30
10.33
1.64
狼巡大盘MA（5, 10, 20, 60, 120, 250） MA5：16201.27 MA10：16284.33 MA20：15700.57 MA60：5827.85 MA120：11803.93
2007/07/16/
日线

图4－6－8

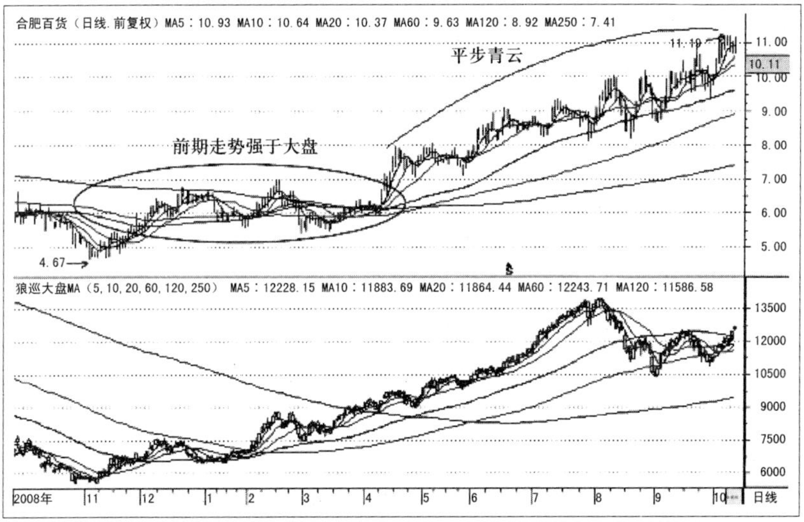
合肥百货（日线. 前复权）MA5：10.93 MA10：10.64 MA20：10.37 MA60：9.63 MA120：8.92 MA250：7.41
平步青云
前期走势强于大盘
4.67
狼巡大盘MA（5, 10, 20, 60, 120, 250） MA5：12228.15 MA10：11883.69 MA20：11864.44 MA60：12243.71 MA120：11586.58
日线

图4－6－9

20日15点42分，目前它的行情走势形态正符合平步青云的形态特征，所以我们判断，合肥百货（000417）有可能会成为超级黑马，感兴趣的朋友可以适当关注一下这只股票。

第七节　均线交叉形态

Section2

利用MA均线的均线交叉选择股票确认趋势，是成熟的投资者最常用的技巧之一，也是初入投机市场的投资者最容易掌握的一种简单、有效的趋势确认和选择股票的方法。

因为MA均线指标在实际应用的过程中，通常都是几条（多条）均线结合，相互参照使用，所以，也就必然地出现了均线交叉、均线迸发、均线穿越等形态。再加上MA均线指标本身就具备的稳定特性，所以均线交叉的这一特征就成了技术派投资者确认趋势、追随趋势的重要依据，每当这种特征出现的时候，通常都孕育着买卖机会。

在讲述均线交叉之前，我先简要地介绍一下MA均线指标的两种不同的均线交叉形式。

第一种交叉形式就是预示上涨的交叉，也就是我们常言的MA黄金交叉，即两条或两条以上的不同周期的MA均线在行情的底部区域形成的向上交叉。如图4－7－1～图4－7－3中所示。其中图4－7－1是120MA均线与360（350）MA均线组合而成的黄金交叉，图4－7－2是60MA均线、120MA均线与360（350）MA均线组合而成的黄金交叉，而图4－7－3则分别是30MA均线、60MA均线、90MA均线、120MA均线与240（250）MA均线组合而成的黄金交叉。

另一种交叉形式属于预示下跌的交叉，也就是我们所说的MA死亡交叉，形态走势与上一种相反。受本书内容的限制，在此我暂不做介绍，想了解更多的朋友可以阅读我写的

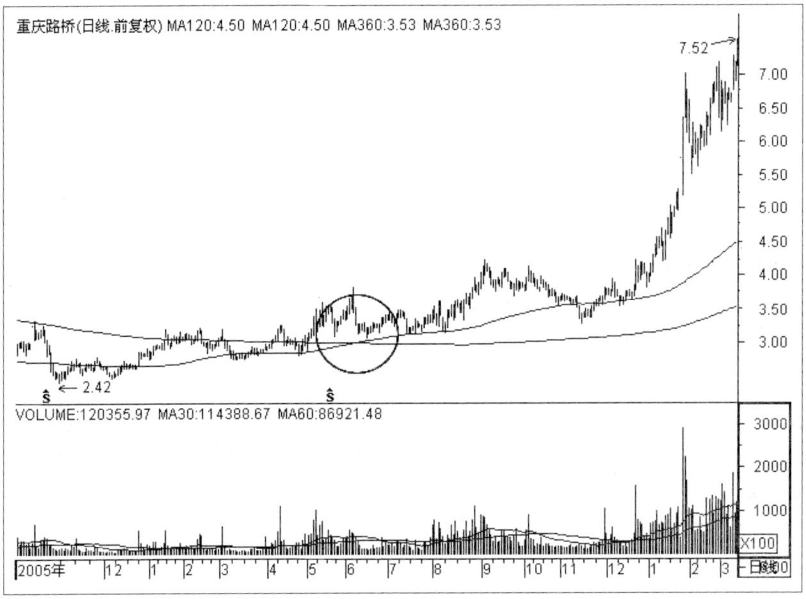
重庆路桥(日线.前复权) MA120:4.50 MA120:4.50 MA360:3.53 MA360:3.53
7.52
2.42
VOLUME:120355.97 MA30:114388.67 MA60:86921.48
X100
2005年

图4－7－1

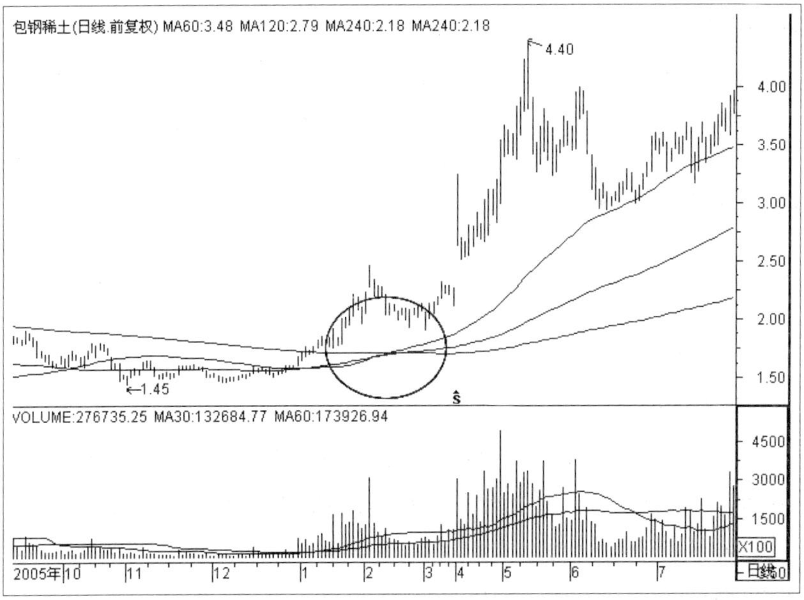
包钢稀土(日线.前复权) MA60:3.48 MA120:2.79 MA240:2.18 MA240:2.18
4.40
1.45
VOLUME:276735.25 MA30:132684.77 MA60:173926.94
X100
2005年

图4－7－2

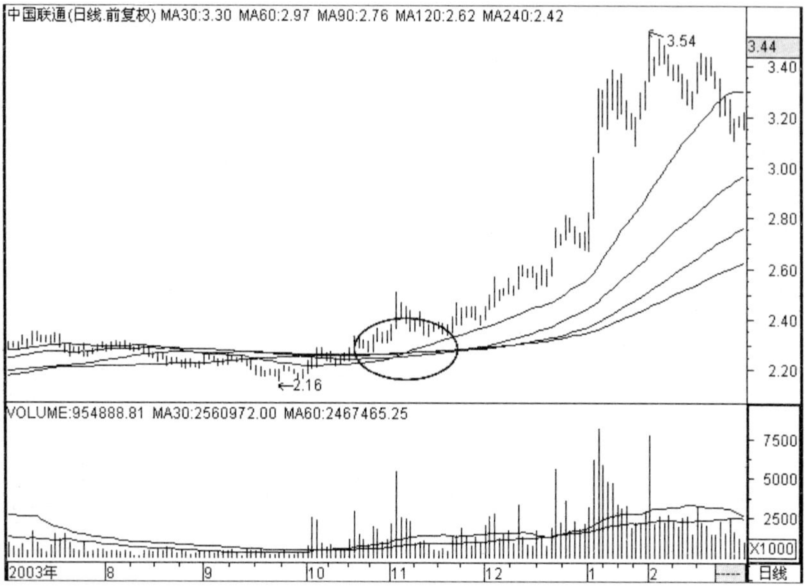

图4－7－3

一些其他的相关书籍。

本节中，我着重介绍一种比较实用的上涨交叉，就是以10MA均线、30MA均线、60MA均线作为“游动”均线，以120MA均线作为牛熊标的的四线上涨交叉形态。熟练地掌握这种均线交叉的走势形态，你就可以简单、直观地确认趋势的走向，分析行情走势，把握最佳买卖信号。对于一些想要快速入门的技术派投机者来说，这是最基本、也是最快捷的方法之一。

我们先来看一下图4－7－4和图4－7－5中海泰发展（600082）2008年10月～2009年8月和2005年8月～2006年9月的日线行情走势图。

从这两幅图中我们可以看到，海泰发展（600082）在2009年2月前后和2006年2月前后两次上涨前都出现过均线交叉走势，之后行情就展开了一轮大幅度的上涨。两者唯一的不同在于，图4－7－5中的上涨交叉是行情经过一轮小幅的回调之后，股价受到120MA均线托底之后出现的上涨，而图

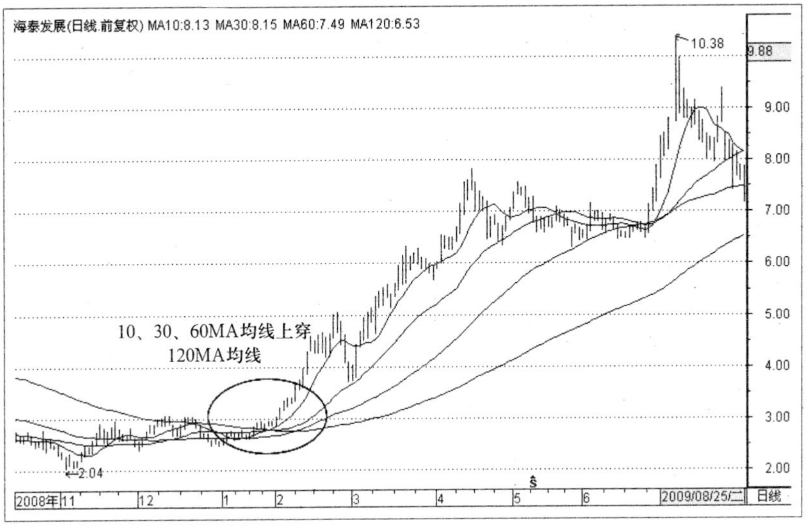
海泰发展(日线,前复权) MA10:8.13 MA30:8.15 MA60:7.49 MA120:6.53
10.38
9.88
9.00
8.00
7.00
6.00
5.00
4.00
3.00
2.00
10、30、60MA均线上穿
120MA均线
2.04
2008年 11
12
1
2
3
4
5
6
2009/08/25/二
日线

图4－7－4

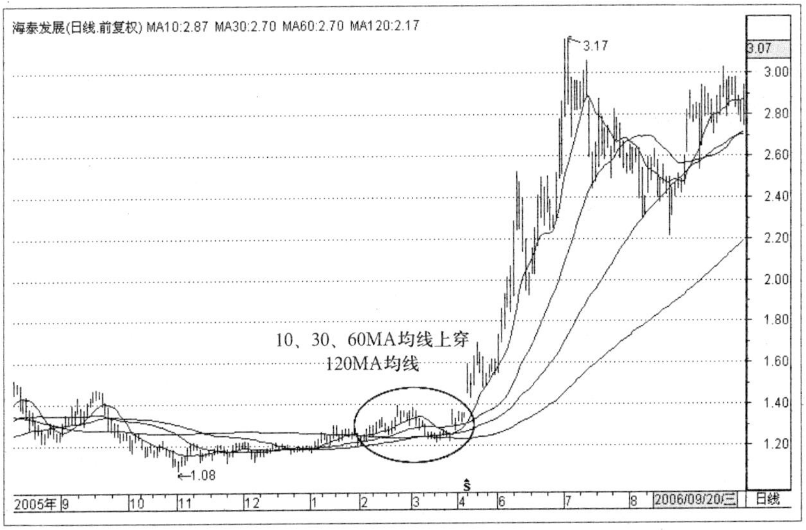
海泰发展(日线,前复权) MA10:2.87 MA30:2.70 MA60:2.70 MA120:2.17
3.17
3.07
3.00
2.80
2.60
2.40
2.20
2.00
1.80
1.60
1.40
1.20
10、30、60MA均线上穿
120MA均线
1.08
2005年 9
10
11
12
1
2
3
4
6
7
8
2006/09/20/三
日线

图4－7－5

4－7－4中的上涨交叉是交叉之后直接上涨的。当然这是上涨交叉中最标准也是最完美的上涨交叉，但是这类上涨交叉出现的频率较少，大多数情况下，出现此类上涨交叉之后，行情或多或少都会经历一个调整的周期，只是其调整的周期和形式不同罢了。为了能让你的所学更实际一些，我们来看一下图4－7－6～图4－7－8中的这些上涨交叉的形态，以强化你对此类上涨交叉信号的认识。

从这些图中你可以看到，当股价上穿120MA均线之后，稍作整理，10MA均线、30MA均线、60MA均线也随后形成上涨交叉，此后，股价便开始一路上升，只不过上涨的幅度不同而已。

下面我们要讲述的三线交叉形态，属于一种比较复杂的走势。如图4－7－9和图4－7－10中所示。其中图4－7－9是东方金钰（600086）2005年7月～2006年10月的日线行情走势图，图4－7－10是长航油运（600087）1999年6月～2000年4月的日线行情走势图。

图4－7－6

长航油运(日线.前复权) MA10:2.37 MA30:2.28 MA60:2.17 MA120:2.01
2.47
2.39
1.02
10、30、60MA均线上穿
120MA均线
2.30
2.20
2.10
2.00
1.90
1.80
1.70
1.60
1.50
1.40
1.30
1.20
1.10
1.00
2005年
2006/09/06/三
日线

图4－7－7

东方金钰(日线.前复权) MA10:9.95 MA30:9.27 MA60:8.36 MA120:7.24
10.84
10.51
4.62
10、30、60MA均线上穿
120MA均线
10.00
9.50
9.00
8.50
8.00
7.50
7.00
6.50
6.00
5.50
5.00
4.50
1999年
2000/10/23/一
日线

图4－7－8

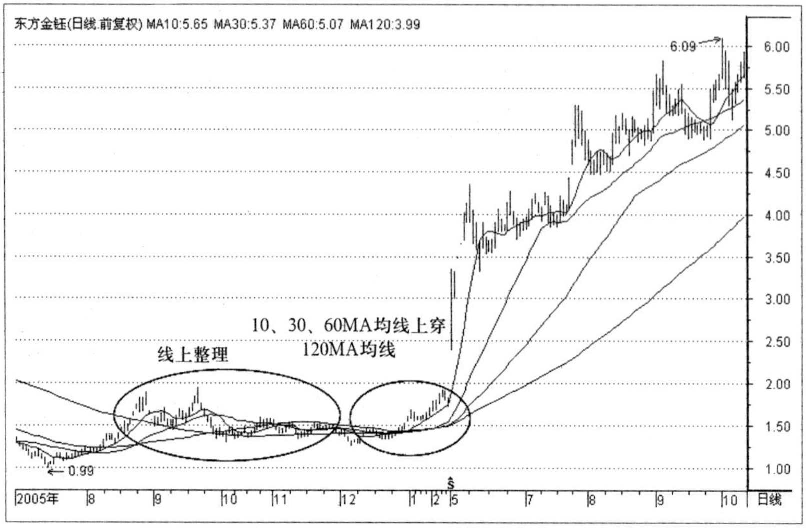
东方金钰(日线,前复权) MA10:5.65 MA30:5.37 MA60:5.07 MA120:3.99
6.09
0.99
线上整理
10、30、60MA均线上穿
120MA均线
6.00
5.50
5.00
4.50
4.00
3.50
3.00
2.50
2.00
1.50
1.00
2005年
8
9
10
11
12
1
2
5
7
8
9
10
日线

图4－7－9

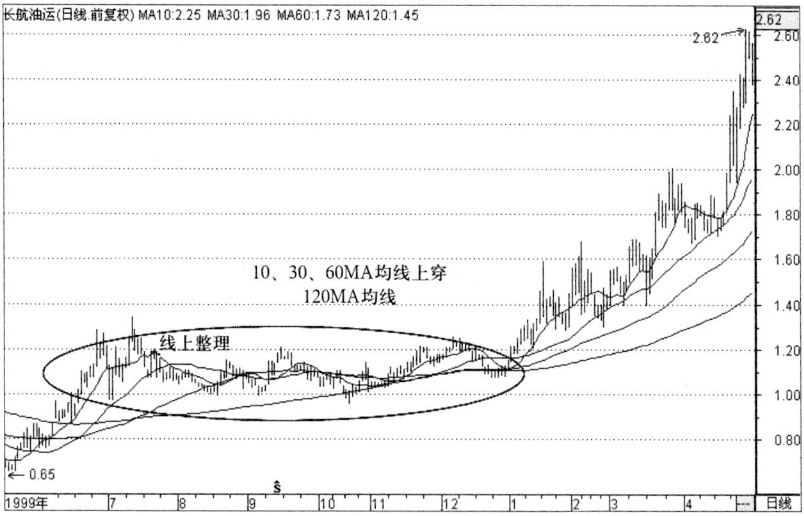
长航油运(日线,前复权) MA10:2.25 MA30:1.96 MA60:1.73 MA120:1.45
2.62
0.65
10、30、60MA均线上穿
120MA均线
线上整理
2.60
2.40
2.20
2.00
1.80
1.60
1.40
1.20
1.00
0.80
1999年
7
8
9
10
11
12
1
2
3
4
日线

图4－7－10

从这两幅图中我们可以看到，东方金钰（600086）和长航油运（600087）两只股票的走势形态基本上是相同的，即股价上穿120MA均线之后，随后10MA均线、30MA均线、60MA均线也都先后上穿120MA均线，形成上涨交叉。但接下来却并没有直接出现上涨行情，而是在120MA均线上方出现了一波长达4～6个月的整理行情，随后行情才开始逐步企稳。当其走势第二次形成上涨交叉的时候，才开始发力上涨进入牛市。

所以投机者在运用这种方法的时候，应注意大盘的走向。如果你关注的股票在形成上涨交叉之后，出现了为期较长的震荡整理形态，若此时大盘正值火爆，那么你可以暂时持有，因为它很可能是一个后起之秀。但如果此时大盘走弱，或这只股票一直都处于弱势之中，并且基本面也不佳，每股收益非常低（低于0.10元以下，甚至出现负数），那么对待这样的股票就应该小心谨慎。

第五章

Chapter 5

不要参入那些有可能让你血本无归的行情

逆势而行的人，通常都会因为得不到趋势的帮助而损失惨重。

第一节　弧形下跌的走势形态

Section1

很多投机者都会在行情下跌的过程中企图抄底买入，但结果却差强人意。这主要是因为他们与趋势为敌，得不到趋势的帮助。

在下跌行情中有一种走势是非常致命的，因为它常常会诱发大跌走势，这种走势就是弧形下跌，其实也是一种加速下跌的走势。它往往会在一波小幅反弹的掩护下加速下行，并以迅雷不及掩耳之势完成下跌过程，其原理与行情在上涨时经过一个小幅的回调之后加速上涨是一样的。所以这种形态只利于在可以做卖空交易的市场中做空头交易，而不利于做多头交易。如图5－1－1～图5－1－4中所示。

图5－1－1显示的是宁波联合（600051）1998年5月～1998年11月的一段下跌走势。从图中我们可以看到，宁波联合（600051）的行情自6月的11.82元开始下跌，经过一

图5－1－1

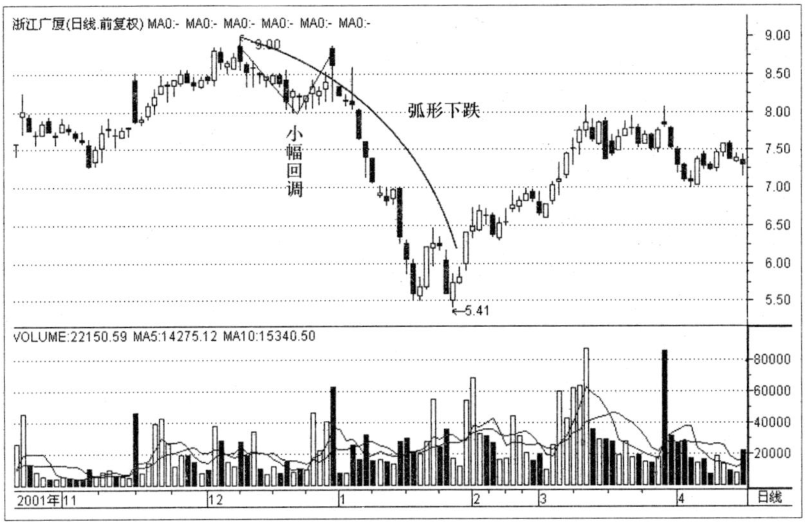
浙江广厦(日线.前复权) MA0:- MA0:- MA0:- MA0:- MA0:- MA0:-
9.00
弧形下跌
小幅回调
5.41
VOLUME:22150.59 MA5:14275.12 MA10:15340.50
2001年 11
12
1
2
3
4
日线

图5－1－2

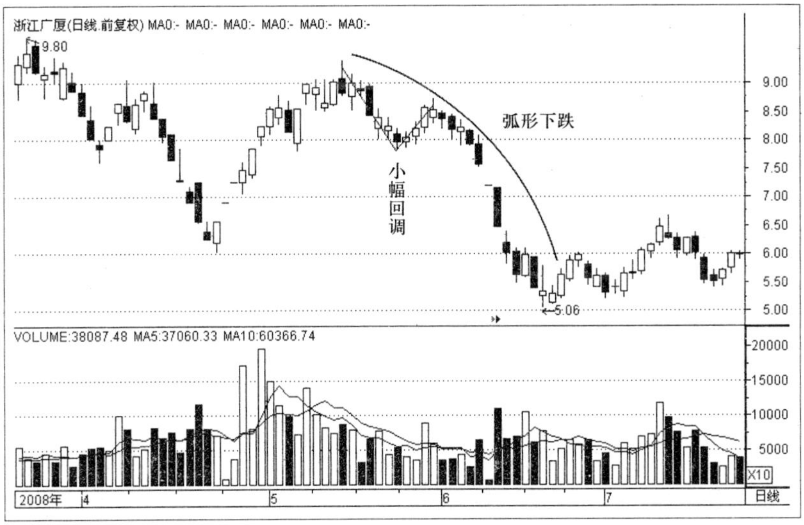
浙江广厦(日线.前复权) MA0:- MA0:- MA0:- MA0:- MA0:- MA0:-
9.80
弧形下跌
小幅回调
5.06
VOLUME:38087.48 MA5:37060.33 MA10:60366.74
X10
2008年 4
5
6
7
日线

图5－1－3

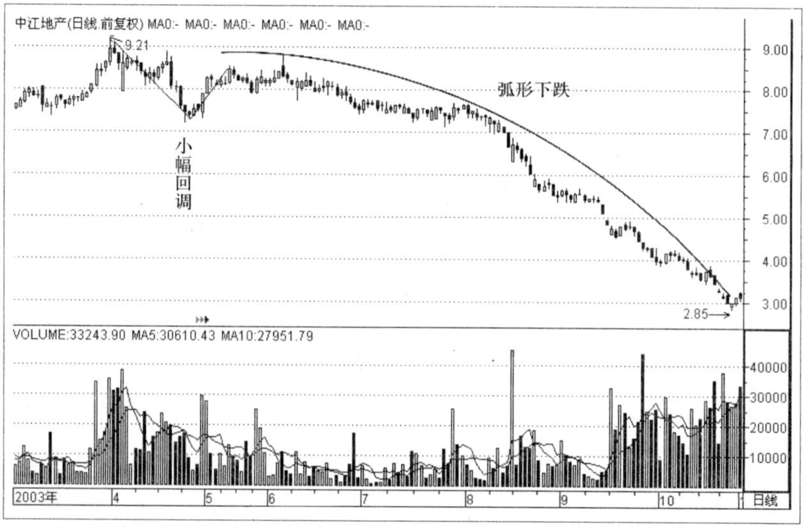

图5－1－4

轮小幅的反弹之后便形成了一波弧形下跌走势，跌幅在50%以上，由此可见弧形走势的杀伤力。

图5－1－2显示的是浙江广厦（600052）2001年10月～2002年4月的一段下跌走势。从图中我们可以看到，浙江广厦（600052）的行情自2001年12月的9.00元开始下跌，经过一轮小幅的反弹之后，便形成了一波弧形下跌的走势，跌幅将近40%。

图5－1－3显示的则是浙江广厦（600052）2008年4月～2008年7月的一段下跌走势。从图中我们可以看到，浙江广厦（600052）的行情自2008年5月的9.00元左右开始下跌，经过一轮小幅的反弹之后，便形成了一波弧形下跌的走势，跌幅也达到40%左右。

图5－1－4显示的则是中江地产（600053）2003年3月～2003年10月的一段超级下跌走势。从图中我们可以看到，中江地产（600053）的行情自2003年4月左右的9.21元开始下跌，经过一轮小幅的反弹之后，接着便形成了一波为

期6个月左右的弧形大跌走势，跌幅将近70%，致使很多试图抄底和没有及时平仓的投机者损失惨重。

所以在这里，我要提醒那些新入市的投机者，遇到这样的行情走势时应特别小心，切不可在这样的走势中试探底部，或对这样的行情走势抱有幻想，一旦你被这样的行情套住，那么你连反弹出局的机会都没有。

第二节 下跌中的短期横盘

Section2

下跌中的短期横盘，往往会让很多初入投机市场的投机者误认为行情见底，即将触底反弹了。但是，当你把钱投进去后就会发现，要把一笔大钱变成一笔小钱是多么容易的一件事情。因为行情见底，必须要经历过几轮下跌调整之后才能够被确认。更何况，大多数情况下一波行情的底部都是当底部明显成型之后才会被证实的，没有人能够买在最低点，同样也不会有人能够卖在最高点，试图做这两件事的人，通常都会损失惨重，即便是你能够偶尔得逞，但只要时间一长，你就会知道自己的命中率颇差。

所以试图探索底部，试图抢在市场的前面，这一方法不但不可行而且常常得不偿失。市场在一步步下跌时，最好的策略就是等待。等待市场调整完毕，出现可靠的买入信号时，再开始按部就班地买入。可能你认为可以抢一波反弹，然后见利就走，可是你扳着指头数一数，投机市场中有没有因为抢反弹而成功的人？现实中，大多数投机者都是因为抢反弹而偷鸡不成反蚀把米，致使牛市中赚来的利润在抢反弹中赔光了。

我见过很多喜欢抄底摸顶的投机者，他们总是那么地跃跃欲试，在市场的下跌中不甘寂寞，深信自己技能超群、聪明灵巧，亏钱不过是一时的时运不济而已，与自己的技术没有关系。但事实却否定了他们的这一说法，这与技术有很大关系。相反，他们只不过是在牛市中运气好才赚了点钱，但在熊市中因为缺乏技术又全吐了出来。原因就是他们喜欢买入那些在短期中形成横盘走势的股票，他们买入的理由就是短期内行情止跌企稳，只要大盘上涨，这些股票就一定能够上涨。但是他们却忘记了，没有一只股票会一条直线地往下跌，也没有一只股票会一条线地往上涨。即便是趋势形成，它也会不停地波动、不停地起伏，下跌时总有反弹，上涨时总有回调。行情只有这样不停地波动着，才能够保障市场中的各种力量不至于过度偏离和过度凝聚，而出现极端的走势。这就是自然界的中恒原理。我们先来看一下图5－2－1中所示。

图5－2－1是行情走势的模拟图形，所表示的是行情在上涨中出现的回调，和在下跌中出现的反弹。而图5－2－2和图5－2－3就是行情在下跌过程中的实际图示。

图5－2－2和图5－2－3分别是邯郸钢铁（600001）

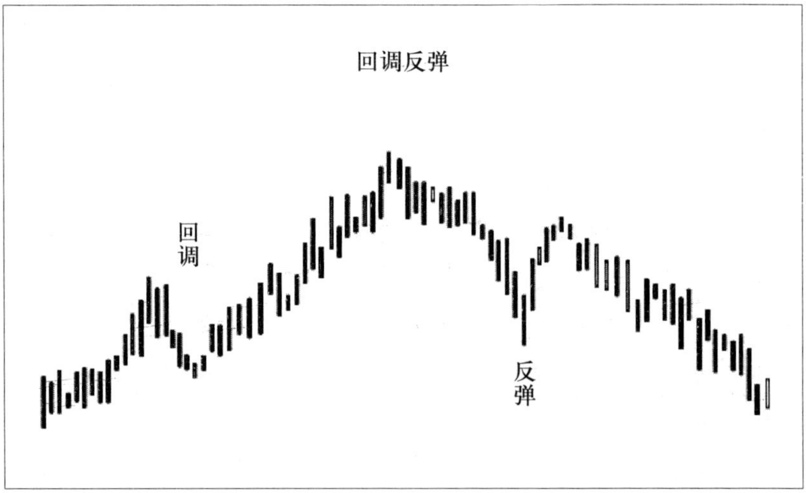

图5－2－1

邯郸钢铁(日线.前复权) MA0:- MA0:- MA0:- MA0:- MA0:- MA0:-
3.47
2.47
3.40
3.30
3.20
3.10
3.00
2.90
2.80
2.70
2.60
VOLUME:25626.01 MA5:28166.88 MA10:28833.00
40000
30000
20000
10000
X10
2004年
2
3
4
5
6
7
8
2004/09/06/一
日线

图5－2－2

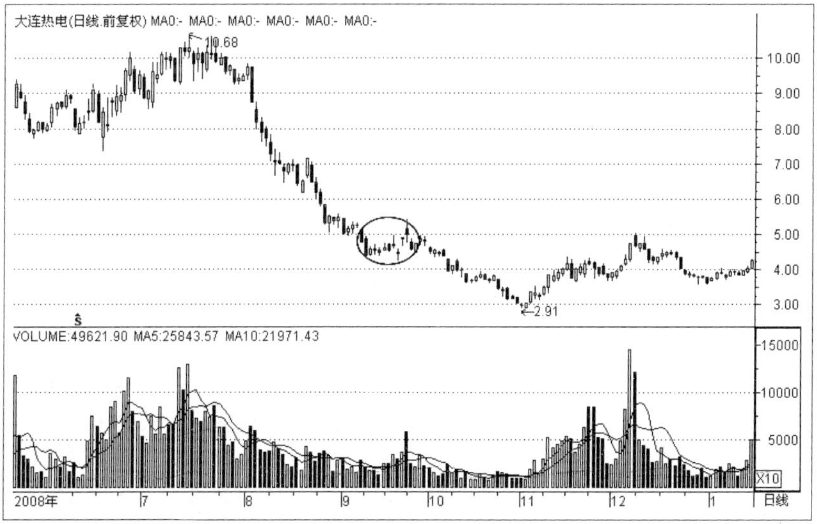
大连热电(日线.前复权) MA0:- MA0:- MA0:- MA0:- MA0:- MA0:-
10.68
2.91
10.00
9.00
8.00
7.00
6.00
5.00
4.00
3.00
VOLUME:49621.90 MA5:25843.57 MA10:21971.43
15000
10000
5000
X10
2008年
7
8
9
10
11
12
1
日线

图5－2－3

2004年1月～2004年9月的日线行情走势图和大连热电（600719）2008年6月～2009年1月的日线行情走势图。从这两只股票的走势中，我们可以看到，在一波下跌的行情走势中，在任何一次上涨的过程中买入，都会面临被套牢的命运，即便是在图中出现短期的很大买盘时买入，也难以摆脱亏损的命运。为了证明这一点，我们再来看一下图5－2－4～图5－2－6中所示的行情走势。

图5－2－4显示的是TCL（000100）2004年3月～2005年7月的一段下跌走势。从图中我们可以看到，TCL（000100）的行情在2004年5月到7月形成了一波为期3个月左右的横盘走势，之后便创下新低，开始大幅下跌，进入1年多的熊市走势，跌幅将近70%，很多投机者都亏损惨重。

图5－2－5的走势与图5－2－4的走势是同一类型，从图中就可以看到这种走势对于投机者的风险性。

图5－2－5显示的是浦发银行（600000）2003年2月～2004年2月的一段下跌走势。从图中我们可以看到浦

图5－2－4

浦发银行(日线.前复权) MA0:- MA0:- MA0:- MA0:- MA0:- MA0:-
5.46
3.09
VOLUME:267567.81 MA5:233038.03 MA10:285607.56
X100
2003年
日线

图5－2－5

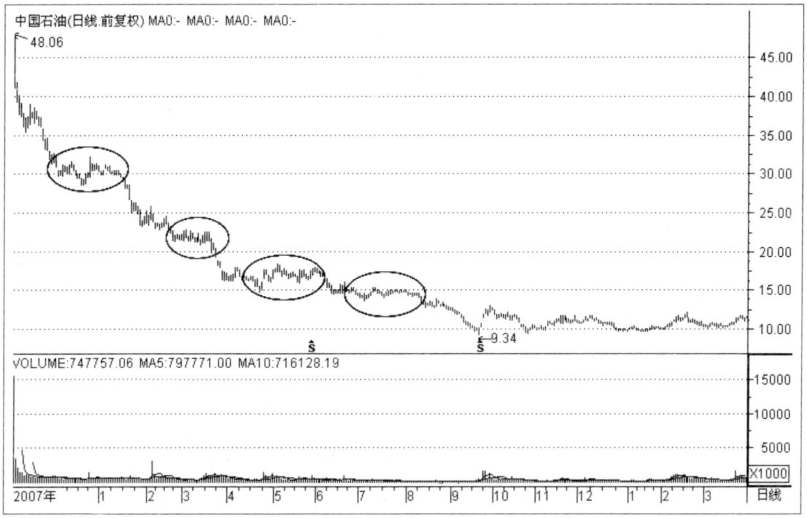

中国石油(日线.前复权) MA0:- MA0:- MA0:- MA0:-
48.06
9.34
VOLUME:747757.06 MA5:797771.00 MA10:716128.19
X1000
2007年
日线

图5－2－6

发银行（600000）的行情自2004年7月份开始便形成了一波为期1个月左右的横盘走势，之后也创下新低，开始大幅下跌，进入长达半年的熊市走势，跌幅将近40%，与TCL（000100）的走势如出一辙。

图5－2－6显示的则是中国石油（601857）2007年11月～2009年3月的一段下跌走势。

图5－2－6从该图中我们可以看到，中国石油（601857）可谓是2008年最让人心寒的股票之一，我的好几个朋友当时都看好了这只股票，并对它的盈利能力充满信心，所以每当它在下跌的过程中形成一个平台整理的时候，他们都在猜测行情止跌企稳了，以中国石油（601857）的质地和业绩来看，它不可能再持续下跌了。但让他们意想不到的是，中国石油（601857）的走势与其他绩差股的走势没有什么区别，跌幅也不比其他股票少多少，甚至有过之而无不及，让很多投机者大跌眼镜。

从图中我们可以看到，中国石油（601857）的行情自2007年11月份一上市便露出了下跌的端倪，在高市盈率的压力下，行情狂泻而下，这其间虽然偶尔形成了几波短期横盘的走势，但之后便创下新低，持续大幅下跌，进入了长达1年多的熊市之中，跌幅将近80%。我的好几个朋友目前深陷其中，原因就是他们相信一只业绩预期很好的股票，在下跌的过程中，每一次下跌都是一次摊低成本的机会。他们也相信，下一次止跌企稳时一定就是底部，这么好的公司基本面，其股票不会跌得太离谱。

看到这里，我想你应该明白了，在熊市中不要去谈什么止跌企稳，因为如果你在期货市场中就会知道，每次止跌企稳，其实都是期货市场中的那些空头交易者做空期货获利的时候。不要因为某个公司的基本面不错，就增加了对止跌企稳这一概念的饥渴度，误认为良好的基本面将会迫使某一股票止跌企稳，或期盼着良好的业绩会将下跌中的短期整理变成底部。

请记住，在投机市场中，什么事情都有可能发生，只有你想不到的，没有市场中不会发生的。

第三节 高位顶背离

Section3

高位背离指标就是股价走势在高位与MACD指标的走势形成顶背离的形态。

为什么MACD指标会出现这种背离呢？它的作用又是什么呢？接下来，我们就来解答你的这一问题。

在之前的MACD指标一节我们已经知道了，DIF线和DEA线与0轴线的距离，其实相当于是股价（5MA均线、10MA均线）与50MA均线之间的距离，属于一种乖离。当股价与MACD指标形成背离的时候，就意味着既定趋势运行力量的逐渐衰竭。这时候，股价就会逐渐地向50MA均线靠近，MACD指标的DIF线和DEA线也就会因为行情的回归向0轴线靠近，这样就会出现一个现象，那就是因为先前行情上涨（下跌）的幅度较大，而目前行情的上涨（下跌）幅度在逐渐消减，所以两波行情距离50MA均线的距离也开始逐波收缩，致使行情到50MA均线的乖离幅度逐波缩小，此时MACD指标的DIF线和DEA线与0轴线之间的距离也开始随着行情价格的走势由大逐渐缩小。这样MACD指标就会因为先前行情上涨（下跌）幅度较大，呈现出较大的乖离率，致使DIF线和DEA线与0轴线之间的距离较大。而又因为目前行情上涨（下跌）的幅度较小，所以乖离率也较小，这样DIF线和DEA线与0轴线之间的距离（乖离幅度）也就会变小，于是就出现了行情逐步上涨（下跌），MACD指标却在逐波下降（上升）的背离现象。如图5－3－1和图5－3－2中所示。

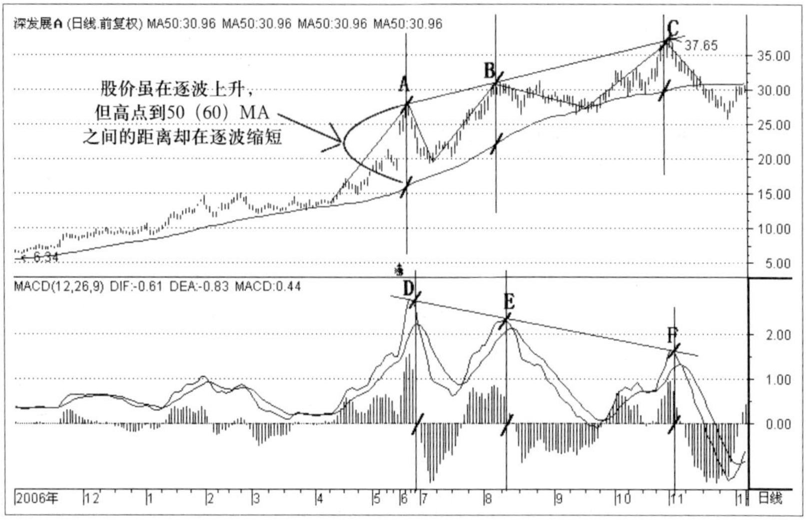
深发展A (日线,前复权) MA50:30.96 MA50:30.96 MA50:30.96 MA50:30.96
股价虽在逐波上升，
但高点到50（60）MA
之间的距离却在逐波缩短
A
B
C
37.65
←6.34
35.00
30.00
25.00
20.00
15.00
10.00
5.00
MACD(12,26,9) DIF:-0.61 DEA:-0.83 MACD:0.44
D
E
F
2.00
1.00
0.00
2006年
12
1
2
3
4
5
6
7
8
9
10
11
1
日线

图5－3－1

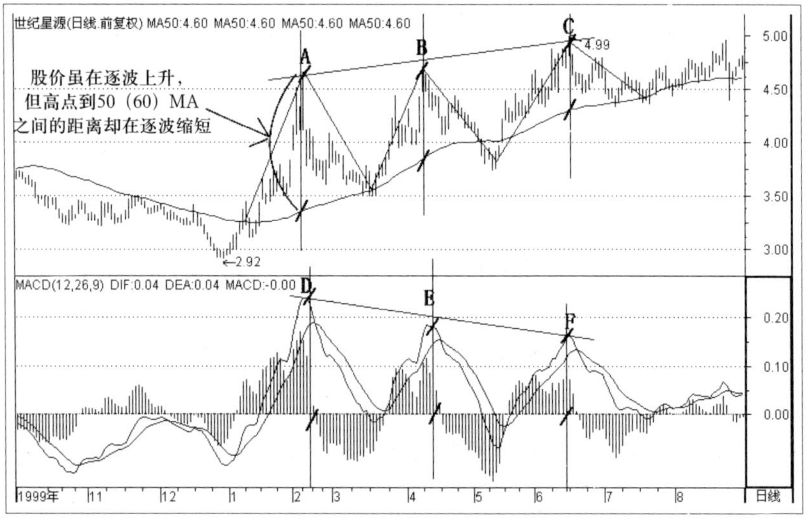
世纪星源(日线,前复权) MA50:4.60 MA50:4.60 MA50:4.60 MA50:4.60
股价虽在逐波上升，
但高点到50（60）MA
之间的距离却在逐波缩短
A
B
C
4.99
←2.92
5.00
4.50
4.00
3.50
3.00
MACD(12,26,9) DIF:0.04 DEA:0.04 MACD:-0.00
D
E
F
0.20
0.10
0.00
1999年
11
12
1
2
3
4
5
6
7
8
日线

图5－3－2

在这两幅背离图中我们可以发现，MACD指标从最高点D到0轴线的距离是逐波缩小的，即高点D到0轴线的距离大于高点E到0轴线的距离，高点E到0轴线的距离大于高点F到0轴线的距离。我们再看看股价与50MA均线的距离，高点A到50MA均线的距离要大于高点B到50MA均线的距离，高点B到50MA均线的距离又大于高点C到50MA均线的距离。从上面的图示和解释我们可以知道，股价与MACD指标形成的顶背离形态，其实就是在暗示行情最高点A、B、C到50MA均线的距离在逐波缩小而已。如果你将行情主图中的50MA均线水平放置的话，就会发现行情其实根本就没有创出新高，而是随着MACD指标的走势逐波走低。之所以会形成这样的情况，主要是因为MACD指标的DIF线其实就相当于短期12日价格走势的指数移动平均（12EMA）与长期26日价格走势移动平均（26EMA）的差；DEA线就是将这个差二次平均之后的“值”，即将DIF线进行二次平滑（9EMA）之后的“值”。所以经过二次平滑之后的MACD指标，既不会失去趋势线的作用，还可以起到一定的过滤作用，忽略行情中较为细小的杂波，更好地表现趋势。

为了让你更清楚地了解MACD指标的二次平均原理，证明MACD指标背离的最高点和最低点往往就是行情均价距离50MA均线最远和最近的区域，我们将5MA、10MA、50MA均线也换用指数移动平均线（EMA），将上述的MA均线进行二次平均，并编成一个命名为“MA差离值”的指标与MACD指标一一对比，这样情况就会一清二楚了。

MA差离值指标的公式源码如下：

```
MA1：=EMA（CLOSE，5）；
MA2：=EMA（CLOSE，10）；
MA3：=EMA（CLOSE，50）；
DIF：（MA1+MA2）/2-MA3；
DEA：EMA（DIF，10）；
MACD：（DIF-DEA）*2，COLORSTICK；
```

MA差离值指标的动态翻译如下：

MA1赋值：收盘价的5日指数移动平均

MA2赋值：收盘价的10日指数移动平均

MA3赋值：收盘价的50日指数移动平均

输出DIF：（MA1＋MA2）／2－MA3

输出DEA：DIF的10日指数移动平均

输出平滑异同平均：（DIF－DEA）＊2，COLORSTICK

其对比效果如图5－3－3所示。注："MA差离值指标"只是为了说明问题，其参数设置未经任何检测和优化，所以其效果可能会与MACD指标有少许误差。

从该图中我们可以看到，股票价格的走势与50MA均线的差离值（乖离值），与MA差离值指标、MACD指标的DIF线和DEA线与0轴线的差离值关系是如出一辙的，即都是表现短期股价平均值走势与中期股价走势平均值的距离（乖离值）。

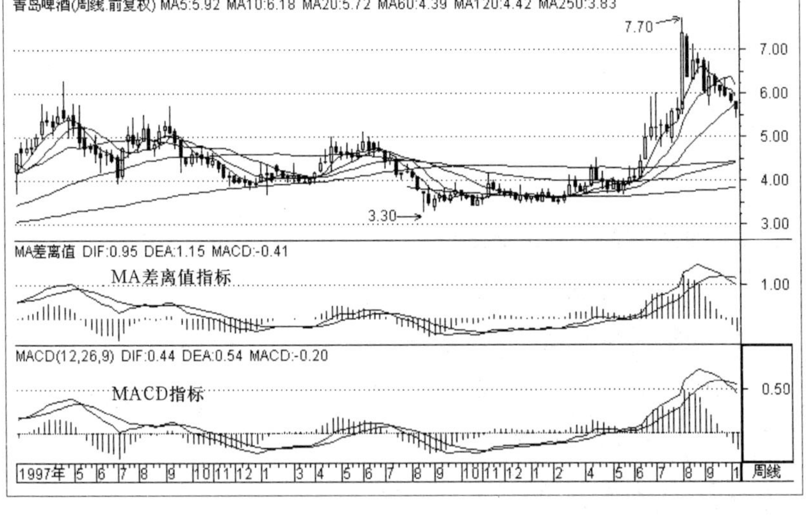

图5－3－3

由此我们看到，MACD指标的DIF线和DEA线与0轴线其实就相当于一个平滑了的短期趋势均线而已，而背离现象也只是说明行情上涨（下跌）的幅度一波小于一波，原先的趋势力量正在逐波减小，背离的本身并非有着能够驱动股价走势的某种潜在力量和作用，所以它并不是一个神秘的预测魔盒，其本身也不具备预测功能，只是一种显示市场中既定力量衰竭的征兆而已。

换言之，任何指标的背离，都只不过是行情力量逐步减弱的另一种表现形式罢了，它所“告诉”你的只不过是行情上涨的力量正在逐波减小。所以，不要误认为指标中的背离现象储存了“自然的力量”或“规律的力量”，这很愚蠢。

在上面，我们知道了MACD指标的背离是怎么出现的，并且知道了出现这种形态都意味着什么。虽然我们推翻了指标背离时储存了很多人意识之中的“自然力量”这一“定理”，但是我们却不能够忽视这样清楚明了的市场“告白”，与黄金交叉和死亡交叉一样，它代表着趋势在未来可能会发生一些变化，预示着市场上升的力量正在慢慢衰竭，也是市场动力正在逐步消散的最直观的表现。

知道了MACD指标与股价走势的背离原理，那么看到下面的这些图形时，我们的心里自然就亮堂多了。如图5－3－4～图5－3－7中所示。

通过对MACD指标和股价走势的了解，当上述股价走势与MACD指标形成顶背离的时候，我们就会清楚地知道，出现这种现象的原因是因为股价虽然能够不断地创出新高，但股价的走势实际上却正在一步一步、一波一波地向50MA均线“偷偷”靠拢，出现这种现象通常意味着行情上涨的幅度正在逐波缩减，当股价在后期无法再创新高，并向下击穿50MA均线的时候，MACD指标的DIF线也会随之向下击穿0轴线，熊市走势就基本可以确立了。

所以投机者在遇到类似走势的时候，心中一定要清楚明了其形成的本质，进而就能准确地判断出其后市大致的走势

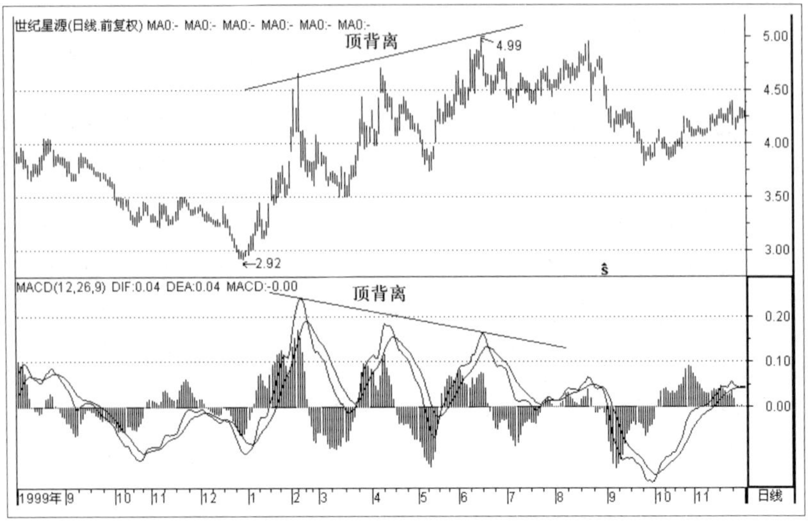
世纪星源(日线.前复权) MA0:- MA0:- MA0:- MA0:- MA0:- MA0:-
顶背离
4.99
2.92
MACD(12,26,9) DIF:0.04 DEA:0.04 MACD:-0.00
顶背离
1999年 9 10 11 12 1 2 3 4 5 6 7 8 9 10 11
日线

图5－3－4

深发展A (日线.前复权) MA0:- MA0:- MA0:- MA0:- MA0:- MA0:-
顶背离
37.65
8.51
MACD(12,26,9) DIF:-2.15 DEA:-1.78 MACD:-0.74
顶背离
2006年 1 2 3 4 5 6 7 8 9 10 11 12 1 2008/03/17/一
日线

图5－3－5

万 科A (日线.前复权) MA0:- MA0:- MA0:- MA0:- MA0:- MA0:-
顶背离
25.38
6.91
MACD(12,26,9) DIF:-0.74 DEA:-0.54 MACD:-0.41
顶背离
2007年
日线

图5－3－6

中航地产(日线.前复权) MA0:- MA0:- MA0:- MA0:- MA0:- MA0:-
顶背离
32.88
14.09
MACD(12,26,9) DIF:0.56 DEA:0.38 MACD:0.37
顶背离
2007年
日线

图5－3－7

情况了。所以只有那些建立在充分研究和认知之上的判断才是可靠的、可信的，并值得坚持。那些不明就里、死搬硬套的迷信说法，根本就无法让人信服。

第四节　高位量价背离

Section4

当价格经过较长时间的上涨之后，成交量就会由量增价升形态转变为量价背离形态。这种行情形态的出现通常预示买方力量开始衰竭，属于行情即将转弱的危险信号。如果将这种行情形态结合我们上一节中所讲述的MACD指标顶背离使用，其准确率会更高。我们先来看一下高位量价背离的行情形态。如图5－4－1中所示。

从该图中我们可以看到，实达集团（600734）的行情自

图5－4－1

1996年12月的5.19元步入上涨趋势之后经过了3个月左右的上涨，在此期间成交量与价格走势一直保持价升量增的强势形态。但到1997年3月中旬，行情开始步入一波震荡回调的走势之中，虽然股价在后期再次上涨，创出新高，但其下方的成交量却出现了明显的收缩，与价格的走势形成量价背离之势，多方力量后续难为，无法持续放量创高，属于明显的卖出信号。之后行情便逐波向下步入漫漫熊市。所以，投资者在实际操作的过程中若发现类似的走势形态，应注意及时卖出手中的获利仓位。

我们再来看一下图5－4－2，这是苏州高新（600736）2007年2月～2007年12月的日线行情走势图。

从该图中我们可以看到，苏州高新（600736）的行情自2007年2月3.21元步入上涨趋势后经过了2个月左右的上涨，在此期间成交量与价格走势一直保持价升量增的强势形态。但到2007年4月中旬往后，在6月左右行情开始步入一波快速回调的走势之中，虽然股价在后期经过两次回调之后

图5－4－2

再次上涨，并屡屡创出新高，但其下方的成交量却出现了明显的收缩，与价格的走势形成量价背离之势，明显地显示出多方力量正在逐波衰竭，无法持续放量创高，属于明显的卖出信号，之后行情也逐波向下步入漫漫熊市。下面的5幅图，都属于这一类型的坚定走势，见图5－4－3～图5－4－7中所示。

从这五幅图中，我们可以明显地看到，行情上涨之后，成交量与股价产生背离变化，每当股价创出新高，但成交量却不再创出新高的时候，都是买方力量在逐波消退的时候，或成交量虽在增加但却不再创出新高，且形成一旦股价回落成交量就急剧收缩的走势形态，这些都属于危险将近的信号，投机者应注意在恰当的时机卖出手中的股票。如果你能够将这种方法与MACD指标的顶背离结合使用，一定能够提高自己的辨市能力，大大降低投资风险。

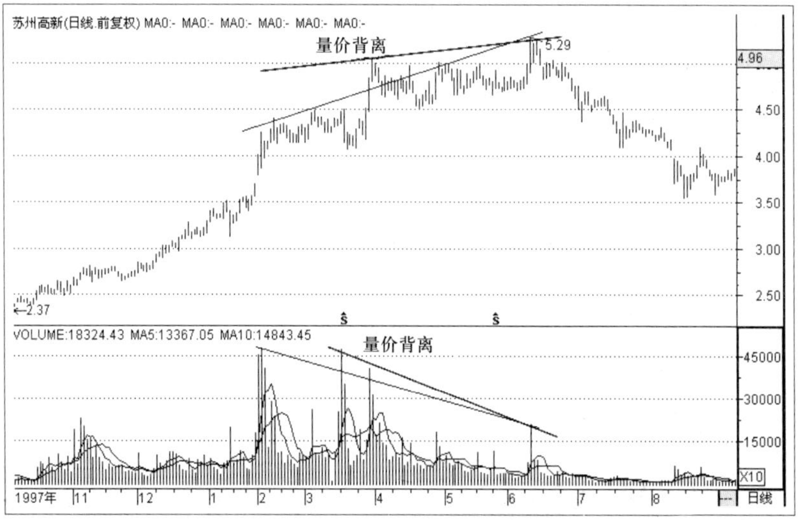

图5－4－3

辽宁成大(日线.前复权) MA0:- MA0:- MA0:- MA0:- MA0:- MA0:-
量价背离
66.10
60.00
50.00
40.00
30.00
20.00
10.00
5.37
VOLUME:166123.55 MA5:229213.05 MA10:183206.52
量价背离
60000
45000
30000
15000
X10
2006年
12
1
2
3
4
5
6
7
8
9
10
11
12
1
2
3
4
日线

图5－4－4

西藏旅游(日线.前复权) MA0:- MA0:- MA0:- MA0:- MA0:- MA0:-
量价背离
16.66
16.50
15.00
13.50
12.00
10.50
9.00
7.50
7.24
VOLUME:39609.12 MA5:35329.65 MA10:27759.50
量价背离
20000
15000
10000
5000
X10
2007年
5
6
7
8
9
10
11
1
日线

图5－4－5

SST天海(日线.前复权) MA0:- MA0:- MA0:- MA0:- MA0:- MA0:-
16.59
量价背离
16.00
14.00
12.00
10.00
8.00
6.00
4.00
←3.90
VOLUME:15332.47 MA5:19347.64 MA10:17019.46
量价背离
10000
7500
5000
X10
2006年
2008/05/08/四
日线

图5－4－6

深发展A (日线.前复权) MA0:- MA0:- MA0:- MA0:- MA0:- MA0:-
37.65
量价背离
35.00
30.00
25.00
20.00
15.00
10.00
←7.08
VOLUME:125223.48 MA5:243994.41 MA10:242373.64
量价背离
15000
10000
5000
X100
2006年
日线

图5－4－7

第五节 连续阴线

Section5

投机市场中还有另一种亏大钱的方法，就是在熊市中参与那些连续阴线（四根阴线）的行情。有些投机者常常会在行情连续下跌的时候，试图去接空中掉下来的“刀子”，但结果却是伤痕累累。原因就是他们喜欢去赌当行情已经出现了连续的阴线，很有可能后面会出现一根阳线，或行情已经明显地超买了，不久可能会出现一波反弹。他们有时候可能猜对了，但大多数情况下，行情都是跌了再跌，阴线之下还有阴线，致使他们亏损连连。因为连续的下跌通常都会诱发恐慌性抛盘，即使行情能够出现反弹，也无法长久，所以在现实当中我们可以发现，当你处于这样的行情走势中时，期盼行情出现一波像样的反弹，就像在等待漂亮的姑娘自己向你走来一样。

我们还是先来看一下图，以加强你对这种形态的认识。

图5－5－1中是实达集团（600734）2001年5月～2001年9月的日线行情走势图。从图中我们可以看到，实达集团（600734）的股价走势自2001年的8月下旬开始便出现了一波多连阴持续下跌的走势，行情在下跌的过程中几乎就没有过像样的反弹。

图5－5－2中是S前锋（600733）2008年1月～2008年5月的日线行情走势图。

从图中我们可以看到，S前锋（600733）的股价走势自2008年1月下跌以来，几乎就没有过像样的反弹。当行情下跌到30元左右的时候，开始出现一波微幅的反弹，但因为其力量极其微弱，自2008年2月中旬开始便又出现了另一波下跌走势，并形成多连阴持续下跌的走势，股价一直下跌到15.05元才真正见底。

由此可见，连续阴线并不一定就代表着超卖出现，在这

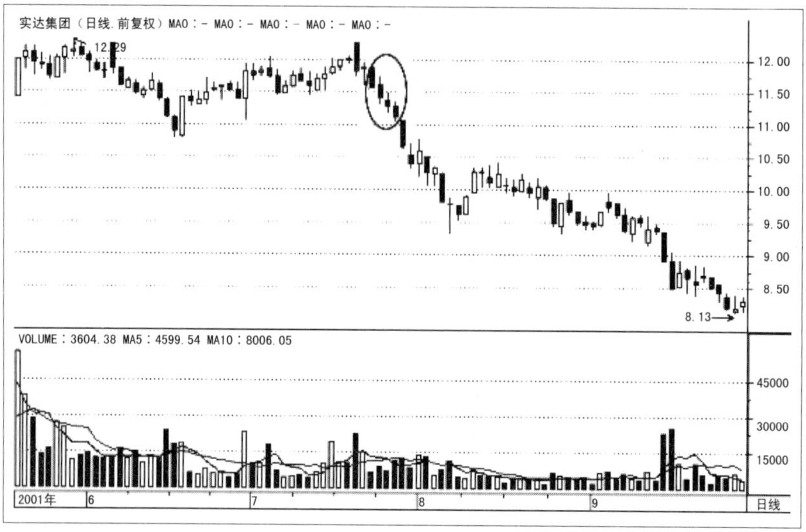
实达集团（日线.前复权）MA0：- MA0：- MA0：- MA0：- MA0：-
12.29
8.13
12.00
11.50
11.00
10.50
10.00
9.50
9.00
8.50
VOLUME：3604.38 MA5：4599.54 MA10：8006.05
45000
30000
15000
2001年
6
7
8
9
日线

图5－5－1

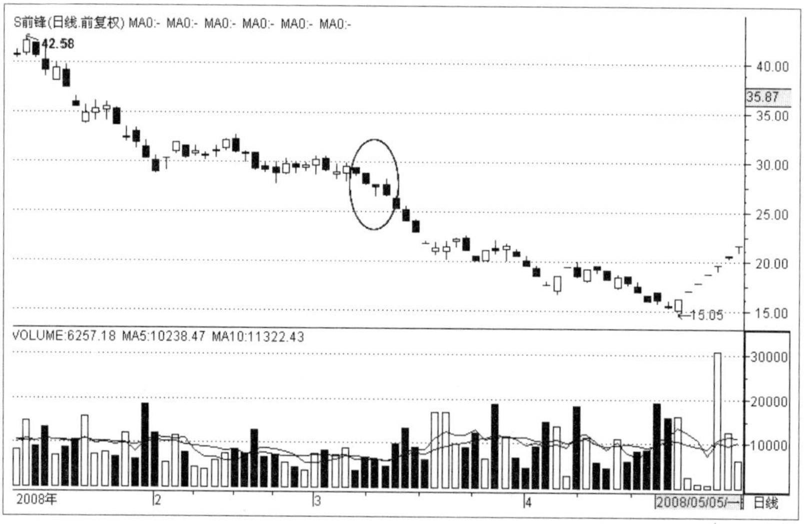
S前锋(日线,前复权) MA0:- MA0:- MA0:- MA0:- MA0:- MA0:-
42.58
15.05
40.00
35.87
35.00
30.00
25.00
20.00
15.00
VOLUME:6257.18 MA5:10238.47 MA10:11322.43
30000
20000
10000
2008年
2
3
4
2008/05/05/一
日线

图5－5－2

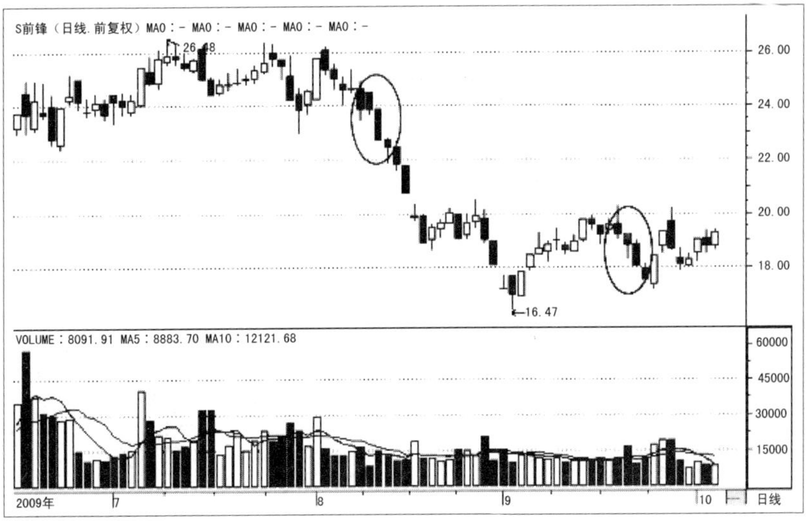

图5－5－3

样的行情走势中抢反弹，可不是什么聪明之举。

图5－5－3是S前锋（600733）2009年6月～2009年10月的日线行情走势图。从图中我们可以看到，S前锋（600733）的股价自2009年8月上旬开始便出现了一波多连阴持续下跌的走势，行情在下跌的过程中也没有过像样的反弹，一直下跌到9月初创下16.47元的新低之后，才出现了一波小幅的反弹。但通过反弹之后的连续阴线我们可以看到，S前锋（600733）的股价出现了两日的小幅反弹，好在当时大势向好，没有再创出新低。

细心的朋友可能已经看出来了，图5－5－4中上海新梅（600732）的行情走势非常眼熟，这不是上面我们讲过的弧形下跌吗？的确是。其实你好好看一看那些弧形下跌的图形，差不多每个都会有连续阴线的形态。因为这两者通常会“结伴而行”。

图5－5－4是上海新梅（600732）2001年10月～2002年3月的日线行情走势图。从图中我们可以看到，上海新梅

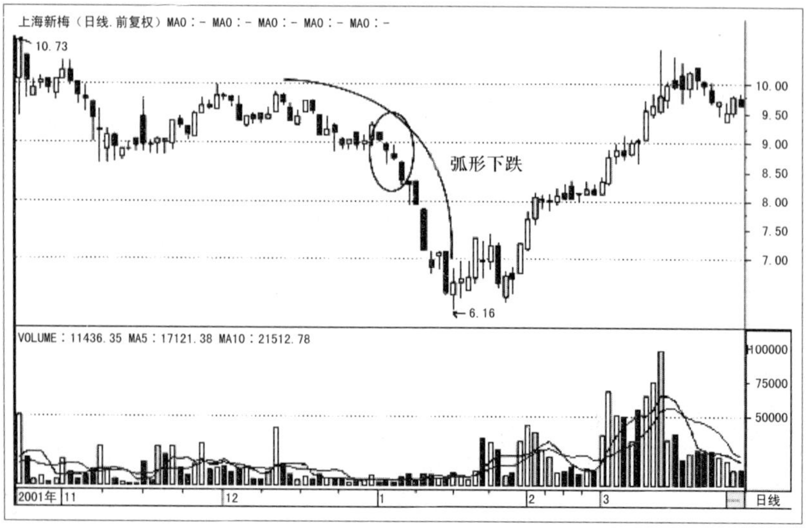

图5－5－4

（600732）的股价自2001年12月上旬便出现了震荡下行的走势，12月底股价便加速下行，出现一波多连阴持续下跌的走势，不仅如此，股价在下跌的过程中，还形成了弧形下跌走势，一直下跌到创下6.16元的新低之后才出现了一波小幅的反弹，最后随着成交量的不断增加，形成了一个V形底，行情由弱转强，走入上升通道之中。

图5－5－5和图5－5－6都属于连续阴线的范畴。我们先来看一下中国高科（600730）的日线行情走势，如图5－5－5中所示。

从图5－5－5中我们可以看到，中国高科（600730）的股价自1999年9月中旬开始便出现了震荡下行的走势，到了9月下旬股价便加速下行，出现一波多连阴持续下跌的走势，一直下跌到创下6.00元的新低之后，才出现了一波小幅的反弹。

图5－5－6是重庆百货（600729）1999年7月～1999年12月的日线行情走势图。从图中我们可以看到，其股价走势

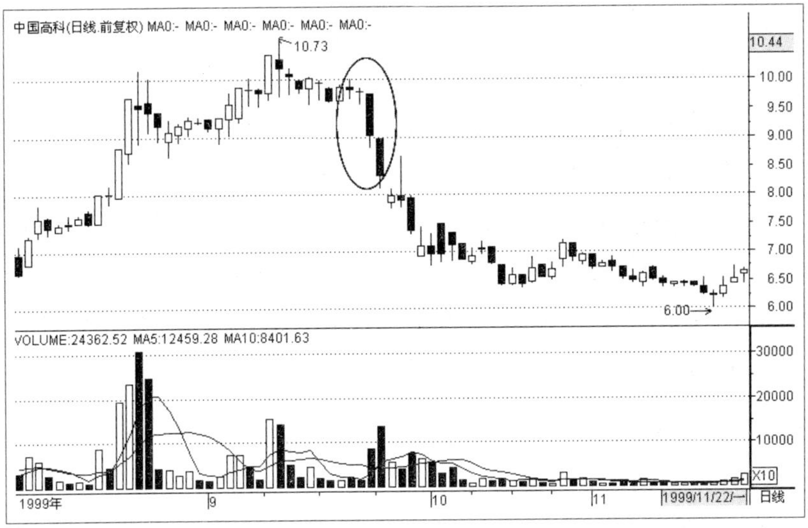
中国高科(日线.前复权) MA0:- MA0:- MA0:- MA0:- MA0:- MA0:-
10.73
10.44
10.00
9.50
9.00
8.50
8.00
7.50
7.00
6.50
6.00
6.00
VOLUME:24362.52 MA5:12459.28 MA10:8401.63
30000
20000
10000
X10
1999年
9
10
11
1999/11/22/一
日线

图5－5－5

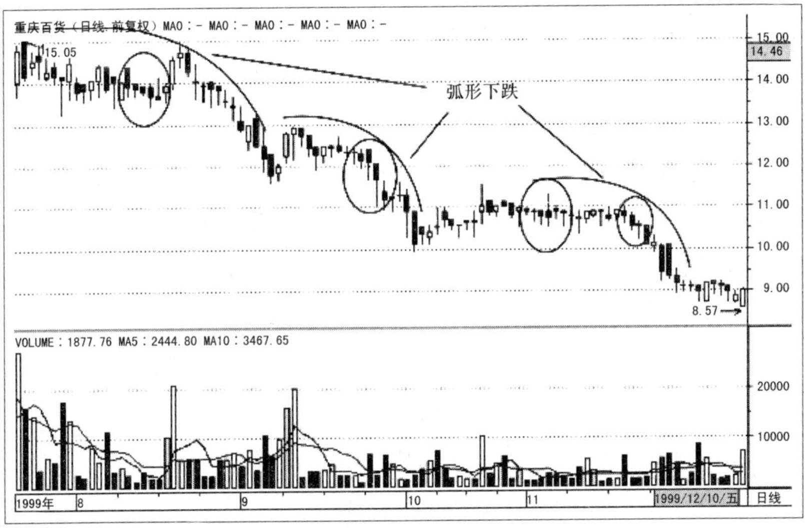
重庆百货(日线.前复权)MA0:- MA0:- MA0:- MA0:- MA0:-
15.05
15.00
14.46
14.00
13.00
12.00
11.00
10.00
9.00
8.57
弧形下跌
VOLUME:1877.76 MA5:2444.80 MA10:3467.65
20000
10000
1999年
8
9
10
11
1999/12/10/五
日线

图5－5－6

扑朔迷离，大多数阴线都拖着一条小尾巴，似乎有庄家吸筹的迹象，但股价却一直在阴跌，并形成2次弧形下跌。如图所示。

从图5－5－6中我们可以看到，重庆百货（600729）自1999年7月的15.50元下跌以来，股价便出现了震荡下行的走势，并多次出现多连阴持续下跌的走势，不仅如此，股价在持续下跌的过程中还形成了3次弧形下跌。由此可见弧形下跌与连续阴线的风险之大。所以投机者在实际交易中，若在熊市中遇到这类连续阴线走势形态时，应多注意风险，趋势不明时千万莫出手。

第六节　连续破位

Section6

经验丰富的投机者知道，当股价从高位开始向下破位创出新低时，行情就已经很糟糕了，如果连续破位，又没有止跌企稳的迹象，且行情还在下跌的中途伴随着头肩顶的走势形态出现，那么行情走势就更加堪忧。

连续破位走势，实际上就是一种连创新低的形态，即连续跌破前期的低点，这在熊市中可是一种非常危险的信号，因为前期的多头力量已经完全变成了空头力量。前期的低点往往代表的是前期低位的筹码。换言之，前期低点的形成主要是因为先前的市场人士认为在前期低点时的股价已经很低了，所以才踊跃买进，促使行情形成底部，此时如果股价走势把先前这些市场人士公认的底部都给击穿了，这说明市场中隐藏的下跌力量远大于人们的预期，以市场目前的买入力量根本无法承接、消化新产生的卖压，致使那些在前期低位买入的投机者也出现了损失，为了降低损失他们不得不止损出局，由原来的买方变成了现在的卖方，而头肩顶形态的形成，更加剧了这一现象的出现，在这样的市场环境下，后市非常有可能江河日下。

我们来看一下图5－6－1，这是西单商场（600723）2008年5月～2008年10月的日线行情走势图。

从该图中我们可以看到，西单商场（600723）自2008年7月下旬的16.00元左右再次下跌以来，连续击穿了两个低点（破位A和破位B），接连破位，屡创新低。此后股价便开始加速下跌，一直跌到2.00元以上，最低时的股价为2.50元，跌幅达80%。

细心的朋友可能已经看出来了，西单商场（600723）在破位的时候，似乎形成了一个头肩顶的走势，股价不但击穿了颈线（破位A线），也击穿了头肩顶的左肩低点（破位B线），接下来，股价便持续不断地下跌。由此我们可以看到，熊市中途出现的头肩顶形态也是非常可怕的，头肩顶未必一定会出现在熊市的头部，也有可能出现在熊市的途中。

我们再来看一下宁波富达（600724）2008年2月～2008

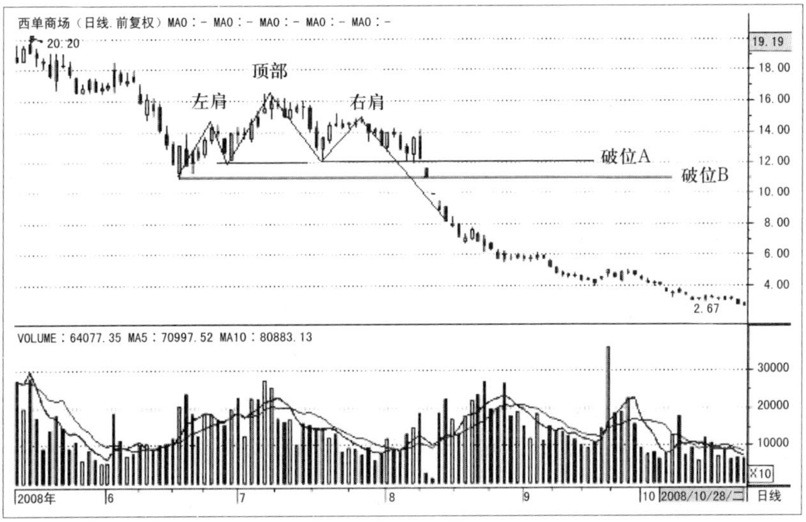

图5－6－1

图5－6－2

年10月的日线行情走势图。如图5－6－2中所示。

从该图中我们可以看到，宁波富达（600724）自2008年5月上旬创出新高10.27元之后，股价就开始一路走熊，一直跌到5.00元左右才开始有了一点起色，市场中的多方信心又开始恢复，股价绵延向上，途中经过一小波短暂的回调行情之后，股价持续上涨。但当股价上涨到7月底8月初的7.50元左右时，行情又开始风云突变，再次见顶回落，走出一波类明显的头肩顶，行情在击破颈线（破位A线）稍作停顿之后，便又击破了第二低点（破位B），随后我们看到，股价一口气跌到2.90元，跌幅超过了40%。

我们再看图5－6－3中云维股份（600725）的另一种下跌形式。如图所示。

图5－6－3是云维股份（600725）2008年3月～2008年9月的日线行情走势图。从图中我们可以看到，云维股份（600725）自高点39.50元下跌以来，也在熊市的途中形成了一个中途头肩顶的形态，当股价跌破颈线之后，稍作整理

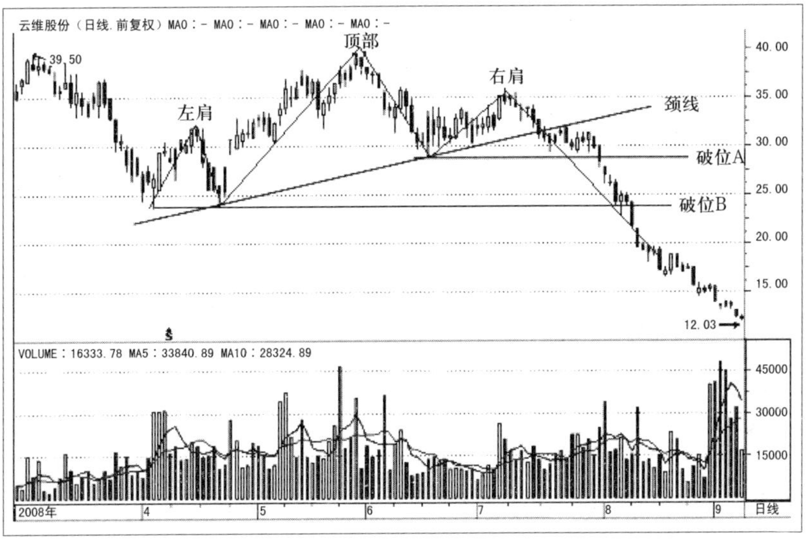

图5－6－3

便击破了第一低点（破位A），接着没有任何停顿，直接击破了第二低点（破位B），股价一直下跌到12.03元之下（实际低点为7.30元）。

由此可见，与头肩顶同时出现的连续破位的下跌杀伤力是极大的。所以投机者在实际交易中，一旦遇到这种形态的走势，应提高警惕，以免造成损失。

图5－6－4则是另一种形式的连续破位走势。即股价自高位破位A之后，便在破位A和破位B之间徘徊盘整，如果此时股价能够重返破位A上方，则说明股价后期有可能还会持续上涨，但如果其震荡整理一段时间之后不是上涨，而是下跌击穿破位B线，则说明市场前景堪忧。如图5－6－4中所示。

图5－6－4是S*ST新太（600728）2003年2月～2003年11月的日线行情走势图。从图中我们可以看到，S*ST新太（600728）自2003年5月开始经历2个月的下跌，一举击穿了前期的第一低点（破位A），之后便在9.00到10.00元之

图5－6－4

间（也是破位A和破位B之间）徘徊，但经过1个多月的整理后，股价不但没有止跌企稳、反转上涨，反而向下击穿了第二低点（破位B），此后股价便一路走低。

所以，投机者在实际交易中若发现股价击穿第一低点后，便在破位A和破位B之间徘徊整理之时，切莫武断地认为行情见底企稳，就大举买进，即便是你遇到一只止跌企稳的股票，也应看一看其止跌企稳之处是否处于破位A和破位B之间，如果是的话，必须加倍小心，以免股价持续下跌，击破第二低点破位B线，形成连续破位走势，给自己带来损失。

第六章

Chapter 6

超级黑马的选择要素

任何一件事物都有其起决定性作用的各种要素，强势股也是一样。

第一节 黑马价格要素（价）

Section1

低买高卖是投机市场中盈利的主要途径，所有的投机者都知道，要想在投机市场中获取厚利，就必须有足够低的价格优势，但股价到底低到什么程度就算是足够低了呢？按照价值投资者的话来讲，只要一只股票的市价低于其价值的20%以上，就属于股价足够低的范畴了。但是对一些技术派投机者而言，要想找出一只股票的价值似乎并不那么容易，因为他们也不去研究价值，只重视趋势。这就给很多技术派投机者出了一个难题，他们按照趋势买进之后，却发现很多时候自己买进的股票都以高估，买在了高位上。有人说：只要一只股票处于上涨趋势之中，就永远没有高得无法买入这一说法。其意思就是说，一旦一只股票的上涨趋势形成，就应该坚信行情将持续上涨。

事实真的如此吗？很明显，这句话有些夸张了。

看看你的交易记录就会知道，大多数情况下你都是买在高点，卖在低点，仅有的几次盈利，往往也会被一连串的高买低卖所抹杀。

所以，如果你买入的价格不够低，就很难自信地长期持有手中的股票，你会受到市场中的所有因素的影响，即便你咬牙硬撑，结果也不会因为你的坚持而改变，因为最可怕的坚持就是希望已经破灭了，但你还在坚持。所以，不明就里的胡乱坚持，与固执的死撑没有什么区别。

机会到底在哪里？什么样的机会才可以大刀阔斧地建仓？下面我就来回答这个问题。

在实际交易中我发现，如果能将价值分析与技术分析合二为一的话，将更有利于你选到优秀的股票。因为成熟的投机者知道，股票上涨的重要因素是因为公司的业绩在增长，可能它目前在下跌，但只要其业绩能够保持平稳的增长，其股票的价值中枢也就会随之上移，致使股价在超跌之后修复价值偏离。所以对于擅长技术分析的投机者而言，多了解一些公司净值（每股净资产）将非常有利于买到股价足够低的股票。

接下来，我们就以此为基础进一步研究股价、净值、收益、机会四者之间的关系，以求能够更好地将价值和趋势结合起来，并试着在这两者之间寻求一种平衡，以提高交易的胜算。在研究中我发现，那些能够大涨的股票，大多数的好机会都出现在3倍市净率之内（市净率＝股价／每股净资产），如果能够除去那些特殊的业绩非常良好的股票之外，那么当一只每股收益在0.30元以上的股票其股价底部处于3倍以下市净率时（大多数股票应小于2倍市净率），往往代表这是一个非常好的买入标的，如果在这个范围之内出现我们上述章节中所讲述的“长期买入信号”的话，买入这样的股票，往往会在后市获得丰厚的收益。除此之外，就是那些每股收益非常高的个股，比如其每股收益达到0.50元以上，甚至1.00元、2.00元以上的股票，其市净率在3.5倍以下，出现我们上述的买入信号时，也属于良好的买入标的。

为了让你看得清楚明白，我们先来看几幅图和几张表。如图6－1－1～图6－1－6和表6－1－1～表6－1－6中所示。

图6－1－1和表6－1－1是五粮液（000858）2006年3月～2007年6月的日线行情走势图和财务报表中的“每股指标”。从图表中我们可以看到，五粮液（000858）2006年的每股收益为0.4310元，每股净资产为3.0480，但其相对应的股价在10元以上，似乎超过了我们说的0.50元每股收益3倍市净率的标准。但是如果你看一看五粮液（000858）2005年的走势图和财务报表就会知道，2005年五粮液（000858）每股收益为0.2920元，每股净资产为2.7140元，相对应的股价在6.45元～8.30元之间，当时的股价走势实际上是符合要求的，并且其2004年6月除权以后股价只有5.95元，之后股价随着大市走好扶摇直上。五粮液（000858）在2006年看来虽

图6－1－1

表6－1－1

【每股指标】

财务指标(单位)	2009－09－30	2008－12－31	2007－12－31	2006－12－31
审计意见	—	标准无保留意见	标准无保留意见	标准无保留意见
每股收益(元)	0.6060	0.4770	0.3870	0.4310
每股收益扣除(元)	0.6030	0.4830	0.3810	0.4330
每股净资产(元)	3.5500	2.9980	2.5210	3.0480
每股资本公积金(元)	0.2511	0.2511	0.2511	0.3516
每股未分配利润(元)	1.7198	1.2239	0.7947	1.0850
每股经营活动现金流量(元)	1.2764	0.5196	0.4387	0.4928
每股现金流量(元)	0.1681	0.4912	0.3357	0.3006

然有些超标，但这是因为它强于大盘，提前上涨。

我们再来看一下山东黄金（600547）的股价走势图和每股指标。如图6－1－2和表6－1－2中所示。

图6－1－2和表6－1－2是山东黄金（600547）2005年3月～2006年5月的日线行情走势图和财务报表中的“每股指标”。从图表中我们可以看到，山东黄金（600547）2006年的每股收益为0.7802元，每股净资产4.3682元。这个似乎更脱离了标准，但看看山东黄金（600547）的历史报表，我们就会知道，山东黄金（600547）2005年每股收益为0.55元，每股净资产3.89元，相对应的股价在6.77元～10元之间，股价在净资产的3倍以内，其实是符合要求，而且山东黄金（600547）也是当时的一只领先上涨的强势股。其2006年步入牛市之后，随着业绩和净资产的增长，行情也开始顺势飙升，市净率越来越高。

不太懂财务报表的投机者，看到这里可能会有些迷惑，但不要急，后面我就会用非常标准的股价走势图和每股收益

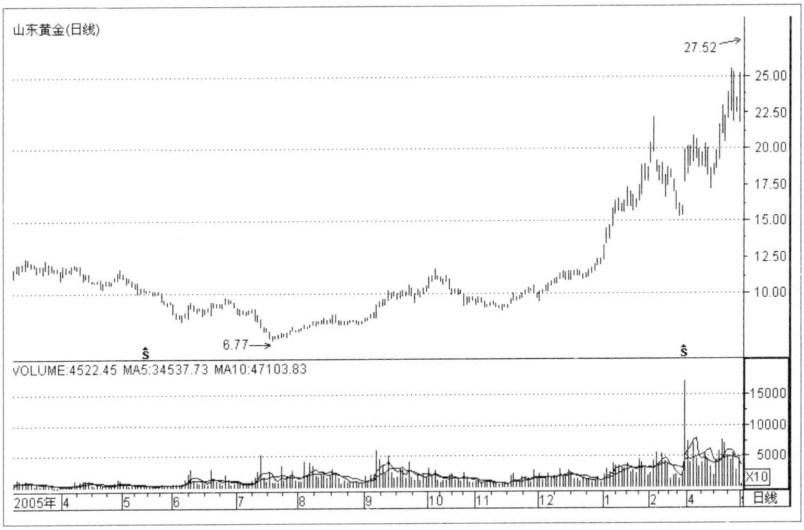

图6－1－2

表6－1－2
【每股指标】

财务指标(单位)	2009－06－30	2008－12－31	2007－12－31	2006－12－31
审计意见	—	标准无保留意见	标准无保留意见	标准无保留意见
每股收益(元)	0.6800	1.8051	1.2053	0.7802
每股收益扣除(元)	0.6800	1.8842	1.2357	0.8022
每股净资产(元)	3.6900	6.3553	5.1107	4.3682
每股资本公积金(元)	0.6613	2.3565	1.6752	1.6590
每股未分配利润(元)	1.8566	2.6520	1.9359	1.3159
每股经营活动现金流量(元)	0.5406	3.2188	1.3322	1.8130
每股现金流量(元)	0.1047	−0.1194	0.6961	0.5998

报表相互对照来为你阐述，相信你会明白的，请先耐着性子看下去。

浦发银行（600000）与上面的五粮液（000858）和山东黄金（600547）的情况基本相同。唯一不同的就是浦发银行（600000）在2006年7月～8月依然处于符合买入标准的范畴之内。其2005年每股净资产为3.97，每股收益0.635，其对应的股价应该在11.91元，而当年浦发银行（600000）股价最低时为6.41元，完全符合标准。见图6－1－3和表6－1－3中所示。

从图表中我们可以看到，当浦发银行（600000）的每股净资产在2006年12月达到5.67元时，其每股收益也增长到0.7710元，按照我们的标准来看，其相对应的股价应该在17.10元以内，其市净率才算符合标准。但我们却看到股价此时在17元左右徘徊，但不久就开始向上脱离标准步入牛市

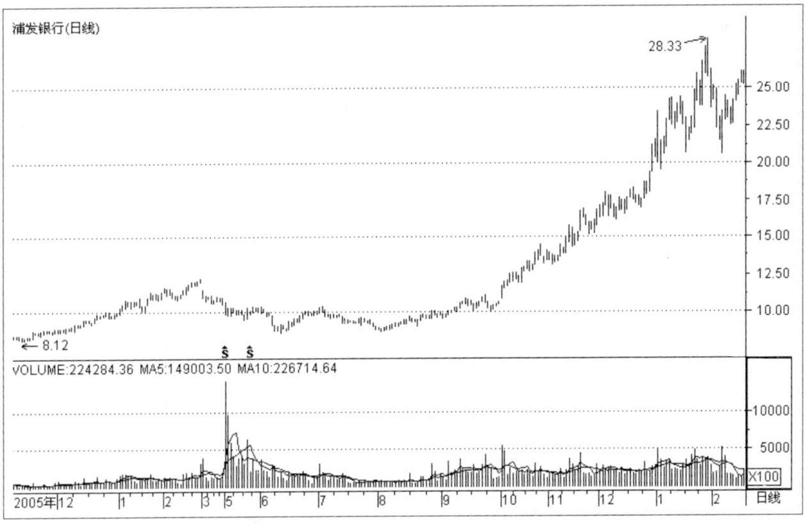

图6－1－3

表6－1－3

【每股指标】

财务指标(单位)	2009－06－30	2008－12－31	2007－12－31	2006－12－31
审计意见	—	标准无保留意见	标准无保留意见	标准无保留意见
每股收益(元)	0.8560	2.2110	0.9710	0.7710
每股收益扣除(元)	0.8540	2.1440	1.1570	0.7600
每股净资产(元)	5.9100	7.3620	6.4980	5.6760
每股资本公积金(元)	1.3265	1.9188	2.1357	2.4269
每股未分配利润(元)	1.5268	2.1004	0.6039	0.2397
每股经营活动现金流量(元)	0.8507	18.6358	12.7275	4.3335
每股现金流量(元)	－1.5601	4.4297	－3.1452	6.4033

了，市净率也越来越高。所以，前期相对低位的信号区域就是一个非常恰当的买入时机。

上面的这几只股票都因为领涨大盘提前启动。因为我们没有足够的历史数据，所以股价与净资产的对比在图表中似乎表现得不太明确，但没有关系，在后面我会做一个总结，做一个确切的定义，让你在实际操作中有据可依。为了让你看得更明白一些，我们要先来阐述一下下面的三只股票，这三只股票就属于那些非常符合标准的，相信你一看就会明白。这也是我最热衷的类型之一。

我们先来看一下深高速（600548）的行情走势和每股指标，见图6－1－4和表6－1－4。

从图中你可以很明白地看到，深高速（600548）2006年除权后的股价为2.86元，2005年其实际股价为3.50元～4.50元左右，每股净资产2.87元，非常符合我们的小于3倍市净率法则。

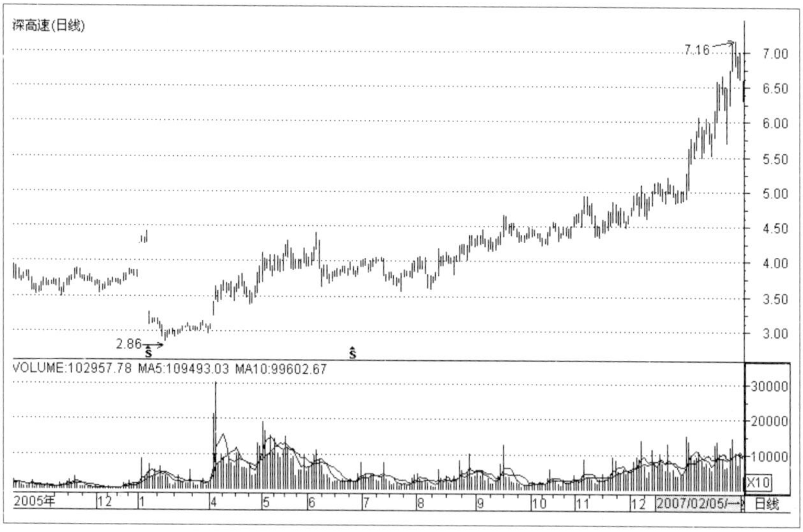

图6－1－4

表6－1－4
【每股指标】

财务指标(单位)	2009－06－30	2008－12－31	2007－12－31	2006－12－31
审计意见	—	标准无保留意见	标准无保留意见	标准无保留意见
每股收益(元)	0.1440	0.2310	0.2780	0.2650
每股收益扣除(元)	0.1400	0.2260	0.2980	0.2510
每股净资产(元)	3.2400	3.2100	3.1400	3.0400
每股资本公积金(元)	1.0428	1.0428	1.0428	0.9379
每股未分配利润(元)	0.5872	0.5635	0.5174	0.5315
每股经营活动现金流量(元)	0.2619	0.4337	0.3722	0.3005
每股现金流量(元)	0.1077	0.0317	0.0635	−0.2266

接下来，我们再看深高速（600548）2006年的股价与每股净资产的比值，从图6－1－4和表6－1－4中我们可以看到，深高速（600548）2006年的每股收益为0.26元，股价为3.00元～5.00元，市净率在2倍以下（市净率越小越好），远小于3倍。所以当这只股票形成我们上述买入信号的时候，就是长线投机者非常保险的买入时机。

同方股份（600100）与深高速（600548）完全属于一种类型的机会个股。如图6－1－5和表6－1－5中所示。

从图表中我们可以看到，同方股份（600100）2006年的每股收益是0.2759元，在0.30元以下，按照我们的标准，其市净率在3倍以下才属于标准的范畴。表中显示同方股份（600100）2006年的每股净资产为5.8600元，其相对应的3倍市净率的股价应该在17.58元以下。图6－1－5显示同方股

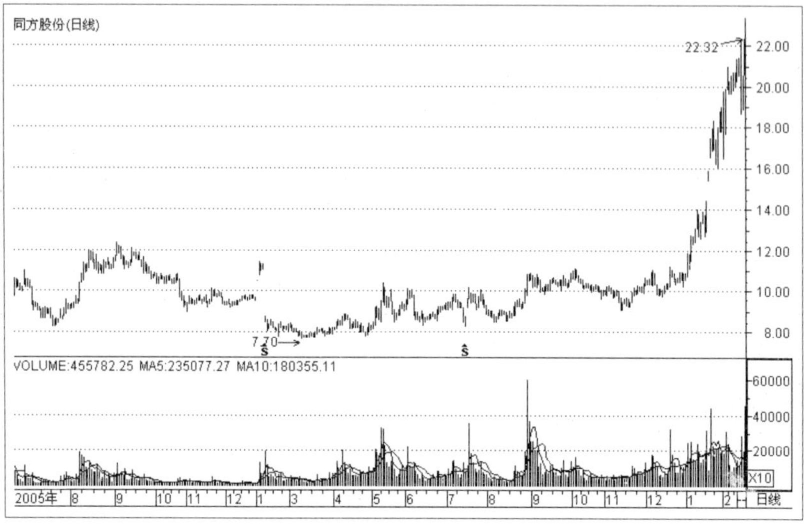

图6－1－5

表6－1－5

【每股指标】

财务指标(单位)	2009-06-30	2008-12-31	2007-12-31	2006-12-31
审计意见	—	标准无保留意见	标准无保留意见	标准无保留意见
每股收益(元)	0.1799	0.2672	0.7381	0.2759
每股收益扣除(元)	0.1134	0.2870	0.4537	0.1614
每股净资产(元)	7.4100	7.2100	9.3100	5.8600
每股资本公积金(元)	4.6301	4.6182	5.6531	3.1216
每股未分配利润(元)	1.3816	1.2016	1.6032	1.1636
每股经营活动现金流量(元)	-0.2938	0.0486	0.3787	0.4805
每股现金流量(元)	-0.0727	0.3426	1.5299	0.5491

份（600100）的股价在2006年的大部分时间都处于11.00元以下，所以符合我们的选股标准。

我们再来看一下万科A（000002）的行情走势图和每股指标。如图6－1－6和表6－1－6中所示。

从图表中我们可以看到，万科A（000002）2006年的每股收益是0.39元，如果按照3倍市净率的标准来计算的话，那么其相对应的股价应该为每股净资产10.26元（3.42元×3＝10.26元）以下。

图中显示，在2006年12月以前，万科A（000002）的股价基本上都处于10元钱以下，符合我们的标准。如果你是一位入市较早的投机者，可能就会知道万科A（000002）2005年的每股收益为0.363元，每股净资产为2.232元，其12月以前的股价在4元以下，其对应的股价为6.696元，也是符合标准的，即便是到了2006年的3月，其股价也仍然在符合标准的3倍市净率的范畴之内，依然属于可以买入的时机。

上面我讲述了3倍市净率的低价区域法则，接下来，我们

图6－1－6

表6－1－6
【每股指标】

财务指标(单位)	2009－06－30	2008－12－31	2007－12－31	2006－12－31
审计意见	—	标准无保留意见	标准无保留意见	标准无保留意见
每股收益(元)	0.2300	0.3700	0.7300	0.3900
每股收益扣除(元)	0.2300	0.3700	0.7200	0.3800
每股净资产(元)	3.1400	2.9000	4.2600	3.4200
每股资本公积金(元)	0.7738	0.7142	1.8671	1.2163
每股未分配利润(元)	0.7420	0.5625	0.5869	0.1903
每股经营活动现金流量(元)	0.8932	－0.0031	－1.5188	－0.6920
每股现金流量(元)	0.6277	0.2666	0.9171	1.7150

再来看一下在3倍市净率的区域中如何选择买入机会。

我们先来看一下万科A（000002）2005年4月～2006年6月的日线行情走势图。如图6－1－7中所示。

从该图中我们可以看到，当2005年万科A（000002）的股价处于3倍市净率之内时，股价领先于大盘上穿250MA均线，之后形成回调，出现了买入信号，在此时买入，就是一个胜算较高、获利丰厚的时机。如果你在市净率超过3倍以上的高位买入股票，即便是出现了上述的信号，风险也会较高。而将所有的买入信号都圈定在3倍市净率以内，你就会更具胜算。

通过上图，我想你应该明白了对于技术分析派而言，股价在什么样的情况之下属于低，在什么样的情况之下属于太高，在什么样的标准之内你的买入信号才会具有最高胜算，你才会具备低价优势。

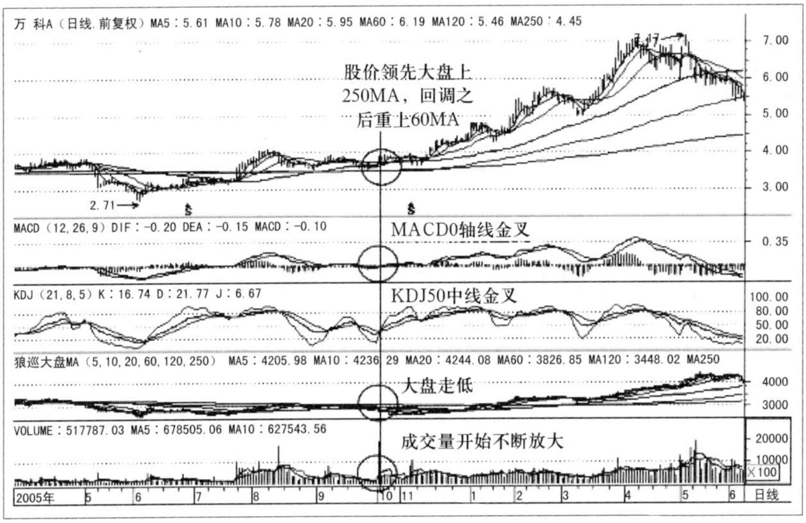

图6－1－7

我们综合归纳一下上面所讲述的，以便给你一个明确的方向。那就是：如果你是一名长线技术派投机者，当一只股票的股价处于3倍市净率以下，并在此范围内发出长期买入信号的时候，才是一个非常好的买入时机，此时买入你的风险就是最小的。当然其市净率越低，每股收益越高越好。如果你发现一只股票，其每股收益在0.30元以上，甚至在0.50元以上，但其股价却在3倍市净率以下（当然2倍以下会更好）领先于大盘上涨并在250MA均线的上方形成买入信号的话，那么你几乎就没有什么风险。因为任何一只股票在牛市来了的时候其市净率都会超过这个标准，所以只要牛市来了你一定会赚钱。

现在你应该知道，那些脱离此标准，买入一个高市净率的股票的投机者，虽然也是根据技术信号买入股票，但实际上，他们承担了很大的不确定性风险。最保险的买入信号，是那些股价小于其3倍市净率时形成的信号，超出这个范围你的风险就会变大。因为高市净率和高市盈率本身就是风险。

记住：在熊市末期和牛市初期，在小于3倍（越小越好）的低市净率区域，根据信号的提示，买入那些领涨大盘的绩优股，必定会让你惊喜连连。

第二节　黑马成交量要素（量）

Section2

“价量齐升”和“缩量整理”也是判断行情走势真假的重要依据。

我们先来讲一下第一要素“价量齐升”。

在一个正常的市场中，成交量的不断上升往往可以推动行情的价格不断上涨，特别是在行情出现明显的底部后步入上涨趋势之中时，通常预示买盘活跃，价格有可能持续上涨，属于一个积极的买入信号。如图6－2－1中所示。

图6－2－1是大连热电（600719）2005年12月～2006年8月的日线行情走势图。从图中我们可以看到，大连热电（600719）的价格创下阶段性低点2.49元之时，成交量并没有多大的变化，直到行情震荡上行至60MA均线的上方之后，成交量才开始逐步温和放大，并出现价量齐升的强势特征，属于胜算较高的买入信号。

所以在现实交易中，投资者若发现类似行情走势时，可适时逢低建仓，已经建仓的投资者应坚定地持有仓位。

当然，如果在下跌趋势当中出现类似走势，并不意味着投资者就可以马上介入，或行情马上就可以上涨。因为在下跌趋势中，虽然有时行情在底部出现温和放量后价格也会随量上升，但此时价格的走势方向却并不能就此确定，因为我们经常会看到的一个现实就是，价格随量上升之后，行情依然会下跌，即便是行情就此上升了，也会因为各种因素导致行情大幅回调，并且此类调整没有固定的时间模式，少则十

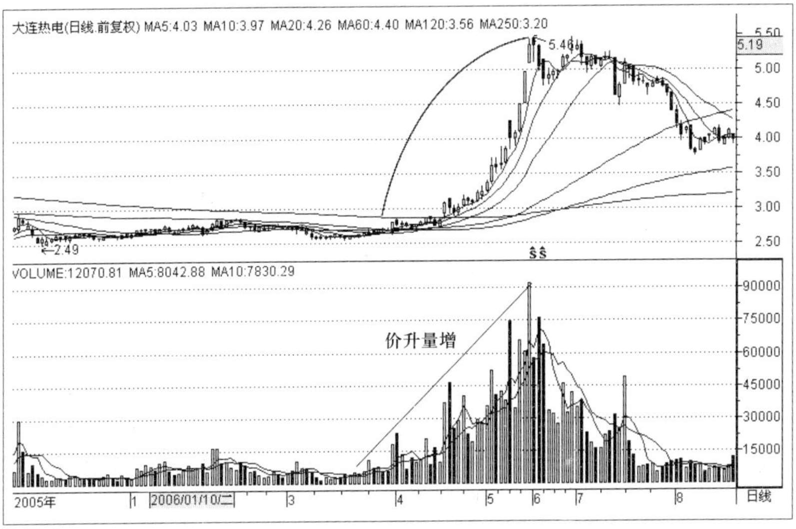

图6－2－1

几天，多则几个月。

所以，投资者在遇到类似行情走势时，应有足够的耐心来等待行情的确认，并在支持买进的理由没有被证明是错误的时候分批买入。需要注意的是，当价格随量温和上扬之后，其调整的幅度不宜低于放量前期的低点创下新低，因为调整幅度如果低于先前放量的低点，则说明市场目前的抛压还很大，已经超过了先前放量时的大量买盘，后市有可能会持续下探，再创新低。

上面讲述的是“价升量增”的强势要素。接下来，我再来讲述一下“缩量整理”的弱势要素。

“缩量整理”的走势形态，通常会发生在上涨趋势之中，因为只有在上涨趋势中才会出现回调的走势。行情经过长时间的上涨之后，积累了较多的短线获利盘，出现短期超买，所以行情也必定会因为这些短期获利盘的卖出，产生局部回调。但这并不意味着长期上涨趋势就此结束。所以，行情价格在回调的过程中，其下方的成交量出现缩量的现象，

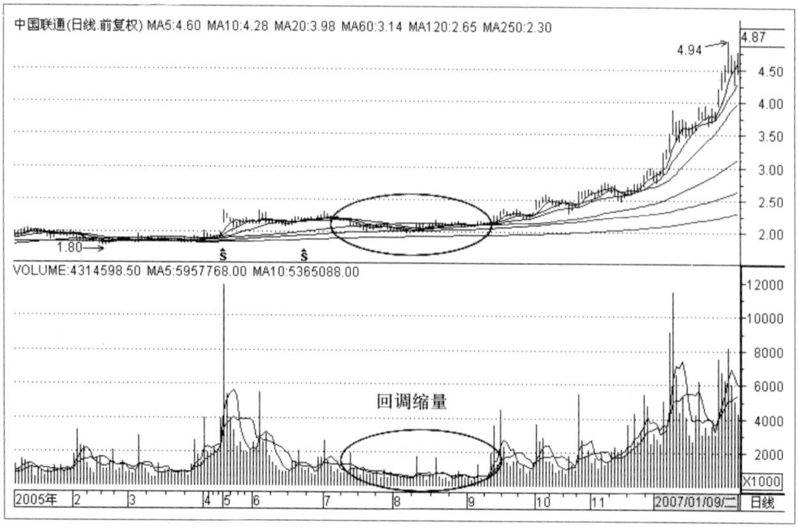

图6－2－2

即“回调缩量”形态，就属于一个健康的回调信号。如图6－2－2中所示。

图6－2－2是中国联通（600050）2005年1月～2007年1月的日线行情走势图。

从上面的图示中，我们可以看到，中国联通（600050）的行情走势自2005年4月上穿250MA均线步入长期多头趋势之后，从2005年6月开始便步入了一波为期3个月左右的回调整理行情中。我们可以看到，中国联通（600050）的股价在回调期间，其下方的成交量跟随价格的回调出现了缩量形态。这说明，行情在上涨的过程中，只有少部分的短线投资者在卖出手中的股票，并未出现大量的抛单，市场抛压并不严重。接下来行情再次回升，且呈现“价升量增”的形态，强势特征明显，属于积极的买入信号。投资者在实际操作的过程中，若发现类似的走势形态时，应注意把握建仓机会。

第三节　黑马形态要素（形）

Section3

一个人的长相秀丽端庄，自然惹人喜爱，机会也会比别人多一些。股票也是如此，形态走势好看一些的自然惹人追捧。如果一只股票总是不规则地大幅波动，则不但让人心情不悦，也会让人面临亏损。所以有经验的投机者在选择股票的时候，通常都会选择那些走势平稳、顺滑、有型的股票，因为这代表这只股票走势健康，交投稳定。

看一看下面的这两幅图，你就会知道参入这样的行情走势中，大多数人都会被它颠得头晕眼花，还谈什么分析判断？如图6－3－1和图6－3－2中所示。

从图中我们可以看到，这两段行情的波动幅度都属于过大的类型。换言之，大多数投机者若交易这种走势形态的股票，相信你获利的机会将大打折扣。

那么，投机者应该交易什么样的走势形态的股票呢？

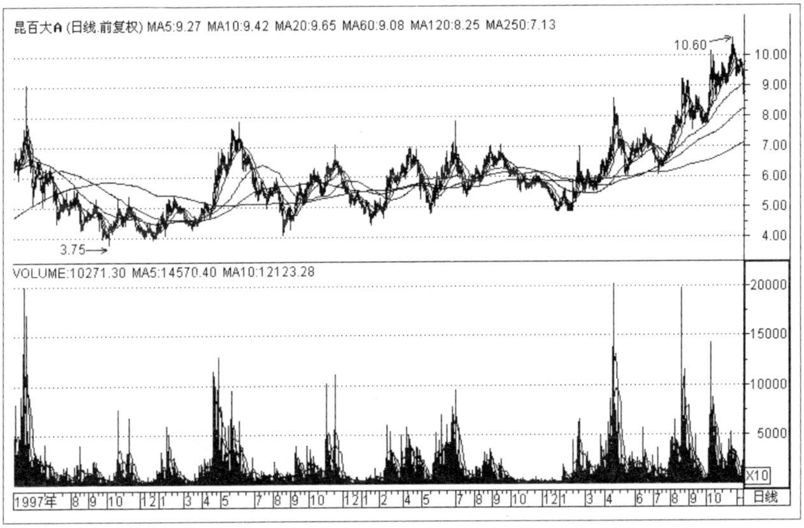

图6－3－1

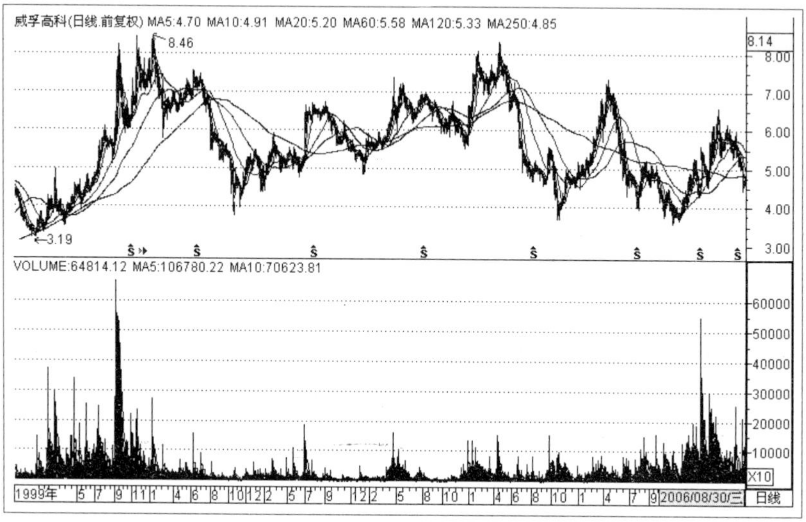
威孚高科(日线,前复权) MA5:4.70 MA10:4.91 MA20:5.20 MA60:5.58 MA120:5.33 MA250:4.85
8.46
3.19
VOLUME:64814.12 MA5:106780.22 MA10:70623.81
2006/08/30/三
日线

图6－3－2

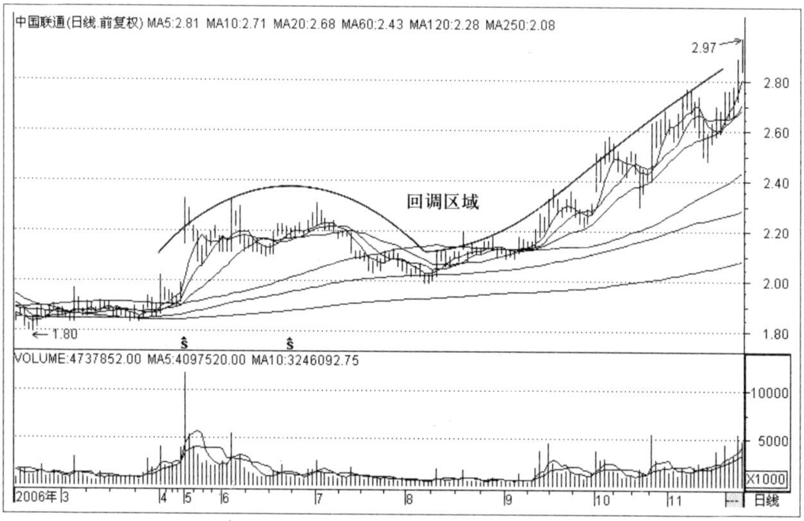
中国联通(日线,前复权) MA5:2.81 MA10:2.71 MA20:2.68 MA60:2.43 MA120:2.28 MA250:2.08
2.97
回调区域
1.80
VOLUME:4737852.00 MA5:4097520.00 MA10:3246092.75
2006年
日线

图6－3－3

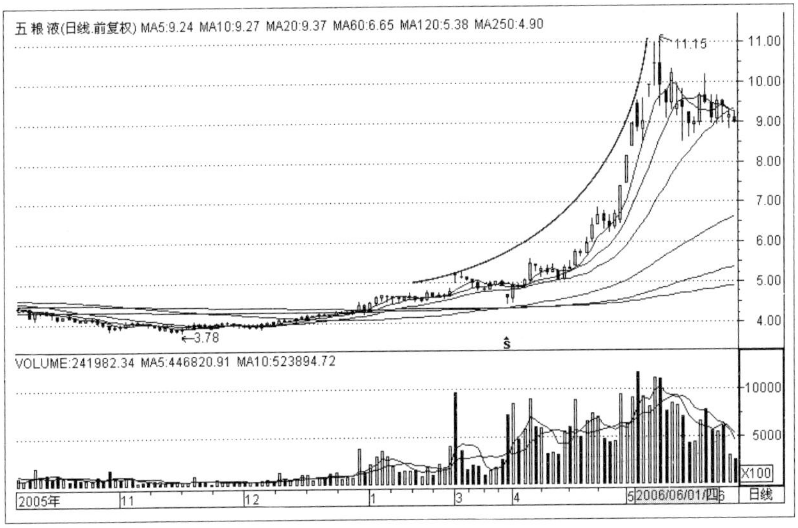

图6－3－4

我的回答是：你应该交易那些回调有型、走势顺滑、爬升有力、运行平整的形态股票。如图6－3－3～图6－3－6中所示。

我们先来看一下什么样的走势形态属于回调有型的走势形态，如图6－3－3中所示。

从该图中我们可以看到，中国联通（600050）2005年7月～9月的股价走势在回调时能够形成明显的回调区域，并且其成交量也随之缩量，量价结合得非常合理，这就是回调有型的走势形态。

我们再来看一下什么样的走势形态属于走势顺滑的形态，如图6－3－4中所示。

从该图中我们可以看到，五粮液（000858）2005年12月～2006年6月之间的股价走势非常顺滑，没有太多的过度震荡，并且价升量增，配合得非常好，这样的就属于走势顺滑的形态。

我们再来看一下什么样的走势形态属于爬升有力的走势

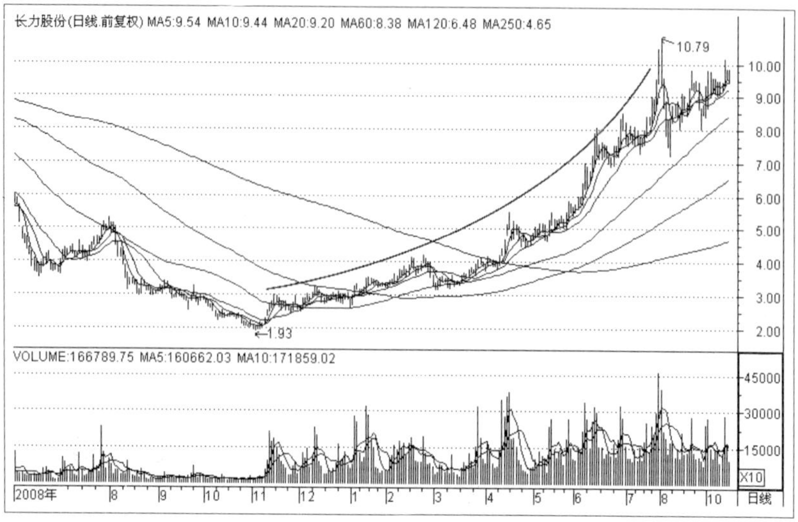

图6－3－5

形态，如图6－3－5中所示。

从该图中我们可以看到，长力股份（600507）的股价走势在1.93元低位上涨不久，成交量就出现了不断放大的形态，且股价在上升的走势中，虽有曲折，但却在成交量的配合下显得信心十足，穿越250MA均线时也很利索，即便出现回调，其幅度也非常小，这样的就属于爬升有力的走势形态。

那么什么样的走势形态属于运行平整的走势形态呢？如图6－3－6中所示。

从该图中我们可以看到，双钱股份（600623）自2009年上涨以来，其走势形态就非常平整，也没有出现太大的波动，而是呈现小幅震荡爬升的通道形态，这样的就属于运行平整的走势形态。

当然，在现实情况中行情的走势会千差万别，如果你完全按照上述图形中的走势形态到实际中寻找相同的走势，可能你会很失望。你需要领会的是这其中的神髓，而不是简单的图形。总之一句话：波动起伏要有序，爬升上涨要有力，

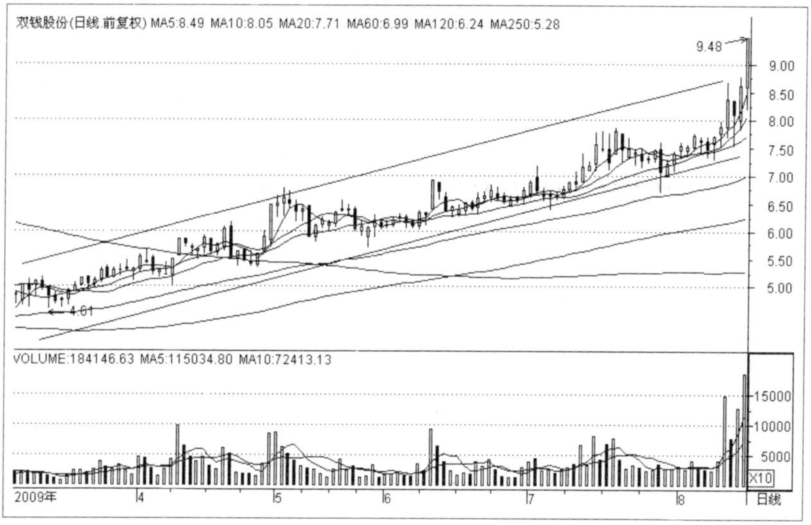

图6－3－6

调整震荡要有型，不乱不杂要有度。

其余的就需要你在实践中不断地揣摩，不断地观察，还要多看经典图形，以确保你在实际交易的时候，一看到某一行情的走势形态，就能够快速地确定这一图形的类型、特征，以及其所代表的各种寓意。

第四节 黑马走势要素（势）

Section4

这一点在前面我已经讲了好多次，在这里就再简要地提点一下，当作总结。

黑马走势的第一要素就是要领先于大盘，并且要先行步入牛市形成上涨趋势。领先于大盘并不只是一两天内领先，而是领先一段时间或一个周期，比如10日以上、20日以上、

30日以上、60日以上等等，当然领先的时间越长越好。回过头去看看那些涨势让人惊叹的超级黑马，基本上都是领先于大盘很长时间的，虽然也有一些滞后大盘的股票最终也能够成为超级黑马，但其概率是非常小的。

换言之，在熊市中长时间领先于大盘的股票80%属于超级黑马，而那些滞后大盘上涨的股票80%都不是超级黑马，虽然它们也能够上涨。

所以，只有那些在熊市中有了较长周期的领先股票，我们才能说它的走势是强于大盘的，才是值得关注的股票，否则它就只不过是一时的幻象而已。

接下来，我就要讲一下黑马走势的第二要素——形成上涨趋势。

一只股票是不是形成了上涨趋势的标准，不是“它在不断的上涨”这一模糊的概念，而是它开始步入牛市或者说刚刚步入上涨趋势，行情马上就要上涨了。

换言之，我们要关注那些刚刚步入上涨趋势（牛市头部）之中的股票，并要等到它“正好”形成买入信号的时候再开始买入。

比如我们用250MA均线或350MA均线作为行情走势的牛熊分水岭，那么当股价自高位向下跌至250MA均线或350MA均线下方时，就意味着行情开始步入长期下跌的熊市趋势之中。相反，如果股价自低位向上涨至250MA均线或350MA均线上方时，就意味着行情开始步入长期上涨的牛市趋势之中。而我们就是要买入那些领先于大盘步入牛市上涨趋势的股票，并在牛市上涨趋势形成的初期，遵循买入信号的指引入场交易。这就是本书的本质，也就是选择超级黑马的关键。如图6－4－1中所示。

看一看图6－4－1中所示的万科A（000002），我们可以发现，万科A（000002）在2005年的走势几乎完全符合我们选择超级黑马的标准，并且，其信号买入处几乎完全吻合买入的标准。我们来悉数看一下：

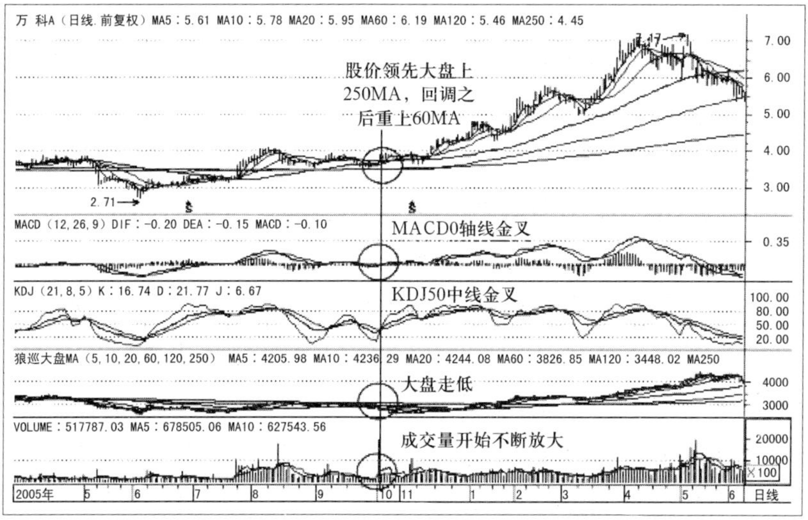

图6－4－1

1．股价领先于大盘上涨至250MA均线上方，形成完整的回调走势，且回调缩量。

2．MACD指标0轴线发出上涨金叉买入信号。

3．KDJ指标在20以下触底反升并在50中线附近形成金叉。

4．成交量随着股价的再次走高而放大。

5．符合股价低价小于3倍市净率低价标准。

看到这里，我想，你心中应该有了一个如何选择超级黑马的初步框架了吧。多多思考，好好研究，然后逐步地完善你脑海中的框架，相信在不久之后，你就可以成为选股专家了。

第五节　黑马均线运行要素（线）

Section5

均线运行要则与股价走势要则基本一致，都要求运行要平顺、有序、不杂、不乱，且应向上发散，而不能向下发散。因为均线向上发散，意味着股价在上涨或市场前进明朗；均线向下发散，就意味着股价倾于下跌或前景堪忧。

股价趋势的体现主要来自于股价K线和均线两者相结合，各周期参数的均线都意味着各周期股价的平均成本或平均价格。如果均线走势在不断上移，则说明周期内的股价平均成本在上升，市场持续走高概率较大。相反，如果均线走势在不断下移，则说明周期内的股价平均成本在下降，市场持续走低下跌的概率较大。所以在交易中，最忌讳参与那些均线平顺向下或走势杂乱怪异的行情。因为这些均线现象所表达的含义就是：市场目前正处于不利的市道中，并不是技术派投机者买入的最佳时机。如图6－5－1深鸿基（000040）2007年10月～2008年12月的日线行情走势图和图6－5－2深鸿基（000040）2002年9月～2003年11月的日线行情走势图中所示。

从这两幅图中我们可以看到，当中期均线（30MA均

图6－5－1

图6－5－2

线、60MA均线）的走势向下击穿250MA均线的时候，行情已经完全处于熊市下跌的走势之中。特别是图6－5－1中的均线形态，更是非常顺滑的向下加速的走势形态，如果你套牢在这样的均线形态中，指望用长期持有的方法来换取行情的回归或扳回损失，犹如太阳从西边一下子出来三个。

而图6－5－2中的均线形态不但处于下跌走势，并且股价上蹿下跳，复杂而怪异，可能你会自作聪明地做做短线，偶尔赚那么一点小钱，但如果你长时间地耗费在这样的行情走势中，我相信用不了多久你就会发现，要让你的资金增长，就像等待铁树开花。

但在那些均线向上发散，股价走势平顺、波动有序的股票上，盈利可就容易多了，这就是牛市中即便是傻瓜也能赚到一些钱的原因。如图6－5－3深鸿基（000040）1999年1月～1999年8月的日线行情走势图和图6－5－4深鸿基（000040）2005年6月～2006年12月的日线行情走势图。

这两幅图中的均线排列是向上发散的，行情虽然也有

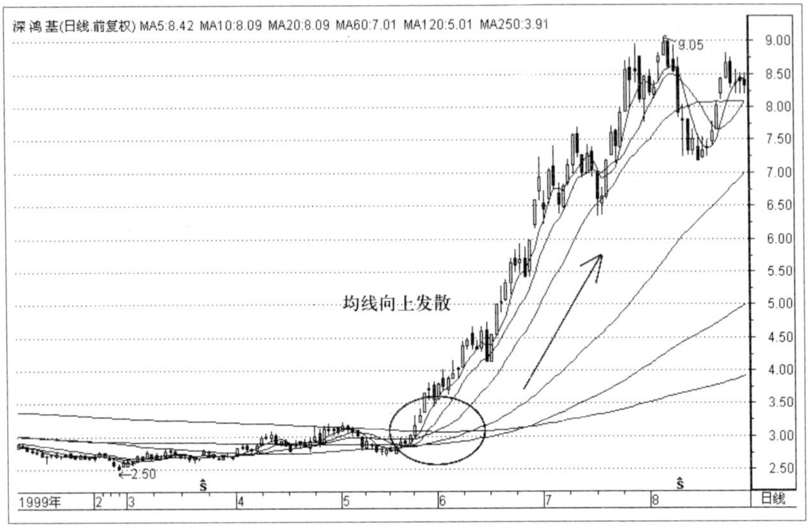
深鸿基(日线.前复权) MA5:8.42 MA10:8.09 MA20:8.09 MA60:7.01 MA120:5.01 MA250:3.91
9.05
均线向上发散
2.50
1999年
日线

图6－5－3

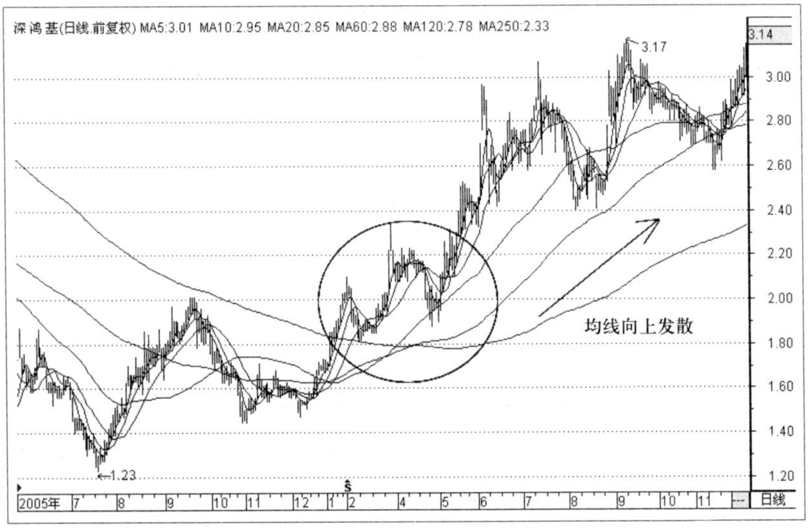
深鸿基(日线.前复权) MA5:3.01 MA10:2.95 MA20:2.85 MA60:2.88 MA120:2.78 MA250:2.33
3.17
3.14
均线向上发散
1.23
2005年
日线

图6－5－4

震荡回落，但都是有序的、有节奏的，而不是像图6－5－2中那样怪异而无规律，即便你水平再差，也有可能赚到一些钱。但在图6－5－1和图6－5－2中那样的均线形态中，即便是一流的高手也很难赚到钱。正所谓，顺势者昌，逆势者亡。所以投机者要想轻松而有把握地获利，就应该遵循那些最古老、最经得起考验的规则行事，那就是静待均线向上发散，在趋势形成之时再开始行动，并重视那些波动有序、走势平顺的股票。

第六节　黑马财报要素（表）

Section6

一个人要想真正成功终归要依靠能力，一只股票要想真正大涨终归要依靠业绩。这是我深信的一条法则！

在这一节中我要告诉你我的方法，这个方法会让你不再是碰到好运气，而是找到好运气。以前你的好运气可能完全是种侥幸，但学会了这一章的方法，好运气对你来说就是理所当然的，即使不能立竿见影，那也只不过是时间问题。为了能够让你深信、并掌握这种方法，这一节我将采用较多的图和表来为你解说。

要想在投机市场成为固定的赢家，让自己有限的钱多打几个滚，必须依靠能力，仅靠碰运气是行不通的。你可以偶尔地碰碰运气，但如果想要以投机为业，就不能依靠碰运气，因为运气是偶然的、随机的、无法准确把握的。这意味着，所有事物的发展，都必须要依赖最根本的东西，才能恒定持久地保持其固有的效用和变化特性。同样，要想将偶尔碰到一只好股票转变为经常买到好股票，你就必须研究什么样的股票属于好股票，什么样的股票根本就不会有太大的涨幅。

决定股票价值的根本是公司的业绩和成长性。公司的基本面、业绩、成长性犹如一个人的能力，虽然有时可能落魄，但一旦机会来临其必定一飞冲天。可能你会看到一些业绩不佳的股票有时也会一飞冲天，昔日的鹌鹑可能变成了老鹰。但如果你理性地权衡一下，你喜欢当固定的赢家，还是愿意做一个随机致富的傻瓜呢？你愿意与一个有能力的公司合作，还是愿意与一个喜欢碰运气的赌徒合作？我相信你能够做出正确的抉择。因为面对那些爱冒险的赌徒，你根本就赌不过他们。但如果想要稳定持久的发展，那些靠碰运气的赌徒就并非你的对手了。

有时候，你可能会因为偶尔地抓住了某只好股票，大赚了一笔，但如果缺乏正确的选股方法，早晚你的这些盈利还会吐出去。事实证明，要想成为固定的赢家，就必须依赖正确的方法，遵循正道。要想找到未来可能大幅上涨的股票，就必须研究公司的业绩和成长性等决定公司前景的各种条件。

你还需要知道一点，虽然公司的业绩决定股票的价值，但它并不会直接影响、决定股票近期的涨跌，决定股票涨跌的是市场自身的有效性（市场自身的有效性就是市场因为国家的实体经济、主体经济等各种因素所诱发的市场牛熊波动）。换句话说，市场的有效性就是很多的上涨或下跌的同类因素的集聚效应，在某一时刻爆发产生的涨跌变化，这种变化正是市场行为的关键，它可以激发市场的情绪和信心。所以投机者在明白市场波动的原因和条件之外，还必须善于追溯和发现这些集聚因素可能产生的爆发时机，并在这一时机到来之时参与进去。

请记住，股市萎靡但经济却飞速发展，以及股价在下跌但业绩却在不断攀升，这就给以后的大牛市和大行情带来了莫大的确定性，但这并不意味着经济发展会与股市的好转同步产生。事实证明，宏观主体经济的发展与证券市场的趋势走向并非总是步调一致。熊市也并不总是与经济萧条同步出现。

基本面投资者犯的最大错误就是认为股票和公司是一回事；技术面投资者犯的最大错误就是认为股票和公司毫不相干。

——费尔·罗斯（MillerTabak首席技术市场分析师）

为了证明公司的性质和业绩影响着公司的价值，决定公司股票未来长期的价格走向，我们来看一看稀有金属板块中的个股的业绩表现。

如图6－6－1～图6－6－4和表6－6－1～表6－6－4中所示。注：表中灰色高亮部分属于主要参考对比的指标，同板块中的个股优劣就是对比这些项目指标的。如果你还不太懂得如何读财务报表，只需要看一下公司的每股收益即可，它是一家上市公司盈利能力最直观的表现，也是最重要的业绩评估指标之一。

从这些行情走势图和简要的财务指标中不难发现，这些有着彪悍的涨势的股票，都有着较高的每股收益，其中对其收益起着决定性作用的是稀有金属需求的不断增加诱发了公司纯利润的不断攀升，在业绩不断向好的前提下，每股收益也在不断攀升。同时我们还不难发现，凡是业绩相对差一些的公司股票，其股价也相对于业绩好的公司股票的股价较低，这充分地说明了公司业绩对股票未来价值的影响力。

所以投机者如果完全脱离开决定股票价值的根本因素，忽略对公司的基本面和业绩的研究，把所有精力都用在琢磨行情走势上，就永远不可能找到走势如此彪悍的股票。但投机者也要知道，一只股票的内在价值会随着市场环境的变化出现不同的变化。有时候公司的业绩虽然在下降，但其市场前景依然广阔，并且股市大势也向好，也不一定会引起股价的下跌。同样，一个公司的业绩虽然在上升，但其市场前景不好，股市正处于大势下跌的阶段，股价大多数情况下也会跟随大势下跌，逆势上涨的可能性也会很渺茫。所以如果你并不打算靠着自己“粗浅的价值理念”进行“价值投资”，那么本书中的交易方法将会为你指明另一条可行的道路。

表6－6－1
吉恩镍业（600432）【历年简要财务指标】

每股指标(单位)	2007-12-31	2007-09-30	2007-06-30	2007-03-31
每股收益(元)	3.7000	2.1800	1.4300	0.7000
每股收益扣除(元)	3.2600	2.0700	1.4300	0.7000
每股净资产(元)	9.9900	6.0800	5.4300	4.9600
调整后每股净资产(元)	—	—	—	—
净资产收益率(%)	33.8200	35.8500	26.3000	14.1500
每股资本公积金(元)	3.5745	1.1736	0.9303	0.9303
每股未分配利润(元)	4.9145	3.8567	3.0730	2.5953
主营业务收入(万元)	266919.53	199317.99	124407.74	59806.72
主营业务利润(万元)	—	—	—	—
投资收益(万元)	550.82	—	—	—
净利润(万元)	85962.70	53916.35	32586.71	15996.58

每股指标(单位)	2006-12-31	2006-09-30	2006-06-30	2006-03-31
每股收益(元)	1.3100	0.7200	0.4800	0.2200
每股收益扣除(元)	1.1400	0.7100	0.4700	0.2200
每股净资产(元)	4.6300	3.8100	4.2000	4.0100
调整后每股净资产(元)	—	3.7900	4.1600	3.9800
净资产收益率(%)	28.6600	18.8400	11.5400	5.4100
每股资本公积金(元)	1.1674	0.9303	1.3163	1.3138
每股未分配利润(元)	2.1671	1.5785	1.5169	1.3328
主营业务收入(万元)	158203.08	97450.96	60173.83	27193.25
主营业务利润(万元)	—	—	—	—
投资收益(万元)	—	-68.06	-68.06	—
净利润(万元)	30234.91	17318.05	9016.29	4120.68

【每股指标】

财务指标(单位)	2007-12-31	2006-12-31	2005-12-31	2004-12-31
审计意见	标准无保留意见	标准无保留意见	标准无保留意见	标准无保留意见
每股收益(元)	3.7000	1.3100	0.8500	0.7400
每股收益扣除(元)	3.2600	1.1400	0.8600	0.7200
每股净资产(元)	9.9900	4.6300	3.8100	3.2400
每股资本公积金(元)	3.5745	1.1674	1.3138	1.3009
每股未分配利润(元)	4.9145	2.1671	1.1325	0.7182
每股经营活动现金流量(元)	1.3321	1.2076	0.9313	0.8446
每股现金流量(元)	1.6102	0.9063	0.0056	-0.2516

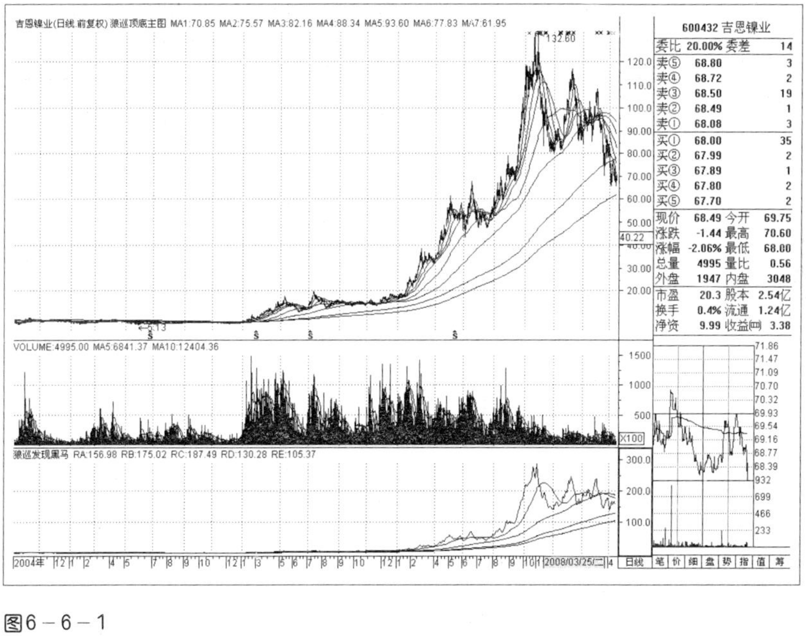

图6-6-1

表6－6－2
驰宏锌锗（600497）【历年简要财务指标】

每股指标(单位)	2007－12－31	2007－09－30	2007－06－30	2007－03－31
每股收益(元)	3.3615	2.5989	1.7036	0.7678
每股收益扣除(元)	3.2665	2.6114	1.7171	－
每股净资产(元)	7.8266	7.0650	6.1700	10.4654
调整后每股净资产(元)	—	—	—	—
净资产收益率(%)	42.9500	36.7900	27.6100	14.6700
每股资本公积金(元)	2.5807	2.6215	2.6215	5.2430
每股未分配利润(元)	3.4763	2.9849	2.0896	3.3050
主营业务收入(万元)	611066.75	452519.69	289658.98	130463.19
主营业务利润(万元)	—	—	—	—
投资收益(万元)	16.78	—	—	—
净利润(万元)	131099.41	101357.40	66442.19	29943.16

每股指标(单位)	2006－12－31	2006－09－30	2006－06－30	2006－03－31
每股收益(元)	3.1289	3.8558	2.2556	0.6710
每股收益扣除(元)	2.7956	3.8710	2.2684	0.6850
每股净资产(元)	5.9656	7.8730	6.2600	5.1790
调整后每股净资产(元)	—	7.8560	6.2550	5.1640
净资产收益率(%)	44.6000	48.9800	36.0100	12.9500
每股资本公积金(元)	5.1624	2.4881	2.4862	2.4862
每股未分配利润(元)	4.8512	3.9069	2.2992	0.7144
主营业务收入(万元)	450211.91	320180.56	182822.20	72102.64
主营业务利润(万元)	—	—	—	—
投资收益(万元)	−2.36	—	—	—
净利润(万元)	103773.83	61719.65	36108.62	10720.63

【每股指标】

财务指标(单位)	2007-12-31	2006-12-31	2005-12-31	2004-12-31
审计意见	标准无保留意见	标准无保留意见	标准无保留意见	标准无保留意见
每股收益(元)	3.3615	3.1289	0.8180	0.3680
每股收益扣除(元)	3.2665	2.7956	0.8650	0.3780
每股净资产(元)	7.8266	5.9656	4.5090	3.7650
每股资本公积金(元)	2.5807	5.1624	2.4862	2.2596
每股未分配利润(元)	3.4763	4.8512	0.5449	0.3130
每股经营活动现金流量(元)	2.3879	2.3650	1.2576	1.3122
每股现金流量(元)	0.4136	0.2028	-0.9063	1.0999

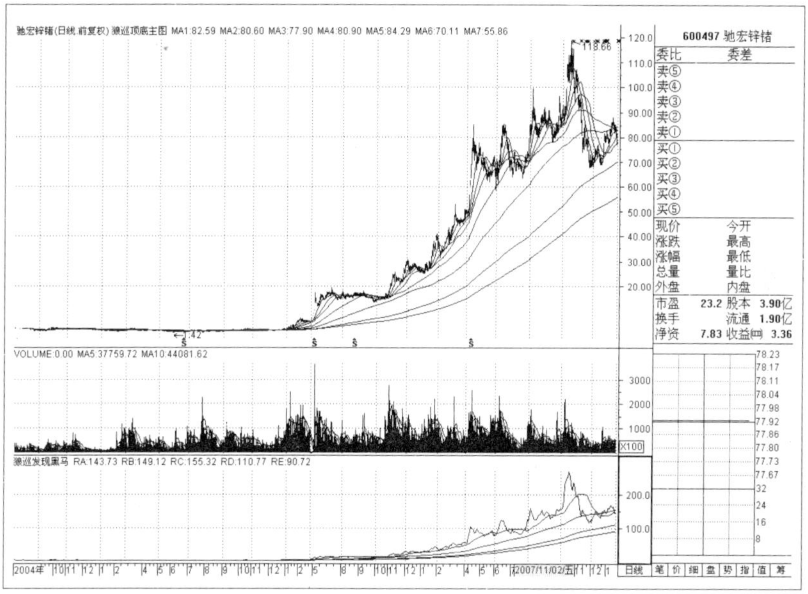

图6-6-2

表6－6－3
厦门钨业（600549）【历年简要财务指标】

每股指标(单位)	2007－12－31	2007－09－30	2007－06－30	2007－03－31
每股收益(元)	0.3848	0.2095	0.1518	0.0614
每股收益扣除(元)	0.3284	0.1932	0.1386	0.0537
每股净资产(元)	3.4279	3.2500	3.1900	3.3000
调整后每股净资产(元)	—	—	—	—
净资产收益率(%)	11.1500	6.3800	4.6900	1.7000
每股资本公积金(元)	1.3353	1.3749	1.3749	1.3732
每股未分配利润(元)	0.9655	0.6256	0.5678	0.6743
主营业务收入(万元)	462509.00	315563.00	214991.37	82416.70
主营业务利润(万元)	—	—	—	—
投资收益(万元)	58.49	93.73	25.08	—
净利润(万元)	20043.68	10884.60	7851.52	2945.12

每股指标(单位)	2006－12－31	2006－09－30	2006－06－30	2006－03－31
每股收益(元)	0.5022	0.4461	0.2513	0.2116
每股收益扣除(元)	0.4772	0.4344	0.2404	0.1990
每股净资产(元)	2.2329	2.1400	1.9500	3.7100
调整后每股净资产(元)	—	2.1400	1.9500	3.7100
净资产收益率(%)	22.4900	20.8000	12.9000	5.7100
每股资本公积金(元)	0.2377	0.2841	0.2819	1.1690
每股未分配利润(元)	0.8777	0.4605	0.2657	0.7404
主营业务收入(万元)	440957.15	338289.76	197653.29	91229.74
主营业务利润(万元)	—	—	—	—
投资收益(万元)	730.13	23.69	—	—
净利润(万元)	24105.38	21438.33	12098.44	5525.77

【每股指标】

财务指标(单位)	2007－12－31	2006－12－31	2005－12－31	2004－12－31
审计意见	标准无保留意见	标准无保留意见	标准无保留意见	标准无保留意见
每股收益(元)	0.3848	0.5022	0.7136	0.4600
每股收益扣除(元)	0.3284	0.4772	0.6676	0.4400
每股净资产(元)	3.4279	2.2329	3.5000	2.9800
每股资本公积金(元)	1.3353	0.2377	1.1690	1.1640
每股未分配利润(元)	0.9655	0.8777	0.5287	0.3020
每股经营活动现金流量(元)	0.5252	0.6420	0.9569	0.0963
每股现金流量(元)	1.5467	－0.1063	0.6542	－0.3160

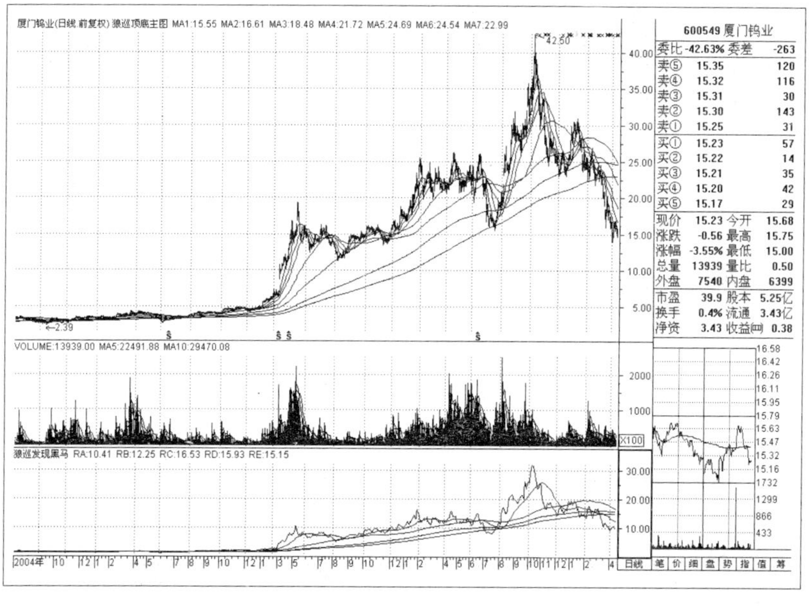

图6－6－3

表6－6－4

包钢稀土（600111）【历年简要财务指标】

每股指标(单位)	2007-12-31	2007-09-30	2007-06-30	2007-03-31
每股收益(元)	0.7630	0.4610	0.1970	0.1600
每股收益扣除(元)	0.9600	0.6510	0.4090	0.1500
每股净资产(元)	3.7590	3.4740	3.2110	3.2300
调整后每股净资产(元)	—	—	—	—
净资产收益率(%)	20.3070	13.2600	6.1470	5.0300
每股资本公积金(元)	1.2849	1.1745	1.1743	1.1740
每股未分配利润(元)	1.1023	1.0354	0.7720	0.7870
主营业务收入(万元)	249958.75	165619.50	110223.62	52594.29
主营业务利润(万元)	—	—	—	—
投资收益(万元)	334.28	334.27	167.60	73.99
净利润(万元)	30814.91	18600.95	7966.70	6554.53

每股指标(单位)	2006-12-31	2006-09-30	2006-06-30	2006-03-31
每股收益(元)	0.1790	0.0870	0.0510	0.0080
每股收益扣除(元)	0.2120	0.0950	0.0580	0.0140
每股净资产(元)	3.4540	2.9170	2.8870	2.8440
调整后每股净资产(元)	—	2.7070	2.6830	2.6370
净资产收益率(%)	5.1910	2.9870	1.7750	0.2860
每股资本公积金(元)	1.6925	1.1629	1.1688	1.1688
每股未分配利润(元)	0.4805	0.5122	0.4763	0.4333
主营业务收入(万元)	160916.54	87554.25	56311.25	21160.58
主营业务利润(万元)	—	—	—	—
投资收益(万元)	-168.39	46.62	-6.18	3.70
净利润(万元)	7236.29	3516.92	2067.85	328.55

【每股指标】

财务指标(单位)	2007-12-31	2006-12-31	2005-12-31	2004-12-31
审计意见	标准无保留意见	标准无保留意见	带强调事项段的无保留意见	带强调事项段的无保留意见
每股收益(元)	0.7630	0.1790	0.0320	0.0540
每股收益扣除(元)	0.9600	0.2120	0.0350	0.0720
每股净资产(元)	3.7590	3.4540	2.8350	2.7880
每股资本公积金(元)	1.2849	1.6925	1.1684	1.1540
每股未分配利润(元)	1.1023	0.4805	0.4251	0.4024
每股经营活动现金流量(元)	0.7405	0.6890	0.2546	0.1033
每股现金流量(元)	0.0070	0.7314	0.1499	-0.0414

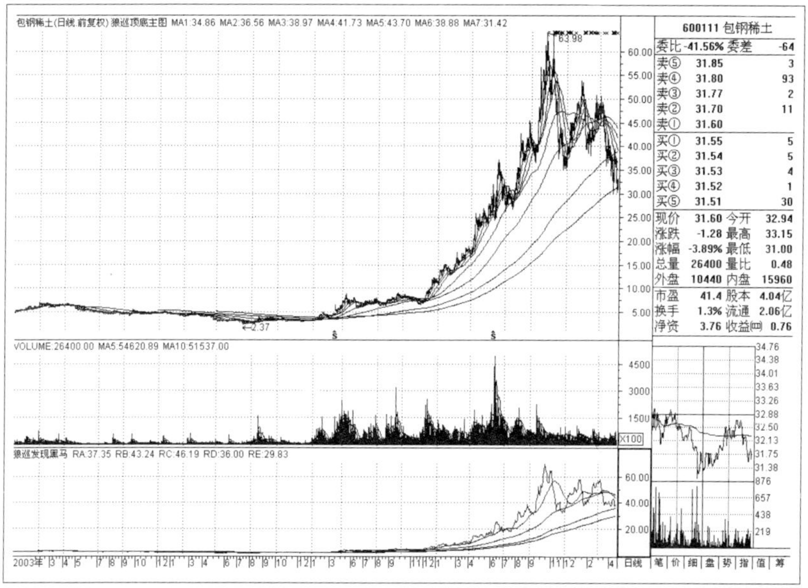

图6-6-4

第七章

Chapter 7

交易中的资金管理

如何买入？什么都不用说，一次满仓就是错的买入方法。逐步试探买入，是成熟的投机者必须掌握的一项建仓技能。

第一节　如何建立初始仓位

Section1

没有经验的人在买入一只股票的时候，大多数情况下都是一次性满仓的买入，他们可不管自己会不会错。买进之后，如果行情没有上涨，这些人便开始着急上火、求神问卜，到处打听别人的看法。

如果你是一个已经身处投机市场中的亏损者，那请问一问自己，你对投机下过多少工夫？你的损失都是因为什么？如果你是一个诚实的人，你的答案应该是：无知和利令智昏。

无知通常是成功的最大障碍，无知不但会让一个人变得愚蠢而固执，还会让一个人变得摇摆不定，无法做出正确的选择。

知识的重要性无论我说多少都不会过分。不花时间学习，你就永远掌握不了投机获利的真正要领。想要在投机市场中轻松地获利，你就必须付出艰辛而长期的努力来学习投机知识。这一点没有人能为你代劳。

利令智昏，是指一个人在利益的诱惑下，通常会莫名其妙地做出一些违背原则的事情。其实我知道你在投机交易时也想小心一点，也知道投机市场风险莫测，但因为获利的饥渴度太大，当你进入投机市场的时候就忘记了这一点。也或者，你当时并没有想太多，只是在幻想着自己不会那么倒霉，所以一下子就将所有的钱都投了进去，因为你根本就不知道投机市场还有资金管理这么一说。你认为在投机市场中获利，最关键的就是要猜得准，要能够预测接下来的一两天的行情走势，然后在自己有把握的时候倾囊而出，搏一搏，运气好的话，用不了多久资金就能翻一番，甚至让你脱贫致富。

有时候市场很仁慈，偶尔让你小赚了一笔，于是你就认为自己已经找到了投机获利的金钥匙，就开始呼朋唤友地进入股市。但接下来，你可能就不会那么幸运了。市场下跌了，你原先的盈利已经失去，渐渐地你的本金也开始缩水，直到资金失去了一大半时，你才知道，原来太高估自己的判断了。你的亏损完全是因为自己的无知和利令智昏致使曲解了投机的含义。你认为，在投机市场中获利，首先是要有精准地预测，之后就是大胆地搏一下。但结果却非常地让人沮丧。

那些高手们可不是这样想的，他们知道在投机市场中生存，必须要细水长流，在自己的判断结果出来之后，必须要善于试探、验证，如果自己的初始仓位没有被市场证明是正确的，就绝不会再投入其他的资金。当他们的判断得到了市场的认可，行情持续上升后，他们就会在其他的有利位置加码买进，直到市场走势结束为止。

所以，投机者在建立第一个仓位的时候，必须考虑到它有可能会出错，并提前设好止损的幅度（止损点）。你不能先买进去，然后再看着办。因为如果你没有提前考虑好如何止损，那么当风险来临的时候，就根本不知道应该怎么做。

如果你是一个长线投机者，在建立初始仓位的时候，应该把握逐步建仓的原则，因为如果你在投机市场经历得多了，就会发现要想把握住一个很好的长线信号的准确点位并非想象中那么容易。长线交易不比短线交易，出现信号即可买进，因为其周期较短的特殊性，所以当行情稍有波动就必须出局。然而长期持有的投机者可就不是这么简单了，他可能要经历好多次大幅的震荡，甚至面临出局的危险。所以，当你发现一个长线买入的机会时，应该先确定一下自己的初始仓位数量，之后再确定如何建仓。

请记住，初始仓位未必要一下子建完，那些有经验的投机者通常都会分好几次才建立好初始仓位。

比如，我的系统中出现了一个买入的信号，我不会一个猛子扎进去，满仓持有，然后硬着头皮死扛或求神保佑。同样我也不会认为任何一个机会都一定会上涨，并且不会错。相反，我会非常小心地应对任何一个机会，并随时提防它有可能会错。所以，当我看到一个交易信号的时候，会先根据行情走势的形态、信号的“质量”来确定目前初始仓位的总数量。比如，我有10万块钱，我认为目前行情走势稳健，信号标准、可靠，那么就会在这个机会上多分配一点资金，比如是我总资金的30%～40%，即30000元～40000元。但我不会一下子就将我30%～40%的资金全部投进去，我会确定一个周期，比如2日内建完初始仓位，也可能是3日内、1周内、10日内，甚至是更长的时间，具体多长时间，完全要根据市场当时的情况灵活决定。这的确需要一些经验，因为在多年的投机交易中我发现，如果我发现一个信号之后，就一下子建立好初始仓位，几日之后可能就会发现，我当时买入的价格太高了，甚至会被套在头部。但如果我能够确定一个建仓的周期，多分几次来建立初始仓位，就会避免这个问题。因为一旦行情逆转，信号失灵了，由于我的初始仓位较少，即便是止损出局，损失也会很小。相反，如果我看到一个机会就一下子买入40%的仓位，一旦行情逆转，如果我设定10%的止损幅度的话，那么一下子就可能损失总资金的4%，如果我再错一次的话，将近10%的损失就产生了。这个损失就太大了。

所以，为了避免过大的损失，我通常会在确定好建仓周期后，先投入可用资金的5%～10%，以验证一下这个信号的可靠性，如果其在我设定的止损幅度内下跌了，我就会再建仓5%或10%，如果行情的走势出乎意料地糟糕，在我建仓的初期就直接跌破了我所设定的止损幅度，那就只能止损出局了。因为这个信号失效了。

换言之，我的买入信号是一个可买入的区域，而不是一个点。比如，我确定了一个可以买入的信号，要根据这个信号建立40%的初始仓位，我就会根据这个信号的“质量”来确定一个可以建仓的区域和一个必须止损的位置。

我们先来看一下图7－1－1和图7－1－2。这两幅图都是深赛格（000058）2006年6月～2007年6月的日线行情走势图，其中图7－1－1是买入信号示意图，图7－1－2中是建仓区域示意图。

从这两幅图中可以看到，当我的交易系统发出了买入信号的时候，我就会在“信号A”处建仓，因为我不知道后面还会出现“信号B”，如果我一下子就买入40%的仓位，行情在后市一旦下跌，那我的浮亏就会变大，因为我买在一个信号区的高点。从图7－1－2中你可以看到，如果我按照图7－1－1中的“信号A”买入的话，那么后市行情在小幅回调的时候，我就会出现一定的浮亏，但是如果我确定下一个建仓的周期，只要行情向上不突破3.50元，向下不突破250MA均线，那么这其间就是我建立初始仓位的区域。在图7－1－2中，你可以清楚地看到我的建仓区域和止损幅度。如果我在这个周期内分批建仓的话，初始仓位成本就会在3.00元～3.40元之间，即3.25元左右，如果我手中股票的平均价

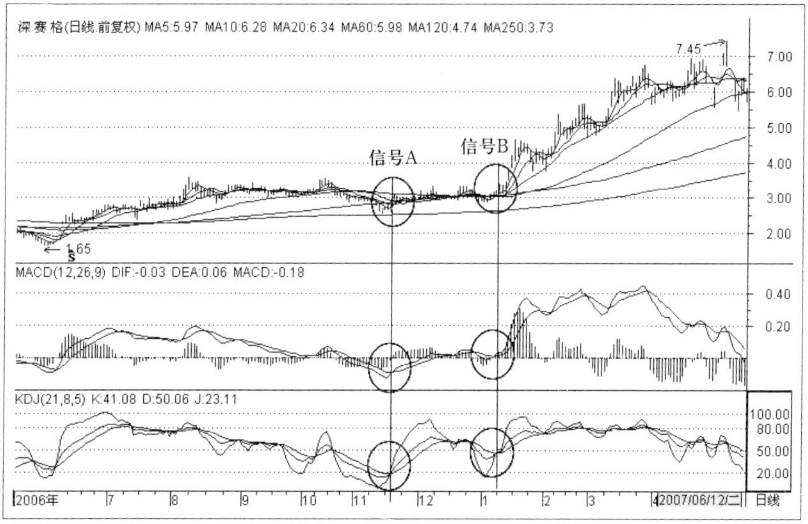

图7－1－1

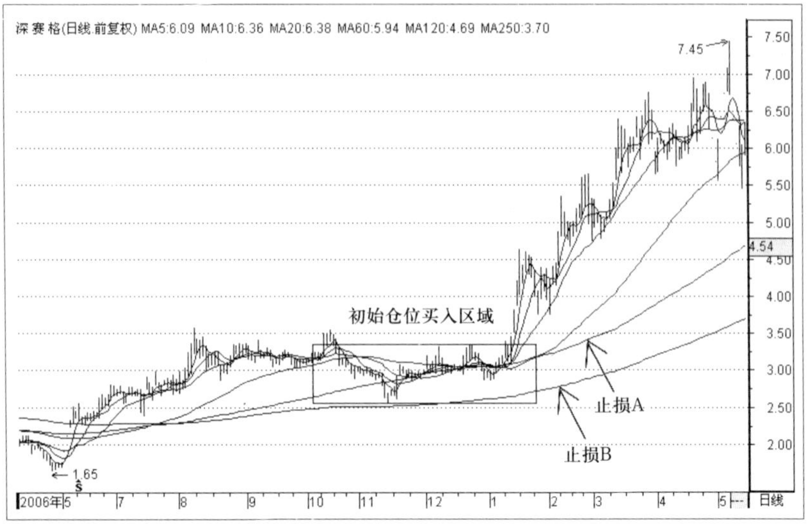

图7－1－2

格以120MA均线（止损A）作为止损标的的话，我止损的价位就是3.00元。换言之，我的止损点虽然是120MA均线，但取决于我是否止损的是我手中股票的平均价格。

如果我认为行情走势属于正常，目前的行情下跌属于正常的回调时，我就会放宽止损幅度，将止损标的下移至250MA均线（止损B），止损的价位就是2.60元左右，以3.25元的平均价到2.60元之间的幅度计算，下跌的比例将近20%，但在长线交易中，这样的止损比例是很正常的。

想想看，如果你满仓介入的话会是一个什么样的结果？当然在这其间，也不排除我会削减出现较大负亏的初始仓位。

从上面的图示和解说中，我想你应该明白了，当信号出现的时候，确定止损的幅度和标的，圈定一个建仓的区域、周期，然后在这个区域中逐步建仓，你就会得到一个相对平均的仓位价格，这样既避免了买在高点，也避免了行情一旦转坏整个仓位都出现较大负亏的情况。

第二节 如何加码买入

Section2

上面我们谈了很多买入信号和买入时机的问题，但却并没有详细地讲述如何一步一步进行第二、第三个仓位的建立，直至建仓完毕。

有经验的人通常都会将资金分成几份，在第一个信号发出的时候建立第一个仓位，如果行情不是那么糟糕，走势平稳，正如自己所预期的那样，那么他们就会继续建立第二个仓位和第三个仓位，甚至第四个仓位。但我们在这里只讲述一个标准的建仓策略，那就是三个仓位的建仓方法，也就是大家最熟悉的金字塔建仓法。其他的更为复杂的建仓方法，需要你通透了这个标准的三个仓位的金字塔建仓法之后，才能够逐步领会，并灵活自如地运用。

为了能够让整个交易的过程有机地衔接起来，我在本节中所采用的都是深赛格（000058）2006年6月之后的日线行情走势图。如图7－2－1中所示。

从该图中可以看到，我在深赛格（000058）的股价2007年1月创新高处画了一条横线，并标有“创新高时加码区”。这就是告诉你，你第二个加码的区域应该是在股价创新高时，否则，你的仓位都会集中在一个区域中，一旦行情反转，你就会面临较大亏损。这就不是正确的建立第二个仓位的方法了。所以正确的方法就是，股价冲出你的建仓区域创了新高时才是你加码第二个仓位的时机，这个仓位你可以快一些建立，一次两次都可以。此时你的止损点也要向上提升，这一仓位正确的止损位是股价跌下新高线（也可以用60MA均线作为止损标的），即如果你建仓之后，股价下跌了，重新下跌至你的初始仓位建仓区，就要将第二个仓位的股票止损出局。当然，你也可以先减仓，分两次或三次出局，这都没有什么错。可能有的行情在前方没有什么高点，

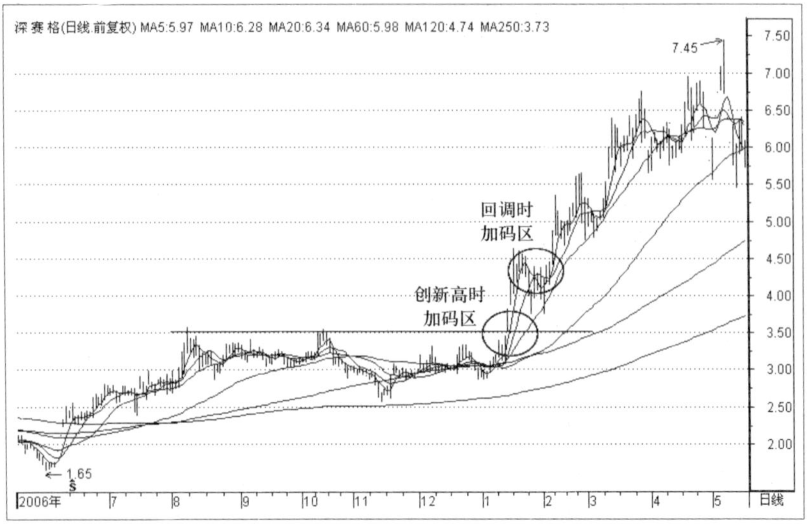

图7－2－1

那怎么办？办法就是根据初始仓位的平均线到止损位的幅度，来限定加码第二个仓位的区域。

比如，我们初始仓位的平均成本为3.25元，如果止损标的是250MA均线，我们的止损就是将近20%的幅度，那你就要等待行情自你的初始仓位成本区上涨20%以上，才能够加码建立第二个仓位。如果通过计算之后，你的止损幅度是15%，那就要等待股价上涨15%以上才能够加码建立第二个仓位。这样，你第二个仓位止损的最大幅度就是行情下跌20%或15%以内，并且加码的数量要是初始仓位的50%～60%。

为什么呢？有这个必要吗？

我的回答是：这是必须的！

因为在投机市场中生存，你必须保证你的亏损是最小的，并且要保证不能因为加码而导致双倍亏损，增加了原先的损失，这样你就不是在削减风险而是在增加、积累风险了。但如果你能够在股价上升到你的止损幅度之外再开始加码的话，情况就完全不一样了。如果行情下跌了20%或15%，你止损出局了，损失的只是加码的仓位，因为初始仓位有上涨的那20%或15%的盈利撑着，此时虽然股价下跌了，只不过这些利润失去了，即使你全部出局了，但是损失变小了，你没有因为仓位过分集中和不合理的加码而招致双倍的亏损。

第三个仓位的建立也是这样。在上图中你看到了，我把第三个仓位的加码区域设定在一个回调的位置，当股价回调企稳时，我就可以建立第三个仓位，建仓的数量又是第二个仓位的50%～60%，这一次的止损标的我们就用60MA均线，如果建仓之后股价停止上涨，并反转向下击穿60MA均线，就是我们止损的时候。这时候如果止损，我们已经开始盈利了。因为我的初始仓位是40%，第二个仓位是20%，第三个仓位是10%的话，我们还有初始仓位30%的仓位盈利。计算的方法就是：第三个仓位的10%仓位亏损15%～20%，第二个仓位的20%仓位盈亏持平，初始仓位的40%仓位盈利15%～20%，用40%仓位的盈利减去10%仓位的亏损，我们还有30%的仓位盈利。这就是资金管理的优势。采用这种方法加码你的损失会越来越小，获胜的几率也在越来越大。

当然，建完这三个仓位之后，你会发现你的资金还剩下一小部分，有10%～20%左右。不要紧，好好保留它们，一旦你不小心出现了亏损，就会知道它们的用处了。不要认为通过加码之后你的资金会全部用掉，现实中有时候会，有时候不会。如果市场的波动不是太大，你的确会余下一部分资金，但这不怪你，也不是说你的技术不够好，而是市场行情只能够支持你到此。如果将剩余的资金全部加进去，你才能够安心的话，那只能说明你的盈利之心太重，这样的心态会导致你把盈利变成亏损，把小亏变成大亏。只有那些走势特别强的行情，才可以支撑你将所有的资金都建完。

记住：一，不要毫无节制地加码，该停止时就停止；二，给自己留下一点储备资金，一旦不小心犯了一个较大的错误，也有回旋的余地。

可能你会说，我们这样做会失去一部分利润。但如果你想在投机市场活得长久，并最终获利，你就必须学会这一手，除非你认为你的运气非常好。

总之，在投机市场中，掌管你风险大小的是资金管理，而不是你的信号是否精准或止损的幅度多小，当然标准、精确的信号的确可以提高你的命中率，但遵循良好的资金管理模式，你才能够在投机市场活得更久。

本节我只是简单地提到一些止损的方法，在后面的第八章中我还会介绍更全面的止损方法。

第三节　如何减仓卖出

Section3

买入的时候没有那么准确和肯定，卖出也是如此。一次性卖出的投机者偶尔会做对，但用不了多久他们就会发现行情甩下他们之后，又开始持续上涨，让人目瞪口呆，扼腕叹息。

怎样才能够避免这样的叹息和遗憾呢？

我的答案是：如果你是一位长线投机者的话，那你的平仓卖出也应该逐步进行，而不是在一下子出局之后，期望自己能够卖在最高点上。换言之，你应该逐步卖出，而不应该自以为是地揣测目前就是行情到顶了。在一波汹涌上涨的牛市中，顽固的趋势会让你的揣测不断出错，行情不断地创出新高。这回你应该知道了国外有些空头交易者为什么会在高位做空时亏得一塌糊涂了，就是因为他们感觉股价涨得已经很高了，非常离谱了，现在可以做空了，于是他们开始平掉自己的多头仓位转而做空，他们希望自己卖在顶部最高点上，但到最后却赔上了老本。

你应该知道，在投机市场中胡乱地揣摩和自以为是地瞎猜，都将让你遭受损失，最好的方法就是假设自己不会那么准确无误地卖在最高点、买在最低点（其实本来就没有人能够做到），一步一步地建仓或出局，这样才是最明智的。

我们先来看一下深赛格（000058）2006年1月～2008年5月的日线行情走势图。如图7－3－1中所示。

从该图中可以看到，我在6个地方都画上了圆圈，这些圆圈就代表我们要减仓或出局的位置。下面我就来为你解释这些圆圈所代表的出局含义。

当一波行情上涨起来的时候，你就不能以短期的出局标的来确定一个一次性的出局位置了，你必须用长期的出局标的来确定一个逐步出局的区域或标准，因为行情已经脱离了你的成本区，你已经盈利了，你要学会用赢来的钱来赚钱。所以你必须要根据行情上涨的幅度和行情的走势形态来重新决定出局的标的。

首先，我们要遵循短期的出局信号，如图中A处所示。

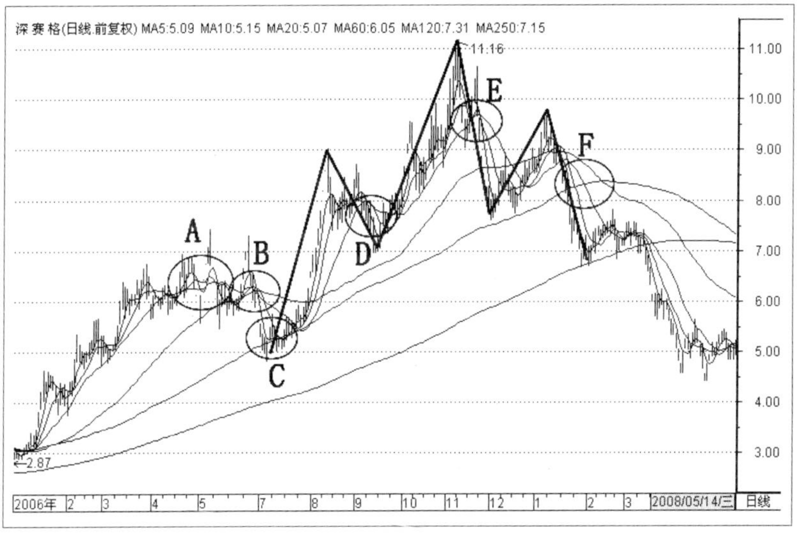

图7－3－1

从图中我们可以看到短期的出局信号就是股价下穿20MA均线，所以此时为了防范风险，我们就可以先降低一下仓位，比如先卖出20%～30%。接下来，我们看到行情又形成了新的跌势，股价下穿了60MA均线，并且5MA均线、10MA均线和20MA均线也向下跌穿了60MA均线，如图中B处所示。行情的走势达到这样的出局标准时，我们就应该继续减仓，比如再卖出20%或30%（当然如果你感到压力太大的话，也可以直接全部出局，但在这里我必须要用这个图例来阐述长线卖出的整个过程，以便你对出局的过程步骤有一个全面而深入的了解）。目前，我们已经卖出了一半的仓位了。

现在我们怎么办？

行情还在下跌，当行情下跌到C处，并击穿120MA均线的时候，你可以全部平仓，这也不算错。当然，如果你能够承受更大的风险，并愿意损失一部分盈利去换取后面更大的机会的话，也可以再次削减10%～20%的仓位，剩余仓位等到股价跌穿250MA均线时再全部出局。

但是在图中我们看到，行情在120MA均线处止跌企稳了，并且再次开始向上攀升，股价再一次创出了新高，并在D处又出现了一个出局信号，如果你剩余的仓位不是太多，在这里将所有的仓位全部出完，也不算什么错误。因为无论怎样，我们都无法准确无误地卖在最高位，如果你能够有足够的耐心和韧性将手中所剩的仓位一直持有到E处，那恭喜你，你做得太棒了。但是无论如何你都要记住，如果行情不能够再次创出新高超越E处的最高点位，并且股价顺应5MA、10MA、20MA均线和60MA均线下穿120MA均线的时候，就是最后的卖出机会，如图中F处所示。

看一看图中C、D、E、F处的形态，完全是一个头肩顶的走势，属于一个经典的头部形态，如果此时你还没有出完手中的仓位，那后面的命运就可想而知了。

所以投机者在实际交易中应该知道，不但买入的时候要有耐心，卖出的时候也应该有耐心。你绝不能毛毛躁躁地买进卖出，指望自己买在最低点、卖在最高点，因为这根本就没有人能够做到。

还有一点那就是，在实际交易中应该多多留意一些不利的走势形态，随时关注行情形态的变化，以求自己能够熟悉这些形态图形，并在这些危险的图形初露端倪时，在第一时间发现它，并做出正确的决策。其他更多的出局方法我会在本书的第九章讲述。

第八章

Chapter 8

交易中的风险管理

逐步建仓加上2%亏损法则，就是技术投资者的获胜秘诀，不要总是错误地认为自己能够一击即中，在投机市场中，错误在所难免。

在这一章的开始，我要教给你的是投机市场中的另一条重要的法则——2%亏损法则，因为这一法则决定着投机者的成败存亡。

有经验的投机者通常会将自己资金分配到三只以上的股票中，因为这样不但可以避免因判断失误选中了一只地雷股而全军覆没的危险，也可以避免因抓住一只晚起的股票导致自己在很长时间内颗粒无收。所以将自己的资金分散在三只以上的股票中，不但会让你避免一招致命的风险，还可以让你多博取一些机会。因为如果你只买入一只股票的话，那么无论你的技术多么高超，都有可能抓住一只滞涨的股票，或涨幅很小的股票，但如果你买进三只股票，那么即使你手中的股票有一只是这样的，但其他的两只也许会比这只好一些。总之，我们要的是综合三只股票的绩效，而不是将所有的期望全建立在一只股票上，然后让它控制自己所有的期望。

我之前在讲述资金管理的时候，曾简单地讲述过如何科学地建立初始仓位和如何科学地加码买入的问题。而在这一章我会再讲述一些关于如何逐步建仓和如何止损等一系列的问题，因为它们相互关联，无法分开来讲。但这一章的内容将更加复杂，你必须要头脑清醒，仔细思考。

比如，你看好了三只股票。每只股票平均投入30%的资金，另外10%留作“游动”资金或储备资金。如果你选择的这三只股票联动性太强，一旦出现买入机会，你就要一次性购进三只股票，如果你不购进，那么很有可能你会错过另外两只股票的最佳建仓时机，导致后面的行动失去节奏感。所以，即便你每只股票分配的可用资金为10%的初始仓位（每只股票的可用资金为总资金的30%），三只股票的总资金合起来也达到了30%。如果你的长线交易止损幅度为10%～20%，一旦失手，你的损失就会一下子达到总资金的3%～6%。这损失有些大了。3%左右的损失还勉强可以接受。如果你像我们上面讲述的那样，设定一个20%的止损额度，或经过一个一连串的损失过程，你的亏损就会骤然扩大到10%～30%，甚至更多。试试看，要赚这10%～30%可不是那么容易的，好多基金经理平均起来也赚不了这么多。如果市场低迷，你可能一两年也赚不回来，甚至因此打开了失败之门。但要亏掉这10%～30%，一个错误的建仓决定就够了。

如此看来，上面这个不分配交易时机、同时建立多个目标的初始仓位的建仓方法并非是最好的方法。

那么我们怎么做才能够既减少损失，又不会放过重大机会，仅用2%左右的止损来建立多只股票的仓位，以换取重大机会上的全线胜利呢？

我的回答是：你不但要学会止损，还要学会如何分配交易时机，既保障你的损失最小，还能够保障你在重要机会来临之时全力以赴地建满你所有的仓位，持有足够的筹码。但在讲述这个问题之前，你需要先明白一个道理，那就是市场中的股票总体上似乎都是同舟共济的。但这种同舟共济只是大致上的趋向性联动，其起点并不一致。这就出现了三种股票：一种是领涨大盘的龙头股，一种是与大盘同时启动的蓝筹股，还有就是那些滞后于大盘启动的各种蓝筹股。这就给我们提供了可分配的交易时机，你需要做的就是选择三种不同类型的目标跟随。当然你未必能够全部握有领涨股。这意味着，如果你要买入多只股票，就必须要学会如何选择那些上涨时机不同的股票，错开不同股票的交易时机，避免同时持有联动性太强的多只股票。只有这样你才能够削弱重仓风险。如图8－0－1～图8－0－6中所示。其中图8－0－1和图8－0－2就属于领涨大盘的股票，图8－0－3和图8－0－4属于与大盘同时启动的股票，图8－0－5和图8－0－6则属于滞后大盘同时启动的股票。

通过这些图示可以知道，你可以将你的资金按照不同的比例分成三份，根据自己的把握度来分配每一种类型股票的资金使用量，并在市场机会来临之时知道如何根据市场现状

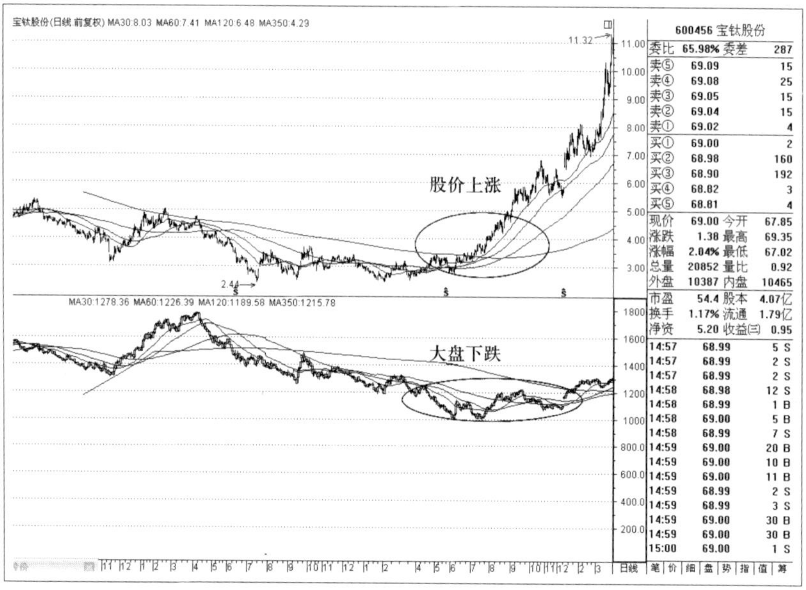
宝钛股份(日线 前复权) MA30:8.03 MA60:7.41 MA120:6.48 MA350:4.29
600456 宝钛股份
股价上涨
MA30:1278.36 MA60:1226.39 MA120:1189.58 MA350:1215.78
大盘下跌

图8－0－1

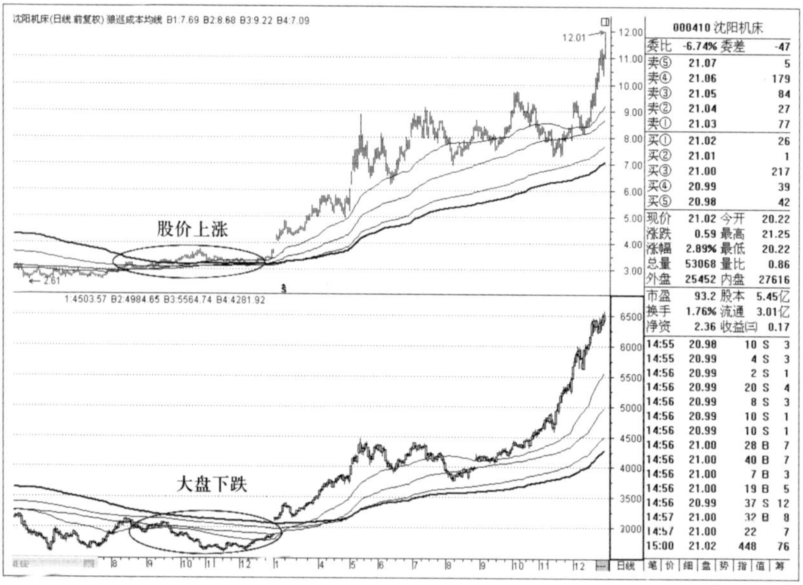
沈阳机床(日线 前复权) 狼巡成本均线 B1:7.69 B2:8.68 B3:9.22 B4:7.09
000410 沈阳机床
股价上涨
大盘下跌

图8－0－2

龙头股份(日线 前复权) MA30:7.16 MA60:8.11 MA120:6.73 MA350:4.40
600630 龙头股份
11.05
与大盘同时上涨
1.56
MA30:3944.51 MA60:3937.52 MA120:3459.14 MA350:2291.29
大盘上涨
2007/07/16/一
日线

图8－0－3

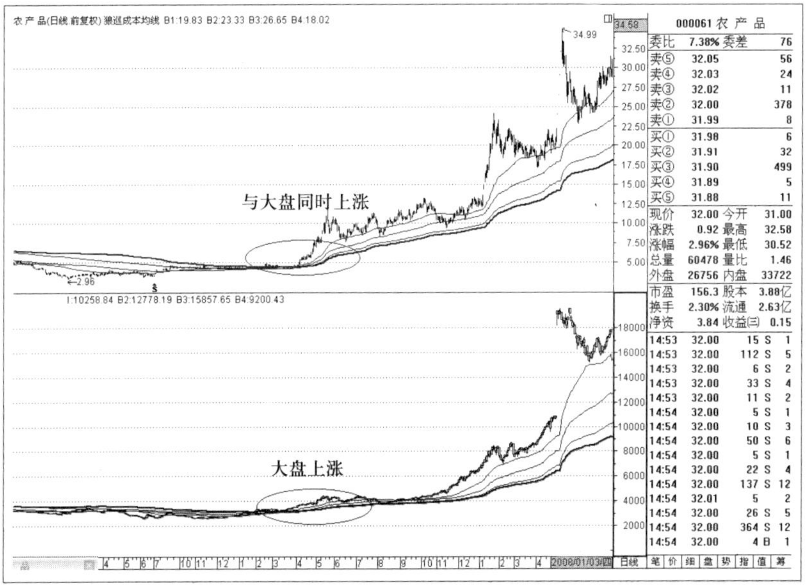
农 产 品(日线 前复权) 狼巡成本均线 B1:19.83 B2:23.33 B3:26.65 B4:18.02
000061 农 产 品
34.99
与大盘同时上涨
2.96
I:10258.84 B2:12778.19 B3:15857.65 B4:9200.43
大盘上涨
2008/01/03/四
日线

图8－0－4

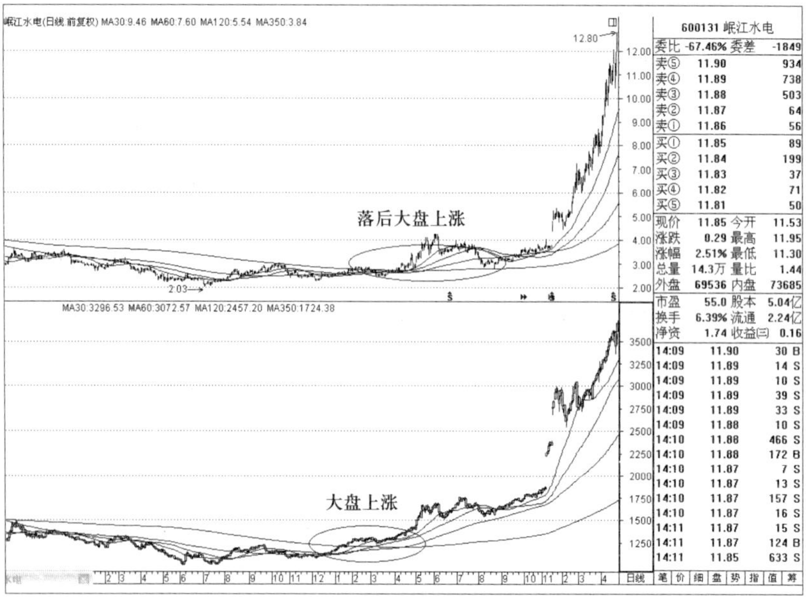
岷江水电(日线 前复权) MA30:9.46 MA60:7.60 MA120:5.54 MA350:3.84
600131 岷江水电
12.80
2.03
落后大盘上涨
MA30:3296.53 MA60:3072.57 MA120:2457.20 MA350:1724.38
大盘上涨

图8－0－5

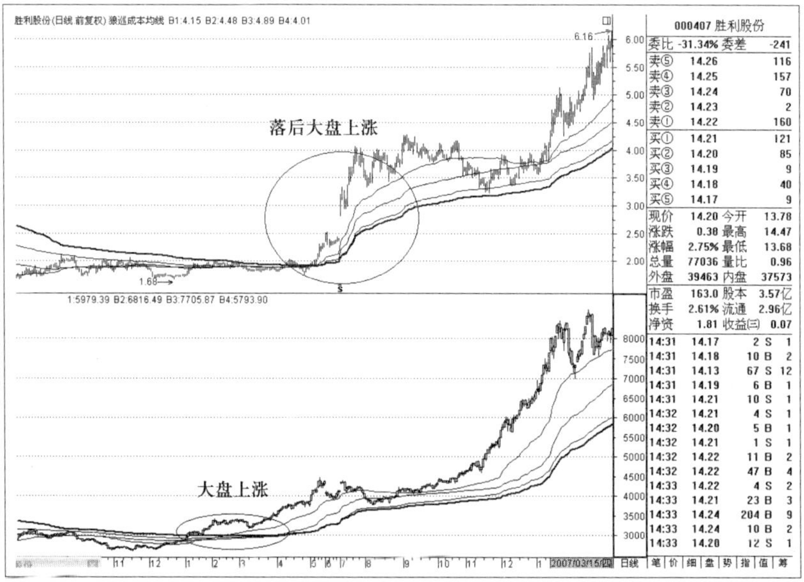
胜利股份(日线 前复权) 狼道成本均线 B1:4.15 B2:4.48 B3:4.89 B4:4.01
000407 胜利股份
6.16
1.68
落后大盘上涨
1:5979.39 B2:6816.49 B3:7705.87 B4:5793.90
大盘上涨
2007/03/16

图8－0－6

进行总体上的宏观布局。

接下来，你要做的就是先建立领涨股的初始仓位。

比如你分配在领涨股上的总资金为30%（具体的分配比例，需要根据市场情况权衡一下，这需要一些经验，如果你还不太熟练，那么采用平均分配也未必不可，等你的经验充足、熟练了以后再详细权衡）。那么，你应该在信号区先建立10%的初始仓位，如果亏损了你的初始仓位的10%～15%止损的话（我的基本在20%左右），那你的损失只占总资金的1%～1.5%。因为其他两种类型的股票（同时于大盘启动和之后于大盘启动的两种类型的股票）建仓的时机还不明确，所以你并没有建立其他类型股票的仓位。

反之，如果你不擅于宏观布局，又不会有效地分配交易时机，虽然你也能够选择到一些好股票，但你选择的那些股票很有可能会同时运行，无法错开交易时机，让你一次性在多只股票上建仓，导致建仓的时机过分集中而增加风险，如果你又不懂得资金管理中的加码技巧，那么你的损失就会骤然增大10倍以上。

我继续往下解释。

行情的走势不错，你很走运，第一个仓位你建对了，行情如你所愿地上涨了。当上涨15%以后，你开始加码，或等上涨之后的一个回调再加码（但这个回调的幅度一定不要低于你初始仓位成本的15%），加码可以少一些，如7%～8%，如果趋势稳妥，也可以加码10%。你还要知道的一点是，你要等待行情有了15%的涨幅时再加码，别忘了这一条。这是因为一旦你错了，你的损失只是加码的止损，也就是10%左右的亏损，只占总资金的1%左右。

这时候，与大盘同时上涨的第二种类型股票也开始启动了（但实际上领涨股要上涨很多、很长时间，足够让你第一次建仓的股票上涨更多），然后，你开始建立第一种类型的第二个仓位的筹码和第二种类型股票的初始仓位10%的总仓位。如果这时候行情变坏了，你的亏损只是第一种类型的加码仓位10%的亏损和第二类型初始仓位10%的亏损，这两个亏损的额度加起来，你的亏损比例只占总资金的2%左右。如果你的好运依旧，行情依旧上涨，你开始在另一个10%～15%的基础上建立第一种类型的第三个仓位和第二种类型股票的第二个仓位，以及滞后于大盘的第三种类型股票的初始仓位。

这时候，强于大盘的第一种类型股票已经开始赚钱了，即使第三个仓位开始下跌了，你也只是不赚钱或少有小利，你所亏损的只是第二种类型的加码仓位亏损的10%左右，和滞后大盘的第三种类型股票初始仓位的10%的止损，你的总体损失最终还是你总资金2%的亏损比例。领涨大盘的第一种类型股票你可以放心地让它去吧，因为这只股票已经不会亏损了，剩下的就是安排第二种类型的最后加码仓位和第三类型的第一个加码仓位。实际当中，即使这时候行情开始反转，你的总损失还是2%，再则那些领涨的第一种类型股票已经开始上涨50%左右了。看看，你的仓位在逐步增加，但亏损在减小或逐步消失，甚至开始赢钱了。

现实当中，领涨的第一种类型股和与大盘同时启动的第二种类型股票以及滞后于大盘启动的第三种类型股票之间相差的时间往往很长，有时候几周，有时候几个月，所以这三种股票类型所形成的时间差足以让你摆脱在时机上因过于集中而造成的较大风险。除非你并不打算长时间地持有，你才可以降低加码仓位之间的涨幅空间，比如从15%下调到10%或更低。

这一次你真的很好运，接下来，行情依然如故，你抓住了一波大行情。

你的第三种类型股票的最后一个仓位也建完了。此时，即使行情开始下跌你也开始盈利了，因为前面的那些股票都在盈利。目前看来似乎盈利不多，总体来说，如果此时行情转坏，开始出局可能只是20%～30%左右的盈利。很不错，你开始懂得如何“分兵作战”、如何“乘胜追击”了，这笔交易你做的不赖，可以用一个固定的1%～2%左右的小损失来换取一个20%～30%的总体收益了，你已经学会了如何用1个筹码来换取10个筹码了。

从目前这笔交易看起来收益不大是吗？别急，你知道一波真正的由熊转牛的大行情的涨幅是多大？100%以上。因为做市商如果真要赚钱就必须要有这样的一个幅度，否则他们也赚不到多少钱。他们等了好长时间也在等这样的一个机会。算算看，如果这波行情达到这个标准，你的盈利是多少？把你的十个指头都用上数一数。你会赚到总资金60%以上的利润，别忘了，你的损失是固定的1%～2%左右，你连输5次，损失也只是5%～10%左右。

现在，你学会了如何将大名鼎鼎的“2%亏损法则”与时机分配结合，剩下的就是当行情模糊不清的时候，交易大厅的那些人还在冒着挤掉耳朵的风险买进的时候，你开始逐步择机脱身，把这些利润收入囊中了，你开始步入成功者的行列，稳定获利，可以以此为生了。并且，你的资金越多，你越不怕，因为这种方法在大资金操作中其作用更加攻坚灭顶，所以深究这种方法将有助于升华你的投机理念，拓展你未来大发展的思路。在你钱多了的时候，能力也跟上去，否则，在未来你的资金就会停止增长。

上面我们谈了2%亏损法则，接下来的一节我要谈的是止损的一些常用的方法。

止损通常都是和买入信号相辅相成的，因为止损的作用就是否定你的买入信号、或确定信号无效的一个标准，换言之，要确定你的信号失效的最好办法，就是看它是否触及止损点位。这就是说，如果你想根据信号买入一只股票，在入市之前就要根据目前的市场价格，来确定下一个止损的点位，如果一个信号出现时，你通过计算以后发现其买入点到止损点的幅度是你能够接受的10%（也有人确定为7%）～20%，那么这笔交易就是合算的，如果超过这个幅度，则说明依照这个信号买入，你的损失会变大，这就不是一笔合算的交易，你就需要另择信号。

相反，你在入市之前根本就没有确定好止损点，等买入了之后才去寻找止损点，等到行情走势出乎你的意料之外时，就根本不知道应该怎么办了。因为这就像你在攀岩的时候不先找好垫脚就向上爬升，等爬上去之后才发现下面没有垫脚，却为时已晚。

止损的方法有很多种，但我在本书中暂时只讲三种，一种是均线止损法，另一种是趋势线止损法，第三种是阻力线止损法。下面我就来讲述这三种止损法的使用要则。

第一节 均线止损法

Section1

均线止损法就是以一条均线为止损标的的止损方法。也就是利用一条具有信号标的的均线作为判断信号真假的标准，当行情据此上涨时就作为一个买入信号，当行情反转下跌时，就作为一个止损信号。因为周期内MA均线虽然代表的是周期内的成本，但其实它更代表周期内的趋势，所以当行情价格跌破你所确定的周期MA均线的时候，通常也代表着某一周期之内的趋势已被破坏，这就是势破止损的道理。如图8－1－1～图8－1－4中所示。

从这些图中我们可以看到，当股价上穿60MA均线时，行情走势符合“葛兰威尔八大法则”中的前三条买入法则“1．MA均线从下降走势逐渐转为盘式上升走势，而价格从MA均线下方突破MA均线并站稳均线上方，为买进信号”、“2．价格虽然跌破MA均线，但又立刻回升到MA均线上，此时MA均线仍然持续上升，仍为买进信号”和“3．价格趋势走在MA均线上，价格下跌并未跌破MA均线且立刻反转上升，也是买进信号”时，我们就视为买入机会。我们买入之后，

陆家嘴(日线.前复权) MA60:22.58 MA60:22.58 MA60:22.58 MA60:22.58
27.23
25.93
24.00
22.00
20.00
18.00
16.00
14.00
12.00
10.00
10.04
买入点
买入点
买入点
跌破均线止损
2008年
10
11
12
1
2
3
4
日线

图8－1－1

强生控股(日线.前复权) MA60:5.08 MA60:5.08 MA60:5.08 MA60:5.08
6.27
6.00
5.75
5.50
5.25
5.00
4.75
4.50
4.25
4.00
3.75
3.50
3.25
3.00
2.87
买入点
买入点
跌破均线止损
2008年
11
12
1
2
3
4
日线

图8－1－2

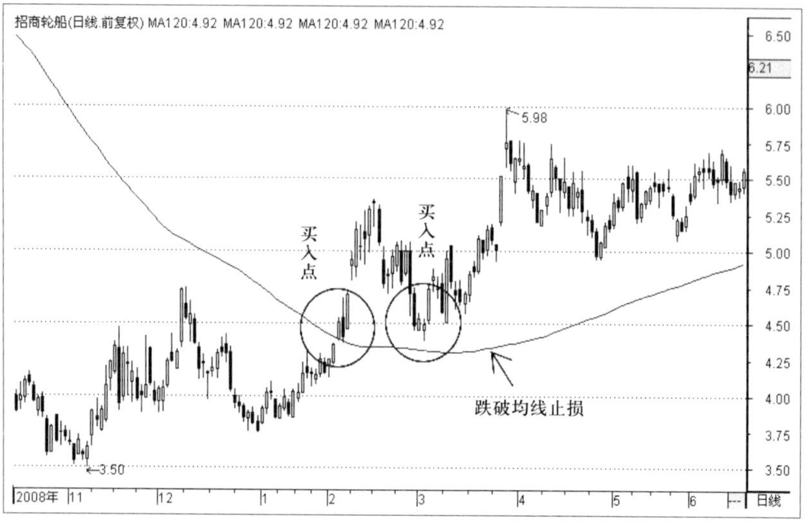
招商轮船(日线.前复权) MA120:4.92 MA120:4.92 MA120:4.92 MA120:4.92
买入点
买入点
跌破均线止损
5.98
3.50
6.50
6.21
6.00
5.75
5.50
5.25
5.00
4.75
4.50
4.25
4.00
3.75
3.50
2008年
11
12
1
2
3
4
5
6
日线

图8－1－3

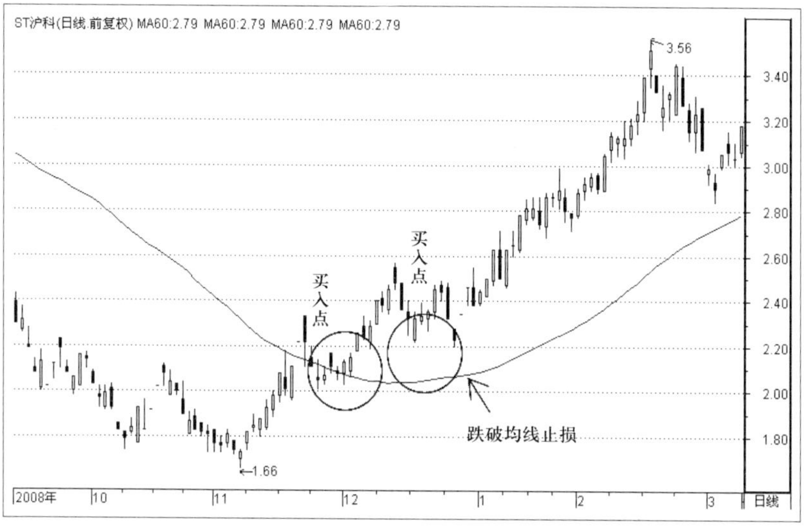
ST沪科(日线.前复权) MA60:2.79 MA60:2.79 MA60:2.79 MA60:2.79
买入点
买入点
跌破均线止损
3.56
1.66
3.40
3.20
3.00
2.80
2.60
2.40
2.20
2.00
1.80
2008年
10
11
12
1
2
3
日线

图8－1－4

如果行情下跌并跌破60MA均线时，就属于止损的信号。这意味着，先前的买入信号是虚假的，它失效了，我们必须要先将亏损的仓位卖出，另作打算。这就是均线止损的内涵和基本方法。

当然，你也可以采用其他周期的均线作为买入和止损的标的，你甚至可以用60MA均线中的信号作为买入的信号，用30MA均线作为止损的标的。总之，方法虽有很多种，但它必须要符合你的买入标的，并提前设定好。

第二节　趋势线止损法

Section2

趋势线止损法也是一种简单常用的止损方法，即当行情步入上升趋势线的上方时，根据买入信号的提示买入，当行情跌破趋势线之时，就止损。这种止损的方法，通常是那些趋势交易者最擅长的方法之一。如图8－2－1～图8－2－4中所示。

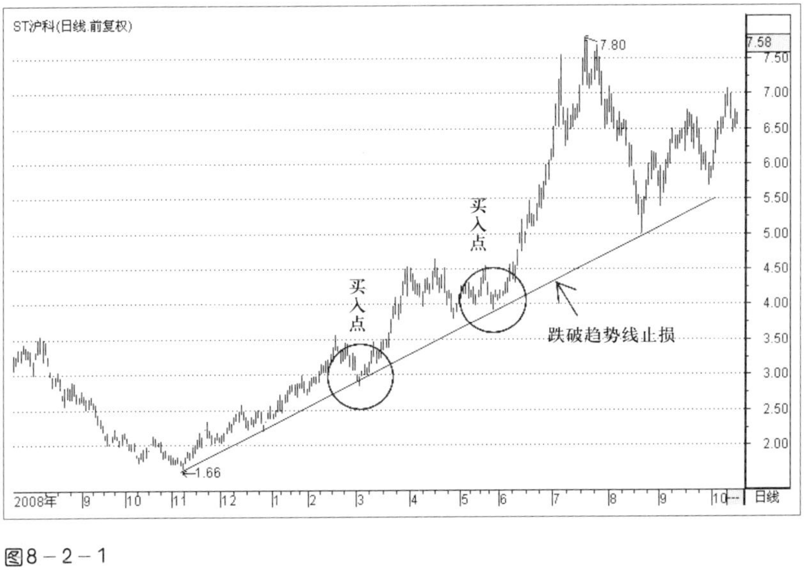

图8－2－1

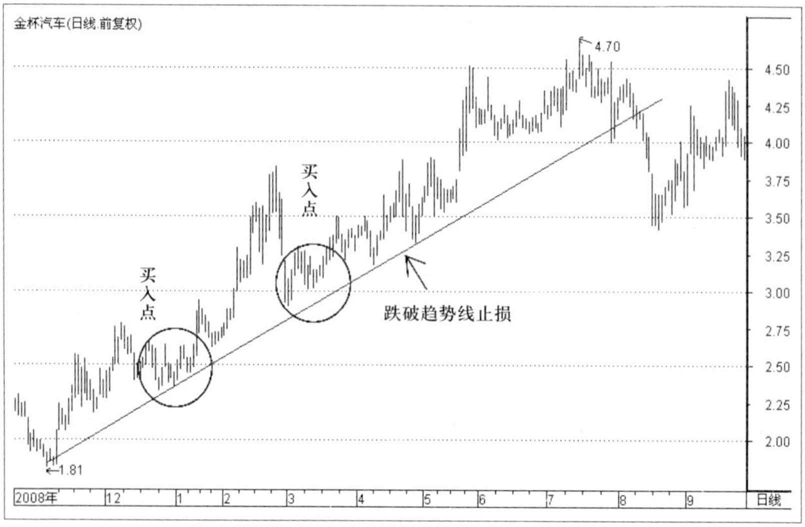
金杯汽车(日线,前复权)
4.70
4.50
4.25
4.00
3.75
3.50
3.25
3.00
2.75
2.50
2.25
2.00
1.81
买入点
买入点
跌破趋势线止损
2008年
12
1
2
3
4
5
6
7
8
9
日线

图8－2－2

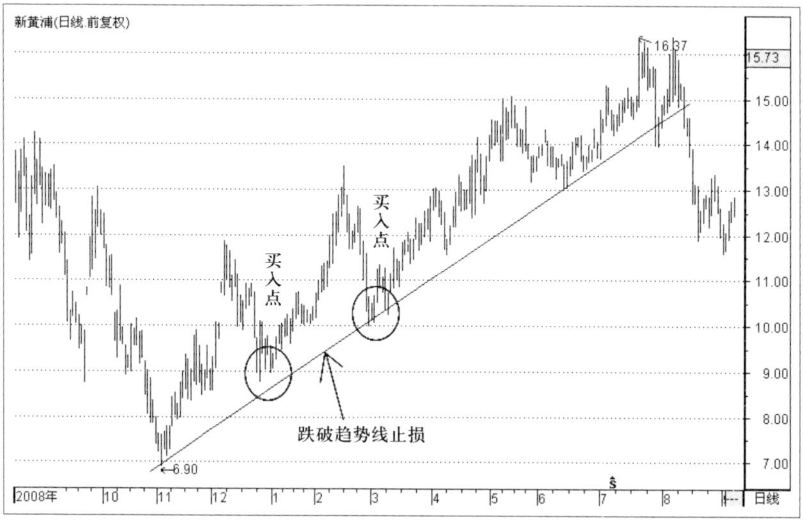
新黄浦(日线,前复权)
16.37
15.73
15.00
14.00
13.00
12.00
11.00
10.00
9.00
8.00
7.00
6.90
买入点
买入点
跌破趋势线止损
2008年
10
11
12
1
2
3
4
5
6
7
8
日线

图8－2－3

图8－2－4

从这些图中我们可以看到，当行情在趋势线附近形成买入信号的时候，就是那些利用趋势线确定买入机会的投机者的买入信号。相反，当他们买入之后，行情并没有像他们预期的那样上涨，而是跌穿了趋势线，破坏了趋势，那么这就是他们止损的信号。这就是势破止损的基本法则。

第三节 阻力线止损法

Section3

阻力线止损法，也是那些技术派投机者常用的一个止损方法，就是以颈线作为一个阻力线。在这里我们只讲述头肩底的止损方法，其他的W形底等止损方式都与此相同。

在头肩底的走势中，当行情带量向上成功突破颈线阻力线时，就是第一个可以买入的时机；当行情在阻力线上方经过一轮回调之后，行情回调至阻力线上方，受阻力线的支撑止跌企稳时，则是另一个买入时机。

由此，我们就可以知道，如果按照买入信号与止损信号的相关关系，那么当行情向上成功突破阻力线之后，行情并没有持续上涨，而是反转向下又击穿了阻力线，或当行情在阻力线上方经过一轮回调之后，行情并没有受阻力线的支撑止跌企稳，而是向下击穿阻力线，那么这就是止损的信号。这说明行情走势不佳，原先的上涨信号失效了，上涨趋势失败了，所以需要止损。如图8－3－1～图8－3－4中所示。

在这些图中我们可以看到，当行情向上成功突破头肩底的颈线时，便形成了一个买入信号，此时就是一个买入的时机。如果行情没有持续上升，反而向下跌穿颈线，那么已经建仓的投机者就需要根据信号的提示止损出局了。当行情经过一轮上涨之后，因为行情的超卖，出现获利抛盘，致使股价回调至颈线的上方，再次形成买入点的时候，就是第二个买入信号。反之，如果行情持续下跌，若跌穿颈线，就是另一个止损的信号。

图8－3－1

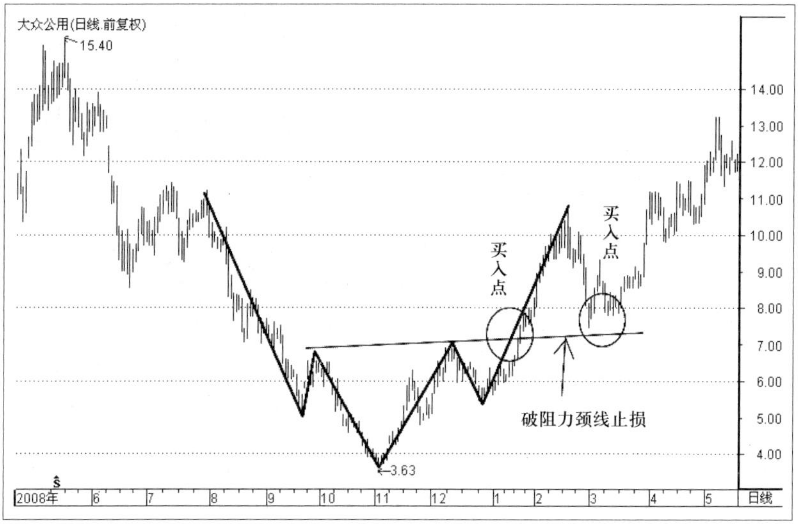
大众公用(日线.前复权)
15.40
14.00
13.00
12.00
11.00
10.00
9.00
8.00
7.00
6.00
5.00
4.00
买入点
买入点
破阻力颈线止损
3.63
2008年
6
7
8
9
10
11
12
1
2
3
4
5
日线

图8－3－2

大众交通(日线.前复权)
14.86
14.16
14.00
13.00
12.00
11.00
10.00
9.00
8.00
7.00
6.00
买入点
买入点
破阻力颈线止损
4.50
2008年
4
5
6
7
8
9
10
11
12
1
2
3
4
2009/07/03/五
日线

图8－3－3

图8－3－4

以上就是头肩底阻力线止损的基本方法。当然现实中还有很多止损的方法，每个成功的投机者都有自己的止损模式。如果你渴望成功，就必须以此为基础，建立起属于自己的投资哲学和投资思想，以及你自己的买入模式和止损模式，这些都需要你在今后的交易中多多实践，多多总结，慢慢尝试，逐步完善。

第九章

Chapter 9

卖出！收获自己的利润

别只沉睡而忘记醒来，沉睡有时，醒来也应有时。

有经验的投机者通常都可以意识到，即便你的股票上涨了10倍，但如果你不知道如何将其及时地收入囊中，用不了多久，你账户里的利润就会自己跑掉，再也回不来了。这并非是因为耗子所致，而是因为你不知道如何保住你的利润，如何将其变成实实在在的收益，而将煮熟的鸭子搞飞了。

以前总有人说，会买的不如会卖的精。这话虽然有故意抬高会卖者的意思，但却充分说明了卖出股票对整个交易的决定性意义。

所以在本章中，我就来详细地讲述一些卖出的方法和规则，让你清醒地应对那些即将转势的行情，让自己的所劳能有所得。

第一节　趋势线卖出法

Section1

趋势线卖出法与趋势线止损法的方法是一样的，都是当股价跌破趋势线就出局，唯一差别的就是其性质上的不同。趋势线止损法说的是，当你买进一只股票之后，行情没有预期上涨，反而下跌了，导致你的仓位出现了较大的亏损，如果股价跌破了你建仓时的趋势线，就需要止损。但趋势线出局则不同。趋势线出局法讲的是，当你买进计划中的仓位之后，行情如你所愿地上涨了，让你美美地捞了一票，如果此时行情跌破了趋势线，这就是你应该卖出清仓的信号。因为当行情走势跌破趋势线的时候，就意味着本轮趋势到头了，宴会已经结束了，如果你不能及时脱身的话，就要为此埋单了。所以聪明的投机者不但知道什么时候加入到宴会中饱餐一顿，还知道什么时候离开餐桌才不用自己埋单。

我们来看一下图9－1－1～图9－1－4。

图9－1－1是新黄浦（600638）2008年9月～2009

图9－1－1

年9月的日线行情走势图。从图中我们可以看到，新黄浦（600638）的股价走势在顺着曲线不断上升的途中，经过了多次的回调，但都受趋势线的支撑企稳反转了，直到2009年8月下旬，股价在第一次击穿趋势线未果之后，第二次下穿了趋势线，本轮趋势就此终结，行情经历了一波大幅的下跌，从最高点的16.37元下跌到最低点的11.00元左右。

我们再来看一下图9－1－2中浦东金桥（600639）2008年9月～2009年8月的日线行情走势图。

从该图中我们可以看到，浦东金桥（600639）的股价走势与新黄浦（600638）的股价走势基本是一种类型的，也是在顺着趋势线不断地波动上升，经过了多次的回调，也都受趋势线的支撑企稳反转了，直到2009年8月下旬，股价直接下穿了趋势线，形成阶段性下跌走势，从最高点的18.15元下跌到最低点的12.00元左右。

图9－1－3的万业企业（600641）的股价走势与上述的浦东金桥（600639）和新黄浦（600638）也是如出一辙。我

浦东金桥(日线.前复权)
18.15
5.59
跌破趋势线
减仓或出局
18.00
17.00
16.00
15.00
14.00
13.00
12.00
11.00
10.00
9.00
8.00
7.00
6.00
2008年
9
10
11
12
1
2
3
4
5
6
7
8
日线

图9－1－2

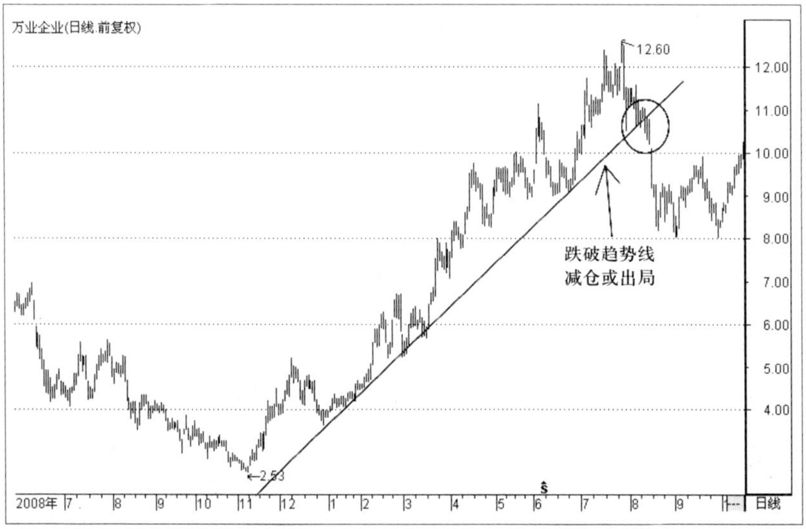
万业企业(日线.前复权)
12.60
2.53
跌破趋势线
减仓或出局
12.00
11.00
10.00
9.00
8.00
7.00
6.00
5.00
4.00
2008年
7
8
9
10
11
12
1
2
3
4
5
6
7
8
9
日线

图9－1－3

们先来看一下图。

上图是万业企业（600641）2008年7月～2009年10月的日线行情走势图。从图中我们可以看到，万业企业（600641）的股价走势依然是在顺着趋势线不断地波动上升，虽然经过多次的回调，但都受趋势线的支撑企稳反转了，形成阶段性买入信号。直到2009年8月下旬，随着大盘的走弱，股价一举下穿了趋势线，形成阶段性下跌走势，从最高点的12.60元下跌到最低点的8.00元左右。

图9－1－4是爱建股份（600643）1999年8月～2001年10月的日线行情走势图。

从该图中我们会发现，爱建股份（600643）的走势图与上述的三只有些不同。最大的不同点是，爱建股份（600643）的股价走势波动较大，周期较长，并非像上述三只股票的走势那样平稳顺畅、波动有序。但无论它怎样波动，最终还是符合了趋势线走势，也形成了趋势线出局信号。

图中，我们还可以看到，爱建股份（600643）的股价自

图9－1－4

2000年1月进入上升趋势之后，行情的走势都比较极端，然而随着其股价在2000年10月～11月止跌反升之后，股价的走势逐渐明朗起来，随后的股价走势都顺应了趋势线的走向，直到2001年4月～5月之间，行情才随着市场多头人气的消散而击穿趋势线，形成下跌信号。之后便出现了一波长达4个月的下跌行情，股价从最高的7.38元下跌到5.00元左右。

从上面的四幅图中我们可以看到，股价一旦跌破趋势线，基本上就可以确定本轮趋势终结了，是应该卖出股票的时机了，所以依赖趋势线信号买入的投机者，在实际交易中，一定要提前确定好出局的路线，与止损一样，只有提前确定好了出局的标准，你才能够及时发现危险信号，并在危险信号出现之前未雨绸缪，游刃有余地应对那些突如其来的风险。

记住：要想事到跟前不产生犹豫，就必须提前做好决定；要想让事情不出乎你的意料，就必须做好防范最糟糕的事情出现的准备。

第二节　均线卖出法

Section2

均线出局的方法，我们曾在上面的“交易中的资金管理”一章中简短地解释过，在本节中我再详细地讲述一下，以便你能够熟练地掌握其中的要领。

我们已经知道均线的另一作用就是确认趋势，所以当股价下穿某个周期的MA均线时，就意味着此周期的趋势结束了。

在实际中，对于那些涨幅较大的股票，我们通常会采用三条MA均线相互交叉的方法来作为确定卖出的标准。这三条MA均线分别是5MA均线、10MA均线和20MA均线。其运用方法是当5MA均线、10MA均线和20MA均线向下交叉发散，就属于投机者减仓或出局的信号。如图9－2－1～图9－2－4中所示。

图9－2－1是ST中源（600645）2006年10月～2007年7月的日线行情走势图。

从该图中我们可以看到，ST中源（600645）的股价自2006年10月的2.01元开始上涨，经过1个多月的调整之后，便一直向上攀升，虽然股价在上升的途中经过一些短期的波动，但均未跌穿20MA均线。直到2007年5月，行情历时将近半年，到创出10元新高之时，股价上涨幅度达500%，随后便出现了快速下跌的走势，并且随着行情的走低，5MA均线、10MA均线和20MA均线也呈现向下交叉发散的形态，减仓出局的信号出现。此后股价便一落千丈，未及时出局的投机者均遭受巨大损失。

图9－2－2是爱使股份（600652）2006年10月～2007年7月的日线行情走势图。

从该图中我们可以看到，爱使股份（600652）的股价

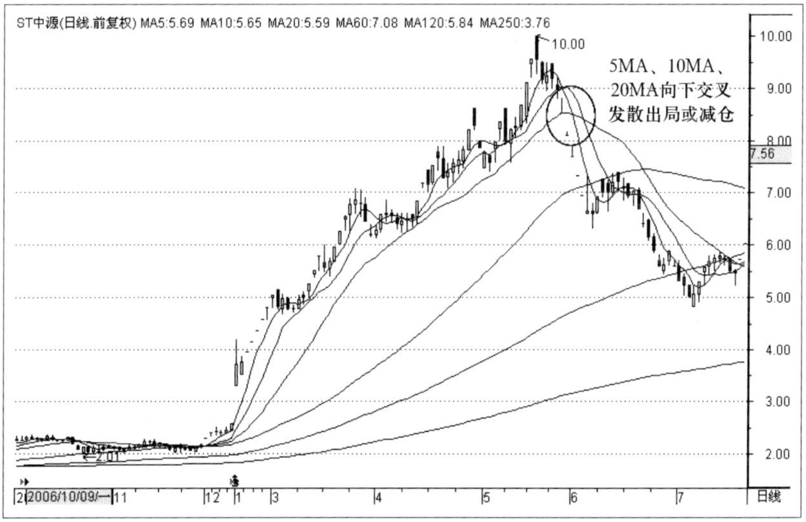

图9－2－1

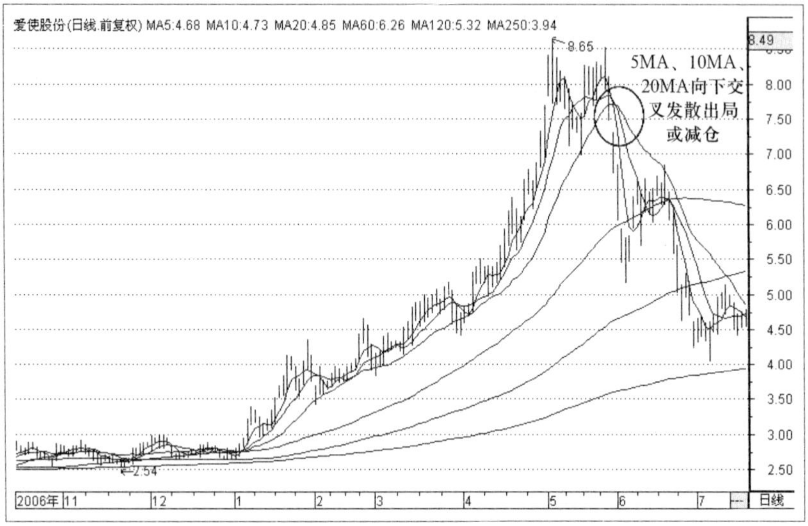

图9－2－2

自2006年11月的2.54元开始上涨，在经过1个多月的调整之后，便一路向上攀升，虽然股价在上升的途中经过几次小的回调波动，但也未跌穿20MA均线。直到2007年5月，行情历时将近半年，到创出8.65元的新高之时，股价上涨幅度达300%左右。随后，随着大盘的走弱，便出现了快速下跌的走势，股价不但跌穿了20MA均线，5MA均线、10MA均线也下穿了20MA均线，呈现向下交叉发散的形态，形成明显的减仓出局的信号。此后股价便大幅下跌，致使很多反应较慢的投机者严重亏损。

接下来，我们再来看一下爱使股份（600652）2009年3月～2009年10月的日线行情走势图。如图9－2－3中所示。

从该图中我们可以看到，爱使股份（600652）的股价自2009年4月的3.59元开始上涨以来，在250MA均线的上方经过一轮回调之后，便步入了主升浪中，随后股价便开始了一波三折的攀升阶段，股价在2009年5月～6月回调的过程中，虽显疲倦，但最终依然受到20MA均线的支撑，再次冲

图9－2－3

高，并创下高点7.70元。之后受到大势走低的影响，股价跌穿了20MA均线，不久后，5MA均线、10MA均线也下穿了20MA均线，呈现向下交叉发散的形态，形成明显的减仓出局的信号，股价大幅下跌。

上面这些图显示的行情走势，都是大涨后的单信号卖出形态。但下面的这些行情的走势就是多信号形态了。因为在现实交易中，有很多股票并非出现一个信号股价就会下跌，有时候这种信号会出现两三次，甚至四五次。所以在交易中，如果你总是一见信号就平仓，那么最终会发现你放弃了好多机会，所以见到信号就平仓这样的说法我并不赞同。请不要用“卖了就别后悔”来掩饰自己出局技能上的不足。我的观点就是逐步平仓，并将股价跌穿120MA均线作为最后的一道防线。当然并不是一定要你保留一些仓位到股价跌穿120MA均线才出局，我的意思是要你知道你有可能会在最后的平仓标的处平仓，你必须要对此有一个心理准备。无论你采用什么信号作为出局的标的，但只要发现股价已经跌穿了

120MA均线，这就是最后的一个逃命机会，所有的策略在此信号出现时都将服从于此，这就是所有信号的终结信号。

一些耐心和承受力较好的投机者，通常在行情上涨的过程中不动如山，他们会根据信号步步出局，而不会选择一次性出局。他们知道自己无法确保目前的信号是不是有效的，是不是本轮趋势的最后一个高点，所以他们通常会采取卖出少部分仓位，并将股价跌穿120MA均线设定为平仓出局的最后防线。然后持续持有大部分仓位，等待行情的进一步验证。如果跌穿了120MA均线，那么他们就会一次性地卖掉所有的剩余仓位，因为行情的走势告诉了他们，中长期的跌势开始了，他们必须赶紧给手中的剩余仓位找好出路。

反之，如果行情在出现第一个减仓或出局的信号之后，经过一轮调整，股价并没有持续向下跌穿120MA均线，而是再次向上，创出新高，那么他们就会继续持有手中的仓位，直到行情不再创出新高，并出现出局信号为止，才会终结所有的仓位。如图9－2－4中所示。

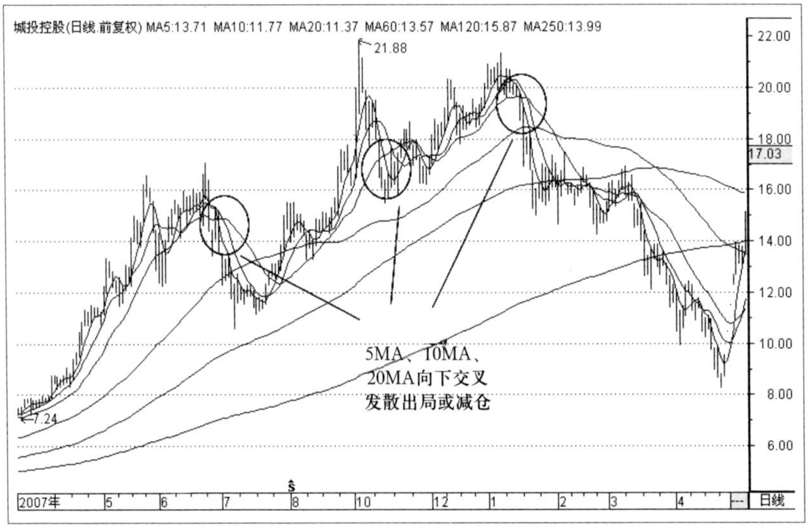

图9－2－4

图9－2－4是城投控股（600649）2007年3月～2008年5月的日线行情走势图。从图中我们可以看到，城投控股（600649）的股价自上涨以来，出现过三次出局减仓的信号，第一次是在2007年6月，第二次出现在2007年10月，第三次出现在2008年2月，如果投机者在第一个信号区域就一次性地将手中的仓位全部平仓，将会失去后面更多的利润。虽然说，一次性平仓也并非错误，但如果你想将利润最大化，尽量释放机会的能量，就应该把握逐步平仓的策略。因为在一个疯狂上涨的牛市中，有时后面的利润要远大于前面的利润，如果你一次性全部平仓，虽然能够抚平你内心的焦躁，却有可能失去一个重要的机会。如图9－2－5和图9－2－6中所示。

图9－2－5和图9－2－6是中国联通（600050）2007年5月～2008年2月的日线行情走势图和中国联通（600050）2006年5月～2008年5月的日线行情走势图。

从这两幅图中我们可以看到，中国联通（600050）的股

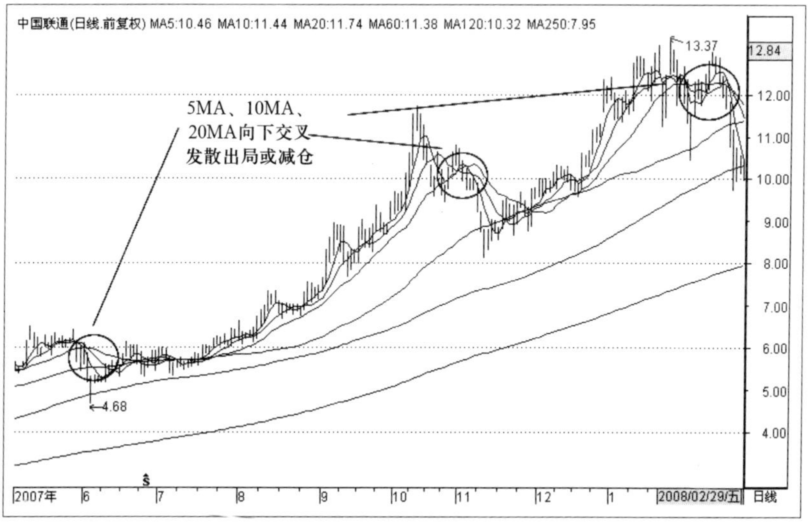

图9－2－5

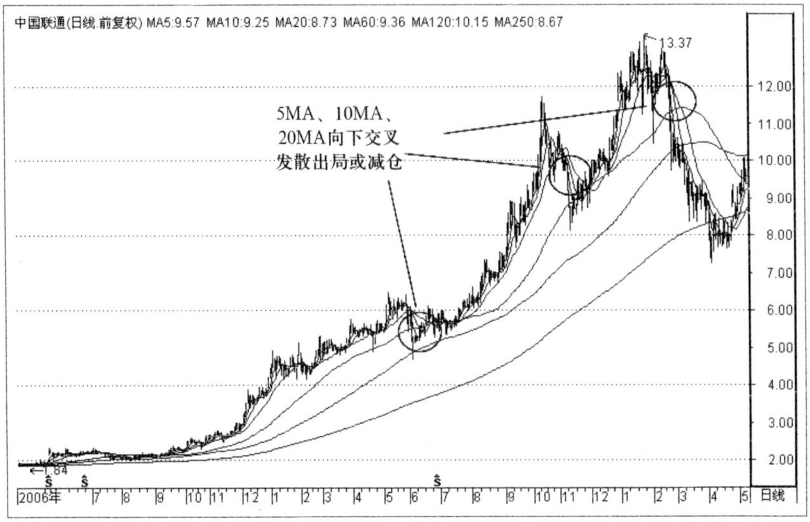

图9－2－6

价自上涨以来，也是出现了三次减仓出局的信号。如果你在2007年6月以6元左右的价格一次性卖出平仓，那么将会失去后来更大的利润。所以在交易中，无论是买入建仓，还是卖出平仓，只要你的买入标的正确，都应该极具耐心地逐步进行，避免因冲动急躁而失去那些本应属于自己的利润。所以学习如何在行情的顶部区域逐步卖出，不但可以让你的耐心有所施展，也考验了你对风险和利润的承受力。

第三节 MACD指标卖出法

Section3

最经典的MACD指标出局法就是MACD指标的顶背离和死亡交叉（死叉）出局法。

在上面我曾讲过一些顶背离的走势形态，在这里就来讲述一下如何运用顶背离和死亡交叉判断出局的时机。

我们知道，MACD指标与股价之所以能够形成顶背离的形态，主要是因为股价的涨势在逐波减小，市场中的看多方正在逐步消失，属于一个后市堪忧的信号。如图9－3－1～图9－3－4中所示。

图9－3－1是爱使股份（600652）2009年2月～2009年10月的日线行情走势图。

在上一节中我们曾讲述过这只股票，在本节中我们再看一下爱使股份（600652）出现的另一种卖出信号。

从图中我们可以看到，爱使股份（600652）自2009年3月的3.59元低位上涨之后，股价经过短暂的回调便开始发力上攻，随后便顺应大盘的走势，开始逐步走弱，股价虽然再次创出7.70元的新高，但其却与下方的MACD指标形成顶背离的走势形态，此信号的出现预示着行情上涨的力量正在逐波减弱。所以当MACD指标出现死亡交叉的时候就是一个卖出的信号。

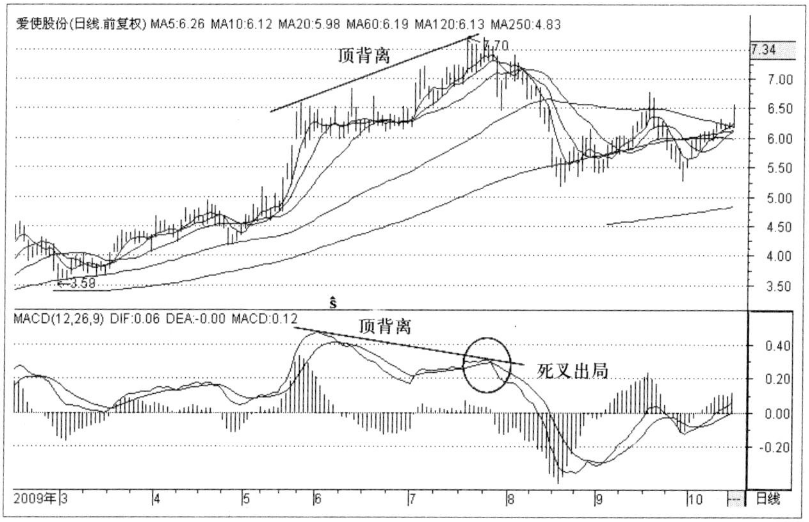

图9－3－1

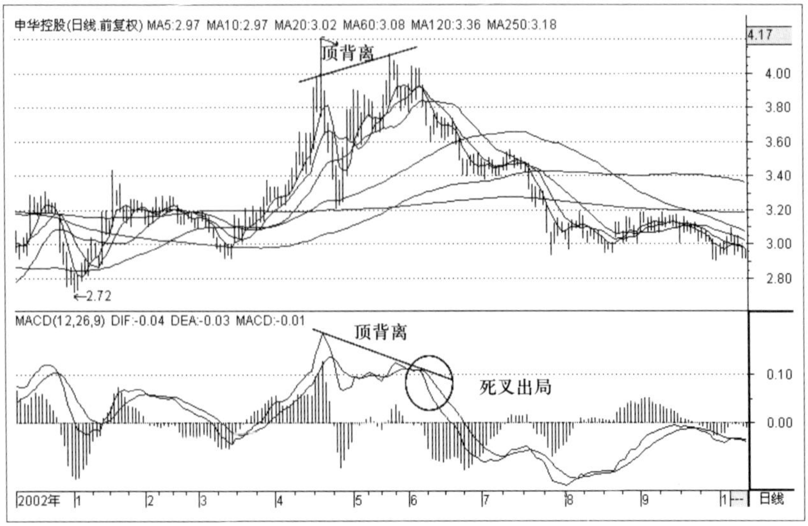

图9－3－2

图9－3－2是申华控股（600653）2002年12月～2002年10月的日线行情走势图。

从该图中我们可以看到，申华控股（600653）的股价自2002年3月触底上涨，在4.00元附近与下方的MACD指标形成顶背离的走势形态，随后MACD指标向下发散，形成死亡交叉，股价步入阶段性下跌走势之中。

图9－3－3是ST方源（600656）2003年2月～2003年9月的日线行情走势图。

从该图中我们可以看到，ST方源（600656）的股价自2003年3月底开始上涨，之后股价在8.50元附近先形成了第一次回调，随后止跌反升，再次创下8.78元的新高，但我们却看到，其开始与下方的MACD指标形成顶背离的走势形态，之后股价便开始逐步下行，MACD指标向下发散，并形成死亡交叉，股价步入下跌趋势之中。

图9－3－4是信达地产（600657）2008年1月～2008年10月的日线行情走势图。

ST方源(日线.前复权) MA5:7.22 MA10:7.27 MA20:7.31 MA60:7.63 MA120:7.68 MA250:-
顶背离
8.78
6.36
MACD(12,26,9) DIF:-0.10 DEA:-0.11 MACD:0.00
顶背离
死叉出局
2003年
日线

图9－3－3

信达地产(日线.前复权) MA5:10.87 MA10:9.88 MA20:9.28 MA60:9.71 MA120:10.19 MA250:7.31
顶背离
12.95
3.77
MACD(12,26,9) DIF:0.39 DEA:0.05 MACD:0.67
顶背离
死叉出局
2008年
日线

图9－3－4

从该图中我们可以看到，信达地产（600657）的股价自2008年1月的低点3.72元开始上涨之后，股价在250MA均线的上方先形成了第一次回调整理的走势，随后股价止跌企稳，步入主升浪。当股价运行到4月份的9.50元附近的时候，开始出现了高位的第一次回调，但不久行情便又出现了另一波涨势，再次创下另一高点，直至第三波回调完成之后，行情创下了12.95元的新高。但我们看一下其下方的MACD指标，就可以知道其开始与下方的MACD指标形成顶背离的走势形态。顶背离的形态形成之后，股价便开始逐步下行，MACD指标向下发散，并形成死亡交叉，股价步入下跌趋势之中。

所以投机者在实际交易的时候，一旦遇到类似的行情走势，应随时提高警惕，一旦行情走弱，就应及时减仓或出局，以免耽误卖出的最佳时机，遭受损失。

当然，顶背离在实际交易中也并非百发百中，它依然有错误的时候，但如果你还没有掌握更多的卖出技巧，那么就请先遵循它的指引。虽然有可能会让你少赚了一点钱，但它却能够在关键的时候救你一命。

第四节　KDJ指标卖出法

Section4

KDJ出局法则与其他的出局方法稍有不同，因为KDJ指标原本是一个判断超买和超卖的短线指标，但是如果你要选择超级黑马的话，就不能够以较短周期的参数作为超买和超卖的判断依据了。

在实际应用中我发现，采用21、8、5的大参数KDJ，利用KDJ指标的超买超卖特性，在月线中研判股价趋势的顶部和底部，有着非常重要的作用。

其运用的方法与KDJ指标原先的运用方法几乎一致，就是当KDJ指标的J线从大于80时，股价走势步入超买期，行情买方力量过剩，有见顶的可能。如果此时股价停止上涨或出现了下跌现象，当KDJ指标的J线自80以上的高位区反转向下，并击破80刻度线时，就属于一个风险较高的卖出和减仓的信号。如图9－4－1～图9－4－4中所示。

图9－4－1是兆维科技（600658）1994年1月～2009年10月的月线行情走势图。从图中我们可以看到，兆维科技（600658）的股价凡是处于高位的时期，其下方的KDJ指标都呈现出超卖的形态，此后行情便在高位大幅震荡，随着KDJ指标的J线下穿80刻度线，行情步入不同幅度的跌势之中。

图9－4－2是新南洋（600661）1993年1月～2009年10月的月线行情走势图。

从该图中我们可以看到，新南洋（600661）自1997年下半年开始步入牛市之后，行情一直在向上不断攀升，虽然其中不乏大幅的波动震荡，但都没有阻挡住行情上涨的势头。

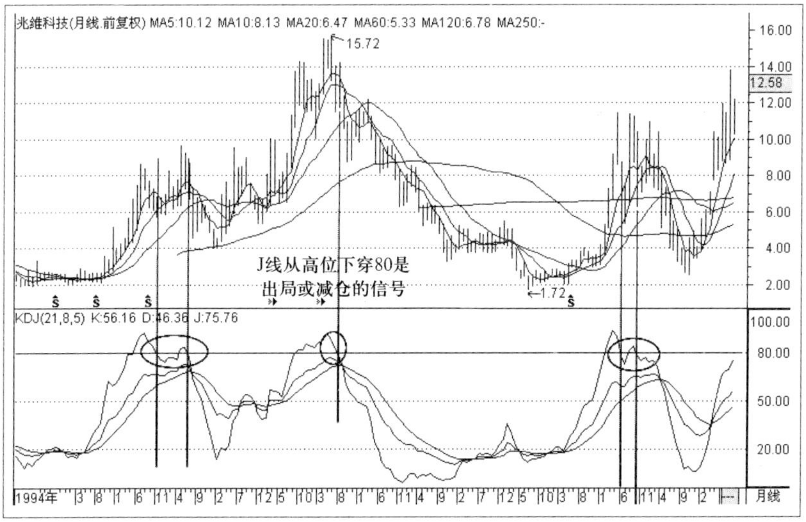

图9－4－1

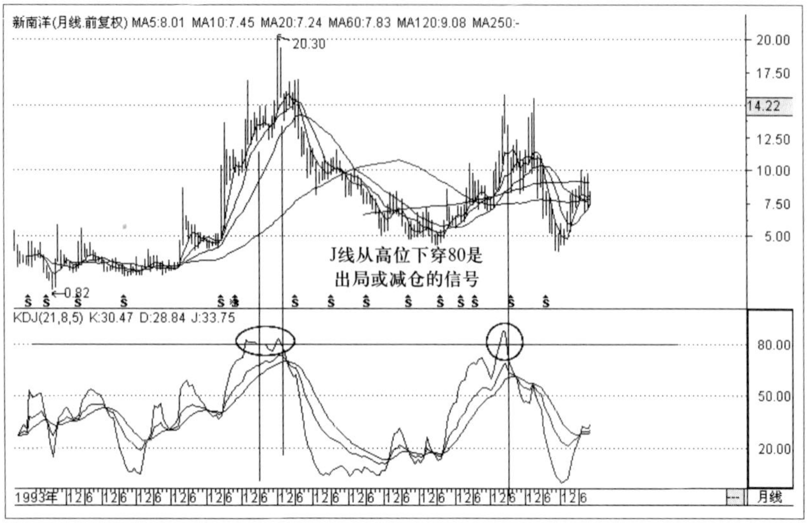

图9－4－2

最终行情在高位创出20.30元的最高点之后，便开始快速走低。我们看一下其下方的KDJ指标形态就可以发现，每次行情步入高位时，KDJ指标的J线都会顺应股价的走势步入长期超买区，随着KDJ指标的J线下穿80刻度线，行情下跌似乎也是理所当然的。

图9－4－3是强生控股（600662）1995年11月～2004年9月的月线行情走势图。

从该图中我们可以看到，强生控股（600662）自1996年上半年复权后的0.69元开始步入牛市之后，行情也是一直在向上不断攀升的上涨势头之中。但行情在不断上涨的过程中，也遇到过多次大幅的波动震荡，最终行情创出4.65元的最高点，之后便开始快速走低。我们看一下其下方KDJ指标的走势形态就可以发现，KDJ指标的J线均随着股价走高，形成长期超买信号，随着KDJ指标的J线下穿80刻度线，行情随后便出现程度不同的阴跌走势。

图9－4－4则是强生控股（600662）1997年11月～2009年10月的月线行情走势图。

图9－4－3

从该图中我们可以看到，即便是2007年的超级大牛市，强生控股（600662）的股价走势高点也没有脱离KDJ指标的超买见顶的范围。当强生控股（600662）股价在2007年5月见顶反转的时候，其下方的KDJ指标的J线也开始向下反转，并击破了80刻度线，卖出信号出现，行情随后便步入漫漫熊市。

通过上面的几幅图我们可以知道，在运用KDJ指标研判行情顶部的时候，一定要等KDJ指标的J线下穿80刻度线的时候才算是发出信号。如果你一见到KDJ指标的J线上穿80刻度线就认为行情见顶了，很明显你会不断出错，甚至卖出正在上涨的股票。所以投机者在运用这一方法的时候，一定应注意这一问题。

另一个应该注意的问题就是，这种形态也不是万能的，并非所有的股票都会符合这一信号，也有很多股票并没有达到80刻度线以上的高位区就反转向下了，如果你买入一只股票之后，不管这只股票的股性如何，只知道一味地等待出现上面的信号再卖出的话，很有可能会给你带来损失，所以你

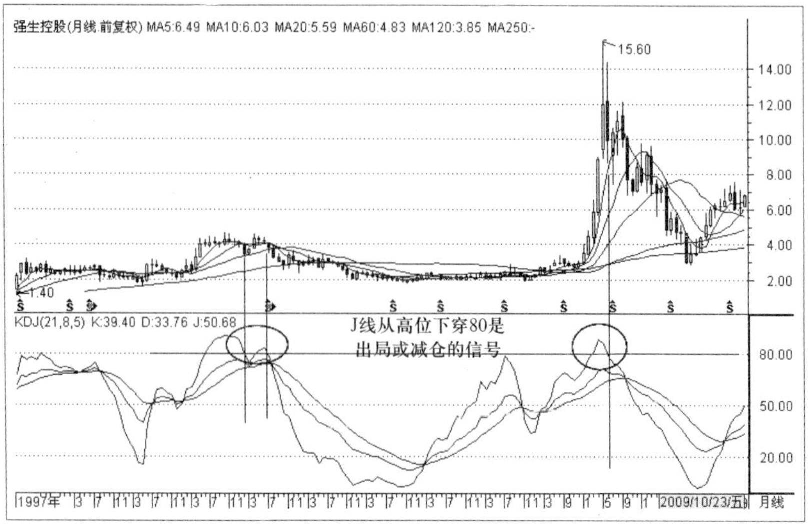

图9－4－4

需要多掌握一些出局的方法，这样会有更多的参考，你才能够多把握一些机会，在某些特殊的时候，少损失一点。

仔细的投机者可能会发现，我在本书中所用的股市行情图片，很多股票的代码都是连续的，这也进一步地证明了这些信号和方法的普遍性和有效性。所以如果你在投机市场中交易的时候，除了注意大盘的动向之外，也应该多检查以下其他的大多数股票，因为如果其他的很多股票都出现了某一统一的特征时，通常代表行情可能会面临新的变化。

我们简举一例。比如，你买入的那只股票并没有出现超买形态，但是，你通过翻阅其他的个股之后，发现其他相同和不同板块的很多股票都出现了超买的形态，并且有的个股已经出现了反转向下击穿80刻度线的现象了。这时候，你就应该提高警惕，因为市场中的股票走势，具有一定的联动性，所以你必须要在此时多一个心眼，不要单单盯着自己的股票，而忽略与其他股票的联动关系，并应密切关注同一板块中的其他股票。如果你发现同一板块中的其他股票也出现了类似的现象，那十有八九情况不妙。这意味着，在某些情况下，你买入的股票并没有出现危险信号，但同时你发现市场中有30%以上的股票都出现了危险信号的时候，你手中的那只股票通常也面临严峻的考验，你必须随时提高警惕。因为很有可能你手中的那只股票是一只走势相对较弱的股票，如果你依然不死心，认为其他股票都上涨3倍甚至10倍了，你的股票也应该上涨3倍或10倍，并找出各种理由死拖硬守，期望它能够逆势而上，达成所愿，损失很快就会来临。因为当市场大势已去，那些涨势很大的股票开始下跌的时候，即便是那些上涨幅度很小的股票也会下跌。这与经济市场的道理是一样的。在经济市场中，当整个经济形势都开始逆转的时候，那些还没有成长起来的小公司也会跟着倒闭。

所以投机者必须知道，买股票就要买那些能够领先大盘走强的黑马股，因为这些股票主宰着整个市场的命运，如果它们的趋势走到头了，那其他走势较弱，业绩又差的后来者，根本就没有能力扛过主宰市场的大旗逆流而上，它们通常会在沉重的空头抛压下，随着大势的走熊，一起塌陷。

第五节 角度线卖出法

Section5

这种方法是我发现的一种重要的出局方法，也是《对称理论》中的一种出局和趋势管理的方法。在这里我只简单地介绍一下，如果你想详细地了解这种方法，《对称理论》中有全面的论述。

这种方法简单地说，就是用8个黄金分割数字加上0.5共9个数字，分别与90度角相乘，就得出了9条角度线，这些黄金分割数字就是：0.809、0.764、0.618、0.573、0.5、

0.427、0.382、0.236、0.191。如果你知道行情回撤的幅度与这些数字有关，那么你也应该知道波浪理论中所提到的黄金分割数字周期效应，即行情运行的周期达到5、8、13、21、34、55、89、144日时，通常会出现变化。知道了上面的两个规律之后，你就应该知道，行情趋势的走向基本上都是按照以上这些数字乘以90度角的趋势运行，按照以上的黄金数字所画出来的角度线正是趋势最普遍的走势角度。如图9－5－1中所示。

图9－5－1中最主要的角度通道就是两条相邻的角度线形成的宽线通道，一般情况下，行情大都会在两条相邻的角度线形成的宽线通道内运行。图中90度到0.809之间的通道空间叫做宽线通道，宽线通道就是行情上涨和下跌时，趋势运行的通道。0.809和0.764这两条角度线之间的通道空间就叫做窄线通道，是趋势波动攻击的阻力通道，也可以叫做确认通道，即趋势在过度波动的时候如果会突破这一通道，通常都是行情变换通道的信号。接下来，0.764和0.618这两条

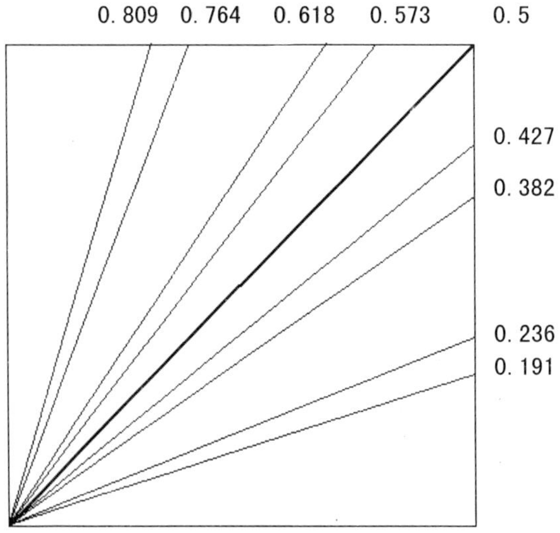

图9－5－1

角度线之间的通道空间就叫做宽线通道。0.618和0.573这两条角度线之间的通道空间就叫做窄线通道，0.573和0.427这两条角度线之间的通道空间就叫做宽线通道。0.427和0.382这两条角度线之间的通道空间就叫做窄线通道，0.382和0.236这两条角度线之间的通道空间就叫做宽线通道。0.236和0.191这两条角度线之间的通道空间就叫做窄线通道，0.191到0之间的通道空间就叫做宽线通道。

行情的趋势走向大多数都是在宽线通道内运行，如果行情跌穿了原先的通道角度线，那么这预示着趋势失去了原有的上涨力量，要变换通道了，或者说要变换运行轨道了。当然我们更喜欢它变换到更上方的通道内运行，因为这预示着新生的市场力量把行情推升到了一个更高幅度的通道。反之，如果市场力量没有把行情推升到一个新的上方通道内运行，而是让上方的卖出压力把行情打压到了一个下方的运行通道内，这说明行情在运行的过程中，遇到了较大的卖压，下方的买方动力不足，有很多人都在卖出，卖出的人要比买入的人多，当行情跌穿0.5的角度线（45度角度线）时，预示着行情的买卖力量已经失去了平衡，更多的人都在卖出。如果行情不能够顺利地返回到原先的通道之内，这说明，上涨的动力目前来看已经衰竭了，看多动力不足，所以应该逐步地卖出股票。因为趋势在逐步地向下变轨，这时候这条0.5的角度线就起到了非常重要的作用。这条线就是辨别趋势走向的重要依据之一。

我们先来看一下图9－5－2中尖峰集团（600668）2005年5月～2008年4月的股价周线走势图。

从该图中我们可以看到，尖峰集团（600668）的股价上涨以来，趋势一直都沿着0.809的角度线上方运行，直到创出新高10.62元之后，行情开始陡转直下，击破了0.809～0.764的窄幅通道，此后股价虽然在0.5的角度线遇阻反升，但也没能够重返0.809～0.764的通道上方，之后股价便下穿了0.5的角度线，步入熊市。

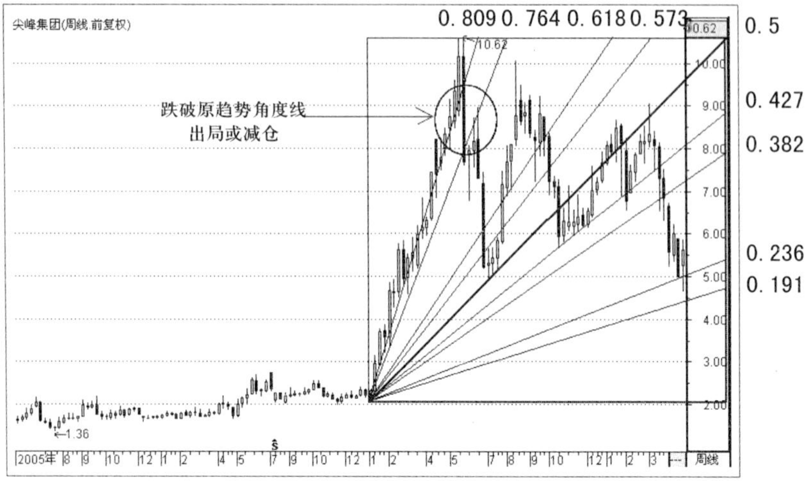
尖峰集团(周线,前复权)
0.809 0.764 0.618 0.573
0.5
0.427
0.382
0.236
0.191
10.62
1.36
跌破原趋势角度线
出局或减仓
2005年
周线

图9－5－2

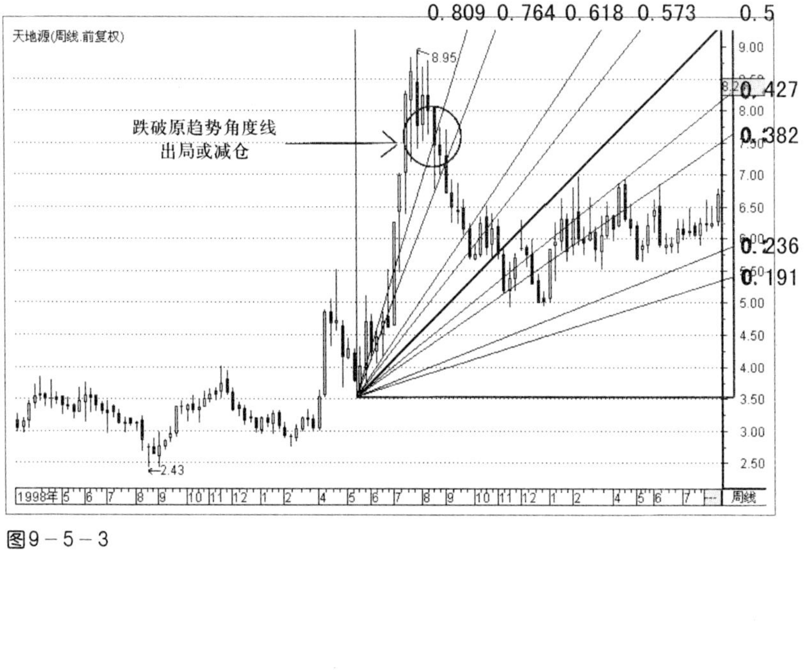
天地源(周线,前复权)
0.809 0.764 0.618 0.573
0.5
0.427
0.382
0.236
0.191
8.95
2.43
跌破原趋势角度线
出局或减仓
1998年
周线

图9－5－3

图9－5－3天地源（600665）的走势图与尖峰集团（600668）的走势图属于同一类型。如图所示。

从该图中我们可以看到，天地源（600665）的股价上涨以来，趋势一直都沿着0.809的角度线上方运行，直到创出新高8.95元之后，行情开始陡转直下，击破了0.809～0.764的窄幅通道，卖出信号出现，此后股价持续向下击穿0.5的角度线步入熊市。

图9－5－4是西南药业（600666）1998年7月～2001年10月的股价周线走势图。

从该图中我们可以看到，西南药业（600666）的股价走势是沿着0.5的角度线运行的，但在其上涨的过程中，股价波动起伏，曾一度进入0.809的通道，但最终无果返回0.618和0.5的通道之内，在创出最高点10.32元之后，股价开始击穿0.5的角度线步入熊市之中。

图9－5－5是哈药股份（600664）2005年11月～2008年9月的股价周线走势图。

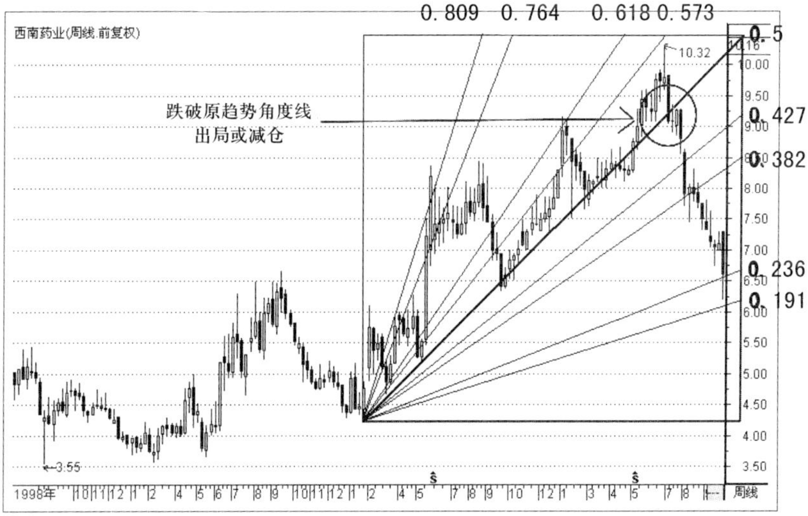

图9－5－4

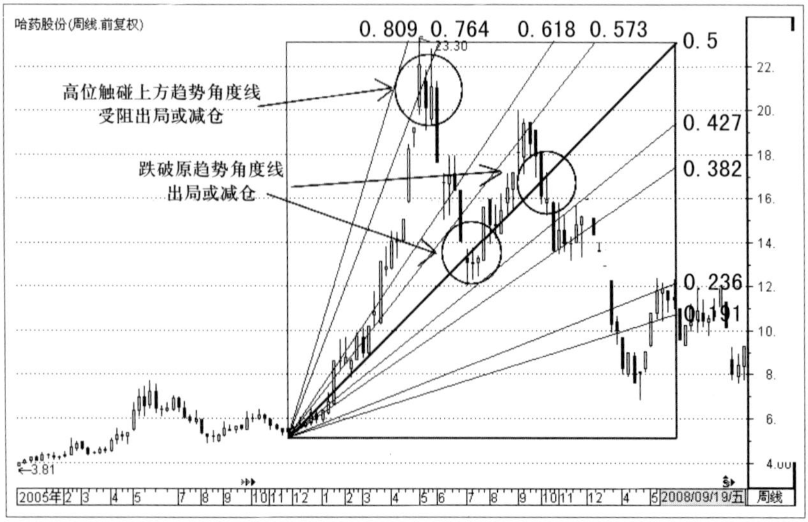

图9－5－5

从该图中我们可以看到，哈药股份（600664）的股价，自步入牛市以来，一直在0.764～0.618的通道内运行。但随着股价创出新高23.30元之后，在高位向上变轨未果，并受0.809～0.764通道的压制，行情开始步入弱势，大幅下跌。虽然在0.5的角度线处一度企稳再次反升，但最终也未能再回到原先的轨道之中，并受0.573的角度线的压力，股价再次下跌并击破0.5的角度线，平仓信号出现，行情随即步入熊市之中。

通过上面的论述，投机者应该知道，当股价走势跌破原先的通道角度线向下变轨的时候，通常都是一个减仓的信号，如果行情走势跌破0.5的角度线，通常就是一个全部平仓的信号。

第十章

Chapter 8

如何将狼巡指标公式引入你的系统

要用狼巡大盘叠加指标选择股票，你就需要将狼巡成本均线指标源码引入公式管理器，因为你原先的行情软件中并没有这个指标。引入指标时，各种行情软件上的引入方法都大同小异，区别仅仅在于栏目上有所不同。

首先你需要在你的行情软件中（建议使用通达信）找到栏目中的“专家系统”或直接找到“公式管理器”选项，如图10－1－1所示。

然后点击“公式管理器”菜单，就会弹出“公式管理器”，如图10－1－2所示。

接下来，点击公式组中的“技术指标公式”，就会出现公式类型列表，点选其他类型。如图10－1－3所示。

然后点选右上角的“新建”按钮，就会弹出“指标公式编辑器”，在“指标公式编辑器”的“公式名称”输入框中输入“狼巡大盘MA”（如果你要输入狼巡大盘成本，

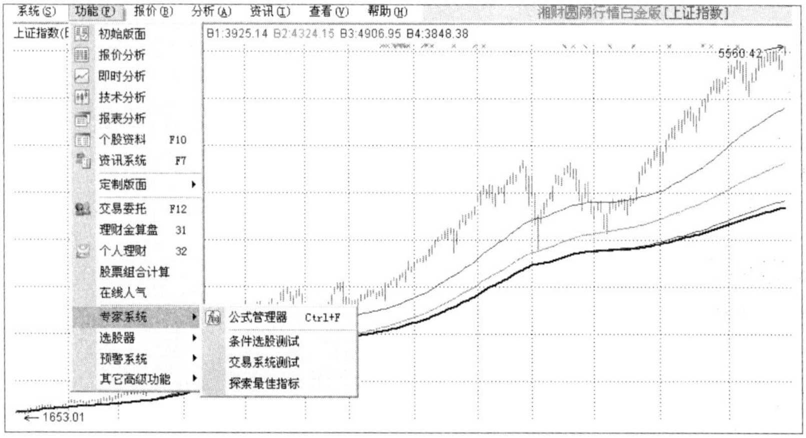

图10－1－1

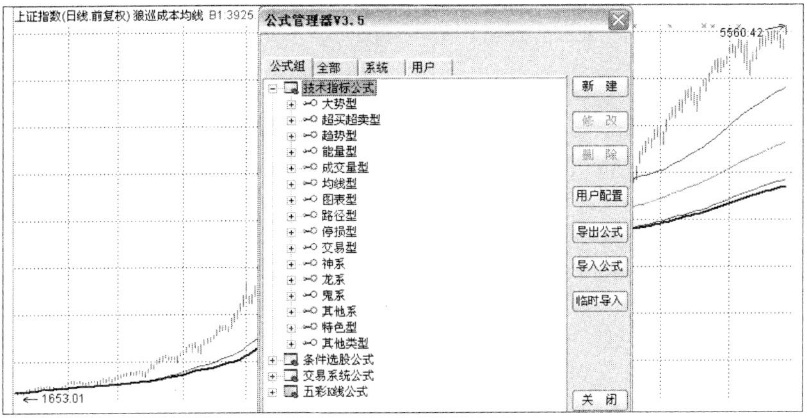

上证指数(日线 前复权) 狼巡成本均线 B1:3925
公式管理器V3.5
公式组
全部
系统
用户
技术指标公式
大势型
超买超卖型
趋势型
能量型
成交量型
均线型
图表型
路径型
停损型
交易型
神系
龙系
鬼系
其他系
特色型
其他类型
条件选股公式
交易系统公式
五彩K线公式
新 建
修 改
删 除
用户配置
导出公式
导入公式
临时导入
关 闭
5560.42
1653.01

图10－1－2

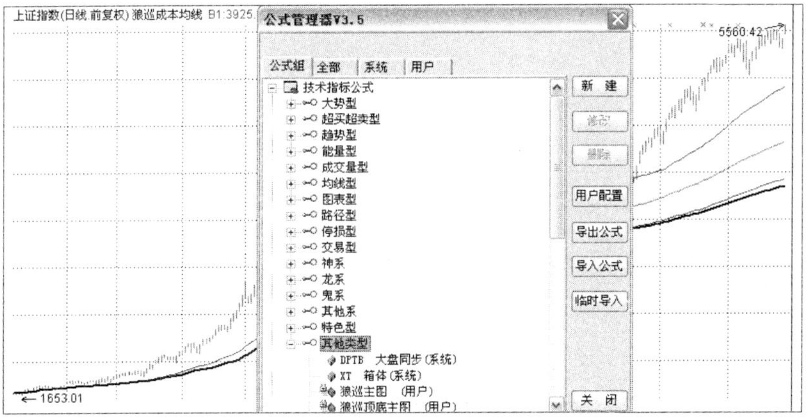

上证指数(日线 前复权) 狼巡成本均线 B1:3925
公式管理器V3.5
公式组
全部
系统
用户
技术指标公式
大势型
超买超卖型
趋势型
能量型
成交量型
均线型
图表型
路径型
停损型
交易型
神系
龙系
鬼系
其他系
特色型
其他类型
DPTB 大盘同步(系统)
XT 箱体(系统)
狼巡主图 (用户)
狼巡顶底主图 (用户)
新 建
修改
删除
用户配置
导出公式
导入公式
临时导入
关 闭
5560.42
1653.01

图10－1－3

就填写狼巡大盘成本），在“公式描述”输入框中输入“狼巡大盘叠加副图指标”，在“密码保护”标签前面有一个小方框，如果你需要密码的话，可以点选这个小方框，然后在“密码保护”输入框中输入你所要填写的密码。公式类型系统自动默认为“其他类型”无需改动。

接下来，再在下面的“画线方法”选择栏中，选择“副图叠加”，不要搞错了。然后将狼巡大盘MA的源码全部按照图示格式输入到下面的编辑框中。请注意输入的字符一定要用英文字符，不要用中文字符。编辑框下方的动态翻译文字，不用填写。在填写完公式源码之后，你需要测试一下源码有没有输入错误。如果没有错误，编辑器就会在下面的一栏中显示“测试通过”。如图10－1－4所示。

这时候点击右上角的“确认”按钮。编辑器就会弹出

图10－1－4

“请将密码重新输入一遍”以确认先前你输入的密码的准确性，如图10－1－5所示。

当你再一次输入的密码与先前输入的密码相同时，就会出现公式类别列表，如图10－1－6所示。

关闭指标公式编辑器恢复行情画面。点击行情副图区域，就会出现一个功能菜单，如图10－1－7所示。

点击菜单中的“选择指标”就会出现另一个指标列表选择窗口，如图10－1－8所示。

点选列表中的“其他类型”就会出现另外一个指标选择列表，如图10－1－9中所示。

在列表中点选“狼巡大盘叠加MA”，列表框的右边就会出现参数值。如图10－1－10中所示。

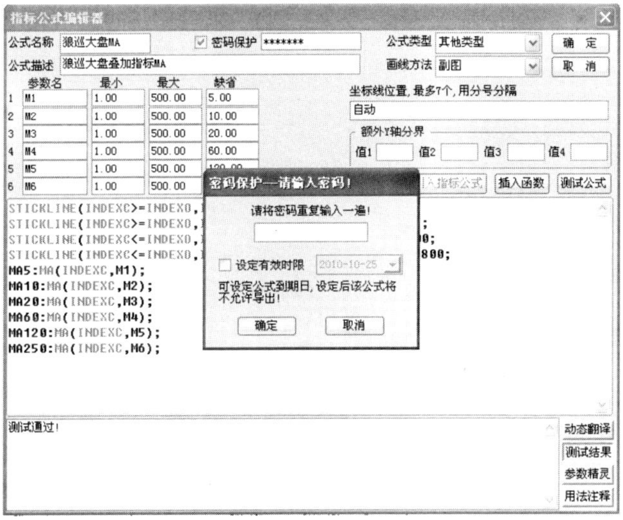

图10－1－5

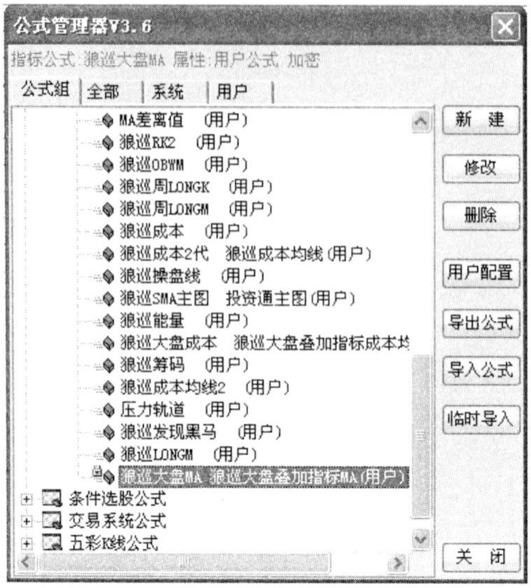
公式管理器V3.6
指标公式:狼巡大盘MA 属性:用户公式 加密
公式组
全部
系统
用户
MA差离值 (用户)
狼巡RK2 (用户)
狼巡OBWM (用户)
狼巡周LONGK (用户)
狼巡周LONGM (用户)
狼巡成本 (用户)
狼巡成本2代 狼巡成本均线(用户)
狼巡操盘线 (用户)
狼巡SMA主图 投资通主图(用户)
狼巡能量 (用户)
狼巡筹码 (用户)
狼巡成本均线2 (用户)
压力轨道 (用户)
狼巡发现黑马 (用户)
狼巡LONGM (用户)
狼巡大盘MA 狼巡大盘叠加指标MA(用户)
条件选股公式
交易系统公式
五彩K线公式
新 建
修改
删除
用户配置
导出公式
导入公式
临时导入
关 闭

图10－1－6

10.62
2.40
切换操作
选择指标 Ctrl+I
当前指标
区间统计 Ctrl+W
历史同步回忆 Enter
双品种组合 Ins
分析周期
窗口个数
复权处理
所属板块 Ctrl+R
重仓持股基金 36
标记当前证券
加入到自选股 Alt+Z
加入到板块股 Ctrl+Z
从板块中删除 Alt+D
画线工具 Alt+F12
信息地雷 16
投资日记 19

图10－1－7

请选择指标
常用指标
大势型
超买超卖型
趋势型
能量型
成交量型
均线型
图表型
路径型
停损型
交易型
神系
龙系
鬼系
其他系
特色型
其他类型
特殊画线指标
用法注释
确定
取消

图10－1－8

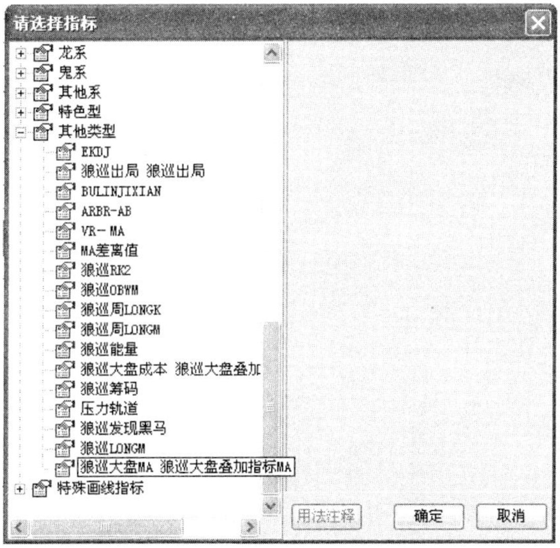
请选择指标
龙系
鬼系
其他系
特色型
其他类型
EKDJ
狼巡出局 狼巡出局
BULINJIXIAN
ARBR-AB
VR- MA
MA差离值
狼巡RK2
狼巡OBWM
狼巡周LONGK
狼巡周LONGM
狼巡能量
狼巡大盘成本 狼巡大盘叠加
狼巡筹码
压力轨道
狼巡发现黑马
狼巡LONGM
狼巡大盘MA 狼巡大盘叠加指标MA
特殊画线指标
用法注释
确定
取消

图10－1－9

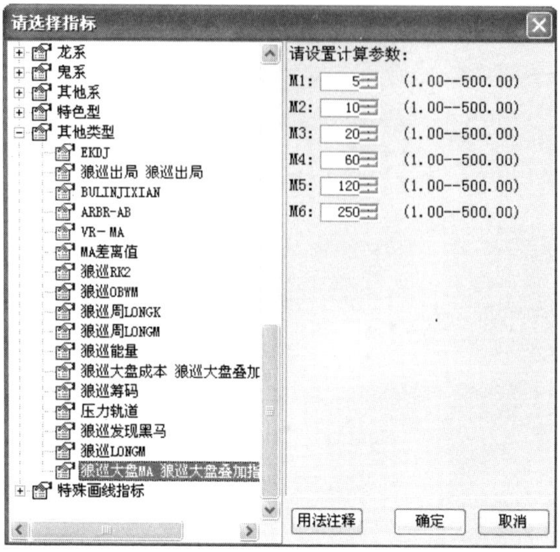

图10－1－10

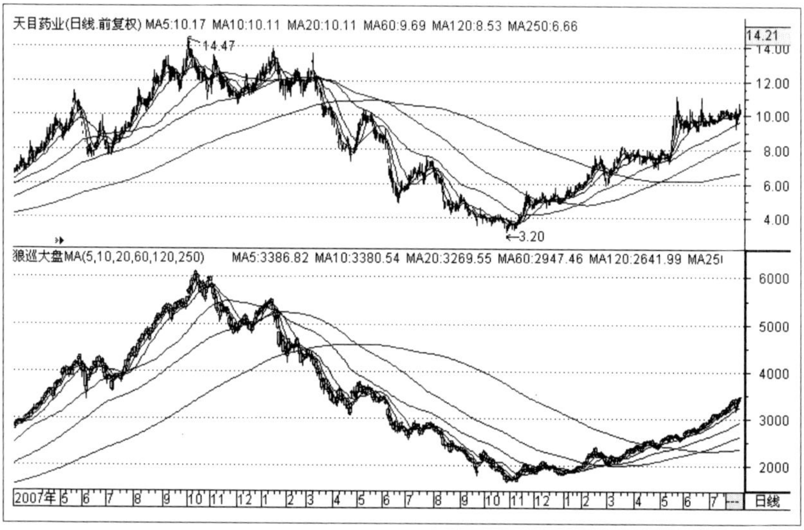

图10－1－11

点击确定，打开你的行情走势画面看看效果如何？是不是和图10－1－11所示的一样呢？

注：读者在引入指标时应当注意的是，如果你采用的是“通达信”系统的话，这些指标都可以顺利导入。如果你用的是其他的系统，比如“大智慧”或“分析家”等系统的话，可能会出现个别源码函数不符的情况，导致指标输入错误。如果你使用的是非“通达信”的其他分析系统，遇到测试失败的情况，可以到以下地址下载指标系统源码。

地址一：http://www.longxn.com/MyOffice.asp? Id=4

地址二：http://www.wanyang591.com/dispbbs.asp? boardID=21&ID=2381&page=1

地址三：http://longxn.blog.163.com/edit/

“引领时代”金融投资系列书目

序号	书名	作者	译者	定价
世界交易经典译丛				
1	《我如何以交易为生》	（美）加里·史密斯	张　铁	42.00元
2	《华尔街40年投机和冒险》	（美）理查德·D.威科夫	蒋少华、代玉簪	39.00元
3	《非赌博式交易》	（美）马塞尔·林克	沈阳格微翻译服务中心	45.00元
4	《一个交易者的资金管理系统》	（美）班尼特·A.麦克道尔	张　铁	36.00元
5	《菲波纳奇交易》	（美）卡罗琳·伯罗登	沈阳格微翻译服务中心	42.00元
6	《顶级交易的三大技巧》	（美）汉克·普鲁登	张　铁	42.00元
7	《以趋势交易为生》	（美）托马斯·K.卡尔	张　铁	38.00元
8	《超越技术分析》	（美）图莎尔·钱德	罗光海	55.00元
9	《商品期货市场的交易时机》	（美）科林·亚历山大	郭洪钧、关慧——海通期货研究所	42.00元
10	《技术分析解密》	（美）康斯坦丝·布朗	沈阳格微翻译服务中心	38.00元
11	《日内交易策略》	（英、新、澳）戴维·班尼特	张意忠	33.00元
12	《马伯金融市场操作艺术》	（英）布莱恩·马伯	吴　楠	45.00元（估）
13	《交易风险管理》	（美）肯尼思· L.格兰特	蒋少华、代玉簪	42.00元（估）
14	《非同寻常的大众幻想与全民疯狂》	（英）查尔斯·麦基	黄惠兰、邹林华	58.00元
15	《高胜算交易策略》	（美）罗伯特·C.迈纳	张意忠	48.00元（估）
16	《每日交易心理训练》	（美）布里特·N.斯蒂恩博格	沈阳格微翻译服务中心	48.00元（估）
实用技术分析				
17	《如何选择超级黑马》	冷风树	——	48.00元
18	《散户法宝》	陈立辉	——	38.00元
19	《庄家克星》（修订第2版）	童牧野	——	48.00元
20	《老鼠戏猫》	姚茂敦	——	35.00元
21	《一阳锁套利及投机技巧》	一阳	——	32.00元
22	《短线看量技巧》	一阳	——	35.00元

丛书工作委员会

本书工作委员会

智品書業
ZHIPIN BOOKS